Kohlhammer

Die Autorin

Dipl.-Psych. Brit Wilczek ist psychologische Psychotherapeutin. Seit 1989 arbeitet sie mit Menschen im Autismus-Spektrum, seit 2009 in eigener Praxis. Dort bietet sie Psychotherapie für Erwachsene im Autismus-Spektrum an, berät Angehörige und Bezugspersonen. Seit 1997 teilt sie ihre Erfahrungen mit Fachkräften der Medizin, Psychologie und Pädagogik im Rahmen von Fortbildung und Supervision.

Brit Wilczek

Autismus, Trauma und Bewältigung

Grundlagen für die
psychotherapeutische Praxis

Verlag W. Kohlhammer

Für Maja, Anja und Marie
… stellvertretend für all jene, die durch ungeheure Schrecken und Wirrungen hindurch ihren goldenen Kern bewahren, ihn auf ihre ganz eigene Weise entfalten und in die Welt hineintragen.
Euch allen gilt mein Dank und meine Hoffnung.

Dieses Werk einschließlich aller seiner Teile ist urheberrechtlich geschützt. Jede Verwendung außerhalb der engen Grenzen des Urheberrechts ist ohne Zustimmung des Verlags unzulässig und strafbar. Das gilt insbesondere für Vervielfältigungen, Übersetzungen, Mikroverfilmungen und für die Einspeicherung und Verarbeitung in elektronischen Systemen.

Pharmakologische Daten, d. h. u. a. Angaben von Medikamenten, ihren Dosierungen und Applikationen, verändern sich fortlaufend durch klinische Erfahrung, pharmakologische Forschung und Änderung von Produktionsverfahren. Verlag und Autoren haben große Sorgfalt darauf gelegt, dass alle in diesem Buch gemachten Angaben dem derzeitigen Wissensstand entsprechen. Da jedoch die Medizin als Wissenschaft ständig im Fluss ist, da menschliche Irrtümer und Druckfehler nie völlig auszuschließen sind, können Verlag und Autoren hierfür jedoch keine Gewähr und Haftung übernehmen. Jeder Benutzer ist daher dringend angehalten, die gemachten Angaben, insbesondere in Hinsicht auf Arzneimittelnamen, enthaltene Wirkstoffe, spezifische Anwendungsbereiche und Dosierungen anhand des Medikamentenbeipackzettels und der entsprechenden Fachinformationen zu überprüfen und in eigener Verantwortung im Bereich der Patientenversorgung zu handeln. Aufgrund der Auswahl häufig angewendeter Arzneimittel besteht kein Anspruch auf Vollständigkeit.

Die Wiedergabe von Warenbezeichnungen, Handelsnamen und sonstigen Kennzeichen in diesem Buch berechtigt nicht zu der Annahme, dass diese von jedermann frei benutzt werden dürfen. Vielmehr kann es sich auch dann um eingetragene Warenzeichen oder sonstige geschützte Kennzeichen handeln, wenn sie nicht eigens als solche gekennzeichnet sind.

Es konnten nicht alle Rechtsinhaber von Abbildungen ermittelt werden. Sollte dem Verlag gegenüber der Nachweis der Rechtsinhaberschaft geführt werden, wird das branchenübliche Honorar nachträglich gezahlt.

Dieses Werk enthält Hinweise/Links zu externen Websites Dritter, auf deren Inhalt der Verlag keinen Einfluss hat und die der Haftung der jeweiligen Seitenanbieter oder -betreiber unterliegen. Zum Zeitpunkt der Verlinkung wurden die externen Websites auf mögliche Rechtsverstöße überprüft und dabei keine Rechtsverletzung festgestellt. Ohne konkrete Hinweise auf eine solche Rechtsverletzung ist eine permanente inhaltliche Kontrolle der verlinkten Seiten nicht zumutbar. Sollten jedoch Rechtsverletzungen bekannt werden, werden die betroffenen externen Links soweit möglich unverzüglich entfernt.

1. Auflage 2024

Alle Rechte vorbehalten
© W. Kohlhammer GmbH, Stuttgart
Gesamtherstellung: W. Kohlhammer GmbH, Heßbrühlstr. 69, 70565 Stuttgart
produktsicherheit@kohlhammer.de

Print:
ISBN 978-3-17-041835-6

E-Book-Formate:
pdf: ISBN 978-3-17-041836-3
epub: ISBN 978-3-17-041837-0

Inhalt

Vorwort		9
1	**Autismus**	**13**
	1.1 Kurze Begriffsklärung »Autismus«	13
	1.2 Wie entsteht Autismus?	16
	1.2.1 Der Spektrumsbegriff – multifaktorielle Genese und Vielfalt der Ausprägungen	16
	1.2.2 Neurobiologisch-entwicklungspsychologisches Modell	17
	1.2.3 Primäre Reaktionen und Bewältigungsstrategien	21
	1.3 Auswirkungen neurologischer Besonderheiten auf die psychische und sozio-emotionale Entwicklung	23
	1.3.1 Die sozio-emotionale Entwicklung beim *neurotypischen* Kind	23
	1.3.2 Der Soziale Autopilot – Entstehung und Funktionen	24
	1.3.3 Die (tragische) Situation des autistischen Kindes	26
	1.3.4 Das Drei-Ebenen-Modell	29
	1.3.5 Das Zwei-Welten-Modell	33
	1.4 Spezifische Aspekte autistischen Erlebens	38
	1.4.1 Die Welt als überwältigendes Chaos	39
	1.4.2 Das Anders-Sein und seine Folgen	45
	1.4.3 Die grundlegende Unsicherheit: Wer bin ich? Bin ich »richtig«? Was wird erwartet? Ist alles in Ordnung?	51
	1.4.4 Das Gefühl der Unvorhersehbarkeit: »Jederzeit kann etwas Unvorhergesehenes passieren und alles anders sein.«	54
	1.4.5 Das Erleben von Fremdbestimmung: »*Ich verstehe nicht warum und wozu ...*«	54
	1.4.6 Traumatische Erfahrungen von Abwertung, Mobbing und Gewalt: Plötzliche oder systematische Angriffe und Würdeverletzungen, die ungeklärt und unerklärlich bleiben	55
	1.4.7 Das »Geworfen-Sein« auf sich selbst	56
	1.5 Spezifische Ressourcen und autistische Bewältigungsstrategien	60
	1.5.1 Spezifische Ressourcen von Menschen im Autismus-Spektrum	61

		1.5.2 Autistische Bewältigungsstrategien – und ihre Wirkung nach außen	63

- 1.6 Psycho-soziale Folgen des Anders-Seins 83
  - 1.6.1 Befremden 83
  - 1.6.2 Konflikte (innere und äußere) 85
  - 1.6.3 Bullying und Mobbing 86
  - 1.6.4 Manipulation und Ausbeutung 87
  - 1.6.5 Auswirkungen auf die Entwicklung der persönlichen und sozialen Identität 88
  - 1.6.6 Selbstwert versus Selbstzweifel bis zum Selbsthass ... 89
- 1.7 Klischees, Vorurteile, Stigmatisierungen und ihre Folgen in sozialen und therapeutischen Kontexten 90
  - 1.7.1 Nicht erkannt 90
  - 1.7.2 Nicht verstanden 93
  - 1.7.3 Nicht geglaubt 94
  - 1.7.4 Über- und Unterforderung 94

2 Trauma 96
- 2.1 Trauma – Begriffsklärungen und Einordnungen 96
  - 2.1.1 Differenzierung von Traumabegriffen 97
  - 2.1.2 Diagnostische Einteilung von Traumafolgestörungen ... 97
- 2.2 Wie entsteht ein psychisches Trauma? 98
  - 2.2.1 Unterscheidungen nach Entstehungskontext 99
  - 2.2.2 Entscheidende Faktoren für traumatisches Erleben ... 99
  - 2.2.3 Individuelles Erleben potentiell traumatischer Ereignisse 104
  - 2.2.4 Krise und Resilienz 106
  - 2.2.5 Interpersonelles Trauma 109
- 2.3 Kommunikation als ein kritischer Faktor bei der Entstehung und Bewältigung von Traumafolgestörungen 124
  - 2.3.1 Faktoren, die Kommunikation erschweren oder unmöglich machen 124
  - 2.3.2 Auswirkungen gescheiterter Kommunikation 128
  - 2.3.3 Die Wirksamkeit gelingender Kommunikation des Traumaerlebens 129
- 2.4 Auswirkungen traumatischer Erfahrungen auf die Psyche und das sozio-emotionale Erleben 130
  - 2.4.1 Intrusion 130
  - 2.4.2 Konstriktion 131
  - 2.4.3 Hyperarousal/vegetative Übererregung 132
  - 2.4.4 Zusätzliche Traumafolgen bei einer kPTBS 133
  - 2.4.5 Traumaspuren im Körper und im Körpererleben 133
- 2.5 Die zentrale Funktion des Autonomen Nervensystems: (Trauma-)Symptome als Überlebens- und Bewältigungsstrategien 134
  - 2.5.1 Die Funktionen des Autonomen Nervensystems 134

		2.5.2 Über die Funktionalität von Stressreaktionen	135

      2.5.2 Über die Funktionalität von Stressreaktionen 135
      2.5.3 Die große Gemeinsamkeit menschlicher
            Bewältigungsstrategien 141
      2.5.4 Funktionalität und Dysfunktionalität von
            Bewältigungsstrategien im Lebensverlauf 142

3 Autismus und Trauma **144**
  3.1 Autismus: erhöhte Vulnerabilität trifft größere Gefährdung 144
      3.1.1 Faktor 1: Besonderheiten der Reizverarbeitung 144
      3.1.2 Faktor 2: Besonderheiten im Denken – Irritation,
            Befremden, »Wrong-Planet« 146
      3.1.3 Faktor 3: Kein Sozialer Autopilot – Irritationen in
            der Interaktion, Konflikte, Kontaktabbrüche 147
      3.1.4 Faktor 4: Anders-Sein: Wer auffällt, wird schnell zum
            Opfer von Entwürdigung und Gewalt 149
      3.1.5 Faktor 5: Die Gefahr von Missbrauch, Ausbeutung
            und anderen Übergriffen kann nicht eingeschätzt
            werden bzw. wird vom Betroffenen nicht oder zu
            spät erkannt 151
      3.1.6 Faktor 6: Das Trauma des unlösbaren inneren
            Konflikts 152
  3.2 Parallelen zwischen ASS und (k)PTBS: Ähnlichkeiten im
      Erscheinungsbild und im Erleben 152
      3.2.1 Ähnlichkeiten in Erscheinungsbild und erkennbarer
            Symptomatik 152
      3.2.2 Gemeinsamkeiten des Erlebens und der
            Bewältigungsstrategien 154
      3.2.3 Menschliche Gemeinsamkeiten der Grundbedürfnisse
            und Bewältigungsstrategien 155
  3.3 Differentialdiagnostische Überlegungen 156
      3.3.1 Wichtig für die Diagnostik: Vorsicht vor
            Verwechslungen oder Vernachlässigung von
            Hinweisen auf ASS und/oder (k)PTBS 156
      3.3.2 Wesentliche Unterschiede im Hinblick auf Struktur
            und Entwicklung 157
  3.4 Wechselwirkungen zwischen ASS und zusätzlicher (k)PTBS 166
      3.4.1 Problem verstärkende Wechselwirkungen zwischen
            ASS und (k)PTBS 167
      3.4.2 Resilienz stärkende Wechselwirkungen zwischen ASS
            und (k)PTBS – Spezifische Ressourcen durch
            autistische Verarbeitungsweise,
            Bewältigungsstrategien und Erfahrungshintergrund .. 168

4 Bewältigung – Resilienz, Bewältigungsstrategien und therapeutische Begleitung **172**
    4.1   Resilienz und Traumabewältigung bei Menschen im Autismus-Spektrum 172
        4.1.1   Resilienz schwächende Faktoren 173
        4.1.2   Resilienz stärkende Faktoren 176
    4.2   Spezifische Ressourcen zur Resilienz und Traumabewältigung von Menschen im Autismus-Spektrum   178
        4.2.1   Zwei spezifische Resilienzfaktoren 179
        4.2.2   Autistische Bewältigungsstrategien – Funktionen zur Traumabewältigung? 181
    4.3   Schlussfolgerungen für die psychotherapeutische Praxis 186
        4.3.1   Klientenzentrierung 186
        4.3.2   Erkennung und Anerkennung einer autistischen Grundstruktur als wichtige Faktoren für einen fruchtbaren therapeutischen Prozess 187
        4.3.3   Die Bedeutung von Psychoedukation über Autismus und Trauma (»Top-down«) 194
        4.3.4   Ausdruck, Kommunikation und Würdigung als Schlüssel zur Bewältigung erlittener Traumata und aktueller Herausforderungen 196
        4.3.5   Ressourcenorientierung zur Verbesserung von Selbstwert, Selbstwirksamkeit und Selbstsicherheit ... 200
        4.3.6   Erschließung konkreter Körpererfahrung als oft unentdeckte Ressource in der Psychotherapie (»Bottom-up«) 202
        4.3.7   Wirkfaktoren in der Psychotherapie Betroffener mit ASS – und mit Traumafolgestörungen 204
        4.3.8   Der Weg aus dem autistischen Dilemma: Entwicklung einer neuen, stimmigen und ganzheitlichen Identität – auch als Basis für Erfahrungen der Sicherheit in Verbundenheit 208
        4.3.9   Fazit: Alles dreht sich um Sicherheit 211

Nachwort und Ausblick **218**

Literatur **220**

Vorwort

Das Thema dieses Buches beschäftigt mich schon lange in vielfältiger Weise. Es begegnete mir sowohl in meiner Arbeit mit Kindern, Jugendlichen und Erwachsenen als auch in der theoretischen Auseinandersetzung mit verschiedenen Erklärungsansätzen für Autismus.

Zunächst einmal stand für mich die wesentliche Erkenntnis im Vordergrund, dass Autismus nicht durch ein Trauma ausgelöst wird, so wie frühere Theorien es vermuteten. Mit seiner Einordnung unter die tiefgreifenden Entwicklungsstörungen war diese These vom Tisch. Dass dies eine wichtige Entwicklung war, wurde mir immer wieder in der Praxis deutlich. Bereits in meinem Berufspraktikum als Tanztherapeutin am Hamburger Autismus Institut Anfang der 1990er Jahre begegneten mir nicht nur betroffene Kinder, Jugendliche und Erwachsene, sondern auch ihre Familien. In den diagnostischen Fragebögen und auch in den Gesprächen mit Angehörigen, denen ich von Beginn an beiwohnen und an denen ich alsbald auch selbst mitwirken durfte, zeigte sich mir in fast jedem Fall das Bild von Angehörigen, die angesichts der Besonderheiten und auch der Not ihrer Kinder zutiefst verunsichert waren. Geradezu verzweifelt suchten sie vermeintliche Fehler oder Schuld bei sich selbst, nur um Erklärungen, Lösungen und Hilfsmöglichkeiten für ihre Kinder und Familien zu finden. In den Gesprächen wurde deutlich, wie sehr sie sich von Beginn an um ihr Kind bemühten, das sich als Säugling oft nicht beruhigen ließ, das aus unerfindlichen Gründen schnell verstört und überfordert war und so offensichtlich bestimmte Objekte, Reizangebote und Rituale brauchte, um sich sicher zu fühlen.

Wenn Angehörige durch die Psychoedukation erfuhren, dass wir Diagnostiker sie nicht – wie oft zuvor andere Fachkräfte – für die offensichtliche, tiefgreifende Problematik ihres Kindes verantwortlich machten, war ihnen die Erleichterung deutlich anzumerken. Sie fassten wieder Mut.

Dieser entlastende Effekt auf die Angehörigen wirkte sich nachhaltig auf das gesamte Familiensystem und auch auf die Entwicklung der Kinder aus. Mit professioneller Hilfe und viel eigener Kreativität der Familien konnten Möglichkeiten gefunden werden, um die betroffenen Kinder gezielt zu entlasten und zu unterstützen. Für die Betroffenen selbst eröffneten sich so Wege, in und mit der Welt besser zurechtzukommen und sich auch mit ihren eigenen Stärken zu entfalten.

Angesichts dieser Erfahrungen wurde es mir ein großes Anliegen, das alte Klischee und den dahinterliegenden »Kurzschluss« in der Kausalitätsbildung – »Was ähnlich aussieht wie Trauma, muss ein Trauma zur Ursache haben. Der Grund für den Autismus ist also mangelnde Liebe und Fürsorge von Seiten der Eltern oder sogar Verwahrlosung und Misshandlung« – in meiner Arbeit zu benennen und alles dafür zu tun, dass alternative, schlüssige Erklärungsansätze an seine Stelle treten.

Erkenntnisse aus der Neurobiologie sowie aus Hypnotherapie und Tanztherapie ließen sich mit meinen Beobachtungen und Erfahrungen aus der praktischen Arbeit verbinden. So entstanden einige Modelle, die Besonderheiten der Reizverarbeitung anschaulich und deren Auswirkungen auf das Erleben sowie auf die sozio-emotionale Entwicklung autistischer Menschen nachvollziehbar machen. Diese bewähren sich sowohl in der Psychoedukation im Rahmen der Diagnostik und der Psychotherapie als auch in der Beratung von Angehörigen und bei der Fortbildung und Supervision von Fachkräften verschiedener Tätigkeitsfelder.

In meiner Arbeit, insbesondere in der psychotherapeutischen Praxis, begegnen mir darüber hinaus immer wieder Menschen, die zusätzlich zu ihrer autistischen Grundstruktur und daraus resultierenden Herausforderungen auf vielfältige Weise traumatisiert sind – sei es durch jahrelanges Mobbing in der Schulzeit, sei es durch Gewalt in der Familie, Überfälle, Missbrauch oder nie verwundene Verluste. Einige berichten davon bereits während der Diagnostik oder im therapeutischen Erstgespräch. Bei anderen treten Erinnerungen an konkrete traumatische Erlebnisse erst sehr viel später zutage und können dann nach und nach kommuniziert, gemeinsam betrachtet und bearbeitet werden.

Was mich dabei immer wieder zutiefst beeindruckt, ist zum einen der immense Leidensdruck, der sich dabei zeigt, und zugleich eine Resilienz, die für mich oft kaum fassbar erscheint. Manchmal habe ich den Eindruck, dass der Autismus das Risiko für traumatische Erfahrungen deutlich erhöht, zugleich jedoch den Betroffenen Ressourcen bereitstellt und Bewältigungsstrategien ermöglicht, mit deren Hilfe sie auch massive und nachhaltige Traumatisierungen auf ihre Weise überstehen und zum Teil sogar auf bewundernswerte Weise bewältigen.

Auch begegneten mir immer wieder Betroffene, die sich mit Traumasymptomen auseinandergesetzt hatten und von sich sagten: »Wenn ich mir die Kriterien und Beschreibungen von Trauma so anschaue, bin ich eigentlich ständig durchs Leben selbst traumatisiert.«

Es waren vor allem solche Aussagen und Beobachtungen, die mich bewogen, mich eingehender mit dem Bereich der Traumafolgestörungen auseinanderzusetzen und Autismus und Trauma im Zusammenhang und in Wechselwirkungen zu betrachten. Die Ergebnisse dieser Auseinandersetzung gab ich in Seminaren an Fachkräfte weiter.

Im Sommer 2021 meldete sich Herr Poensgen, Verlagsleiter beim Kohlhammer Verlag, bei mir und fragte mich, ob ich zu diesem Seminarthema nicht auch ein Buch verfassen könnte. Da ich selbst die Dringlichkeit sah, für die komplexen Zusammenhänge zwischen Autismus und Trauma zu sensibilisieren, jedoch auch auf Resilienz und Chancen zur Bewältigung hinzuweisen, sagte ich spontan zu.

In Vorbereitung auf die Erarbeitung habe ich mich mithilfe einiger hochgeschätzter Kolleginnen und Kollegen auf den Weg gemacht, vor allem das Thema Trauma noch eingehender zu erkunden, habe Literaturtipps eingeholt, verschiedene Autoren gelesen, Seminare belegt und Gespräche mit Betroffenen sowie mit erfahrenen Traumatherapeutinnen geführt. Erst dann machte ich mich ans Schreiben.

Das Ergebnis halten Sie, liebe Leserin, lieber Leser, in Händen.

Es ist ein Versuch, zwei sehr komplexe Themen zu fassen, in anschaulicher Weise zu vermitteln und miteinander in Zusammenhang zu bringen. Fertig ist ein solches Projekt meines Erachtens nie und ich bin mir sicher, dass ich auch während der nächsten Jahre dranbleiben und das Thema weiterentwickeln werde.

Ich wünsche mir, dass das Buch in der vorliegenden Form auf unterschiedliche Weise für seine Leserinnen und Leser nutzbar sein wird: als überschaubare Einführung in beide Grundthematiken – Autismus und Trauma – ; zur Auffrischung und Vertiefung oder auch als Anregung zu neuen Perspektiven für diejenigen, die sich mit Autismus, mit Traumafolgestörungen oder auch mit beidem schon auseinandergesetzt haben; und als Nachschlagewerk, um themengebunden mal ins eine mal ins andere Kapitel hineinzulesen.

Dieses Buch richtet sich vornehmlich an Fachkräfte aus den Bereichen der Psychotherapie, der Autismus-Therapie, der Psychiatrie und Neurologie sowie auch der Pädagogik – denn ich bin davon überzeugt, dass jede Fachkraft in diesen Tätigkeitsfeldern beiden Themen einzeln und in Kombination begegnet.

Mir ist bewusst, dass auch Betroffene und Angehörige Interesse an dieser Veröffentlichung haben werden und sie sind selbstverständlich herzlich eingeladen, es vor ihrem jeweiligen eigenen Erfahrungshintergrund zu lesen. Dabei bitte ich um Verständnis, dass ich mich diesmal an einigen Stellen stärker der Fachsprache bediene als in meinem ersten Buch (Wilczek 2023). Dennoch hoffe ich, die wesentlichen Zusammenhänge verständlich und nachvollziehbar zu machen, so dass jeder etwas für sich herausziehen kann.

Danken möchte ich an dieser Stelle den Kolleginnen und Kollegen Ulrich Schmetjen, Karen Ritterhoff und Dorothee Schäfer für wertvolle Literaturtipps und fruchtbaren Austausch zum Thema Trauma. Besonderer Dank gilt darüber hinaus Dorothea Thomassen und Friederike Rampacher fürs aufmerksame Gegenlesen des Manuskripts, konstruktive Kritik und viele wertvolle Anregungen. Herrn Ruprecht Poensgen danke ich für die Idee und die Einladung, das Thema für den Kohlhammer Verlag in ein Buch zu fassen, sowie Kathrin Kastl, die das Projekt als Lektorin freundlich, einfühlsam und professionell begleitet hat.

Ganz besonders jedoch danke ich allen Klientinnen und Klienten, die ihre Erfahrungen mit mir geteilt und reflektiert, mir wertvolle Literaturtipps und Quellenhinweise gegeben – und nicht zuletzt auch während des Schreibprozesses mitgefiebert haben. Ohne Eure Präsenz und Offenheit, Euren Mut und Eure Bereitschaft wäre dieses Buch nicht möglich gewesen.

Allen Leserinnen und Lesern wünsche ich, dass sie für sich etwas aus der Lektüre mitnehmen, was ihnen neue Erkenntnisse bringt, Perspektiven eröffnet, die eine oder andere Frage beantwortet – und zu vielen neuen Fragen anregt.

Kiel im Oktober 2023   Brit Wilczek

Ein paar Worte zur Gender-Regelung:
Da mir die Lesbarkeit des Textes und die Verständlichkeit der darin dargelegten Gedanken sehr wichtig sind und ich weiß, dass auch an sich gute Regelungen wie das

Gendersternchen viele Menschen beim Lesen komplexer Sachverhalte irritieren, habe ich mich entschlossen, so weit wie möglich die weibliche wie die männliche Form abwechselnd bzw. in ausgewogenem Maße zu nutzen und wo es möglich ist auf eine binäre Geschlechtszuweisung zu verzichten. Dabei ist mir bewusst, dass sich nonbinäre Personen in dieser Lösung oft nicht ausreichend wiederfinden. Ich bitte hierfür um Nachsicht und möchte an dieser Stelle versichern, dass ich alle Menschen, unabhängig davon, ob und welchem Geschlecht sie sich zugehörig fühlen, gleichermaßen meine, wertschätze und in meine Gedanken miteinschließe.

1 Autismus

Ziel dieses Kapitels ist es zunächst einige wesentliche Themen und Begrifflichkeiten zum Phänomen Autismus darzustellen und in die Erfahrungswelt von Menschen mit Autismus so weit einzuführen, dass sie auch für neurotypische Leserinnen und Leser nachvollziehbar wird. Dabei möchte ich einige für unsere Thematik besonders interessante Aspekte herausgreifen, so dass wir sie später im Kontext mit dem Thema Trauma und Traumafolgestörungen gemeinsam betrachten und schließlich Ansätze zur Bewältigung ableiten bzw. nachvollziehen können.

1.1 Kurze Begriffsklärung »Autismus«

Der Begriff »Autismus« wird heute immer selbstverständlicher in unterschiedlichsten Sinnzusammenhängen gebraucht und ist längst aus dem Bereich der medizinischen und psychologischen Fachsprache herausgetreten. Dabei hatte er sich schon in den professionellen Kontexten weiterentwickelt und damit zunehmend von seinem ursprünglichen Wortsinn entfernt. Zum eingehenden Verständnis der Wortbedeutung und des bezeichneten Phänomens erscheint es sinnvoll, sich des ursprünglichen Kontextes und der Idee des Begriffs zu besinnen, ehe das dahinterstehende »autistische« Erleben exploriert und im Zusammenhang mit dem Begriff und Erleben des psychischen Traumas betrachtet wird.

Anfang des 20. Jahrhunderts: Eugen Bleuler, Psychiater und Leiter der Burghölzli-Klinik in Zürich (1898–1927) prägt den Begriff »Autismus« zur äußeren Beschreibung eines Zustandes, den er bei unterschiedlichen Patientinnen und Patienten in seiner Arbeit beobachtet: Dem Außenstehenden erscheint die betreffende Person so, als sei sie ganz bei sich selbst. Der Betrachter ist sich nicht sicher, ob sie ihn oder andere Anwesende überhaupt bemerkt oder einen Wunsch nach Kontakt verspürt.

Um dieses Phänomen begrifflich zu fassen, nimmt Bleuler das griechische Wort »autos«, *das Selbst,* und leitet daraus den Begriff »Autismus« im Sinne von »Ganz-bei-sich-selbst-Sein« ab. Da sowohl mit der Beschreibung als auch mit dem Begriff offenbar viele Kollegen etwas anfangen können, etabliert er sich in der Fachsprache zur Beschreibung dieses – *von außen so wahrgenommenen* – Zustandes.

Jahrzehnte später greifen Leo Kanner und Hans Asperger – beide Kinder- und Jugendpsychiater – unabhängig voneinander den Begriff auf, um jeweils eine

Gruppe von Kindern zu beschreiben, die ihnen in ihrer Arbeit auffallen. Leo Kanner – damals tätig am Johns Hopkins Hospital in Baltimore, Maryland, USA – werden Kinder vorgestellt, die zu seinem Erstaunen *von Anfang an* »autistisch« wirken, aus sich heraus keinen Kontakt zu Mitmenschen aufnehmen, auf Ansprache nicht reagieren und keine oder kaum Sprache entwickeln. Diejenigen unter den von ihm beschriebenen Kindern, die sprechen lernen, nutzen die Sprache nicht oder nur in Ansätzen zur Kommunikation bzw. zum Selbstausdruck. Ein Dialog mit anderen Personen kommt nicht oder kaum zustande. In der Folge erscheint auch das Denken und Lernen beeinträchtigt sowie letztlich die kognitive Entwicklung erschwert.

Bis dahin war Autismus in psychiatrischen Fachkreisen nur als ein Phänomen im Kontext einer Schizophrenie verstanden und beschrieben worden. Was Kanner bei diesen oft noch sehr jungen Kindern sieht, ist jedoch aus seiner Sicht etwas Eigenes. Um dieses Bild vom allgemeinen Begriff des Autismus abzusetzen, führt er als Bezeichnung die diagnostische Kategorie »Frühkindlicher Autismus« ein.

Bei den Kindern, die Hans Asperger fast zeitgleich in der Heilpädagogischen Fakultät in Wien als »autistisch« auffallen, scheinen hingegen die Sprach- und Kommunikationsentwicklung sowie die der kognitiven Fähigkeiten kein Problem zu sein. Im Gegenteil zeigen sich die von ihm beschriebenen Jungen mindestens durchschnittlich begabt und eloquent, oft sogar deutlich weiter in ihrer Sprachentwicklung als ihre Altersgenossen. Dennoch kommen sie mit ihren Mitmenschen, besonders mit Gleichaltrigen, nicht zurecht. Sie haben Schwierigkeiten, sich in Gruppen zu integrieren, weisen ganz eigene Wahrnehmungs- und Denkweisen auf. Aufgrund ihrer unerklärlichen Probleme im sozialen Miteinander, einer Tendenz zum Rückzug und einer Fokussierung auf eigene Interessen und Aktivitäten beschreibt Asperger sie, ganz im damaligen Sprachgebrauch, als »autistische Psychopathen«.

Aus verschiedenen, auch zeitgeschichtlichen Gründen, verbreitet sich zunächst das Bild des Frühkindlichen Autismus nach Kanner. Er kann in den USA frei forschen und veröffentlichen. Die Publikationen erfolgen auf Englisch, so dass sie international rezipierbar sind und sich dementsprechend verbreiten.

Die Arbeit von Hans Asperger geht hingegen zunächst unter, bis sie Mitte der 1980er Jahre von Lorna Wing und Kolleginnen in England wiederentdeckt wird. Sie sorgen dafür, dass seine Publikationen zum Thema Autismus ins Englische übersetzt (Frith 1991) und seine Beobachtungen und Erkenntnisse intensiv beforscht werden. Ab Mitte der 1990er Jahre bildet die von ihm beschriebene Variante des Autismus eine eigene diagnostische Kategorie: Asperger-Syndrom (ICD-10) oder Asperger-Störung (DSM IV).

Diese neue Kategorisierung befeuert die Autismus-Forschung weiter. Sie möchte klären, ob und inwiefern sich die Varianten in ihrer Symptomatik und in ihrer Ätiologie klar voneinander unterscheiden lassen.

Schließlich, nach zwanzig Jahren, wird offiziell konstatiert: Es gibt keine klaren Abgrenzungen, sondern fließende Übergänge – und so wird der alle bisherigen Kategorien umfassende Begriff *Autismus-Spektrum* geprägt. Dieser wird nun in die offiziellen diagnostischen Manuale aufgenommen: zunächst, 2015, in den DSM 5, später auch in den ICD-11.

Fortan sollen also »Autismus-Spektrum-Störungen« diagnostiziert und behandelt werden. Alle formalen Kategorisierungen innerhalb des Spektrums sind damit aufgehoben. Dies geschieht – im Sinne des DSM – zugunsten einer im zweiten Schritt geforderten Beschreibung der *individuellen Ausprägung* des Autismus; und im dritten Schritt einer daraus abgeleiteten *Feststellung der jeweiligen Hilfebedarfe*. Denn, das hat die Forschung ergeben: Es gibt keine zwei gleichen Ausprägungen von Autismus. Jedes Individuum nimmt auf ganz eigene Weise wahr, erlebt und verhält sich anders; und jedes braucht Entlastungen oder Hilfen in unterschiedlichem Maße und in ganz verschiedenen Bereichen. Es verbietet sich daher, pauschal von einer auf die andere betroffene Person zu schließen.

Die Entwicklung des klinischen Autismus-Begriffs

Ursprüngliche Bedeutung: Ein von außen so wahrgenommener Zustand des »Ganz bei sich selbst Seins« einer Person, die unter einer psychiatrischen Erkrankung, z. B. einer Schizophrenie, leidet.

Entwicklung hin zum diagnostischen Begriff: Beschreibung eines Phänomens, das bei Kindern wahrgenommen wird, unabhängig von einer psychischen Erkrankung, vielmehr als Auffälligkeit »von Anfang an«.

Definition diagnostischer Kategorien und Aufnahme in Manuale DSM und ICD:

- Erste diagnostische Kategorie: Frühkindlicher Autismus nach Kanner
- Zweite diagnostische Kategorie: Asperger-Störung bzw. Asperger-Syndrom
- Atypischer Autismus als dritte Kategorie für Personen, die insgesamt ein autistisches Bild aufweisen, jedoch nicht alle notwendigen Kriterien erfüllen, um einer der beiden Kategorien zugeordnet zu werden.

Autismus-Spektrum als alle klinisch-autistischen Erscheinungsformen umfassender Begriff

Aufnahme der Diagnose Autismus-Spektrums-Störung in DSM 5 und ICD-11

1.2 Wie entsteht Autismus?

1.2.1 Der Spektrumsbegriff – multifaktorielle Genese und Vielfalt der Ausprägungen

Der Begriff des Autismus-Spektrums (AS) und auch die Vorgaben des DSM 5 zur Diagnostik dokumentieren, dass tatsächlich jede Person im Autismus-Spektrum individuell betrachtet und beschrieben werden muss, woraus sich auch jeweils ganz eigene Bedarfe hinsichtlich notwendiger und angemessener Maßnahmen zur Entlastung und Unterstützung ergeben. Konkret heißt das: Jede Person im Spektrum weist ihre ganz eigene Wahrnehmungsweise, ein eigenes Erleben und eigene Bewältigungsstrategien auf. Daraus ergeben sich individuell unterschiedliche Herausforderungen sowie auch Ressourcen und nach außen hin eine große Varianz an Erscheinungsbildern und Verhaltensweisen. Angesichts einer derartigen Vielfalt an Ausprägungen stellt sich die Frage, was den umfassenden Begriff des Autismus-Spektrums rechtfertigt und was das Phänomen des klinischen Autismus wohl im Kern ausmacht.

Meiner Erfahrung nach lässt sich diese Frage besser beantworten, wenn wir spezifische Besonderheiten in der neuronalen Entwicklung autistischer Menschen im Vergleich zu nicht-autistischen, sogenannten neurotypischen Menschen betrachten und deren Folgen auf das Erleben und die Entwicklung nachvollziehen. An anderer Stelle habe ich die entsprechenden Modelle bereits ausführlicher dargestellt (Wilczek 2023) so dass ich hier nur eine kurze Zusammenfassung anbieten möchte.

Was bedeutet »tiefgreifende Entwicklungsstörung«?

Das gesamte Autismus-Spektrum ist diagnostisch unter den tiefgreifenden Entwicklungsstörungen eingeordnet. Mit dieser Einordnung sind zugleich alle früheren Erklärungsansätze des Phänomens hinfällig, die angesichts ähnlicher äußerer Erscheinungsbilder von einer Psychogenese ausgehen, die also etwa ein Trauma oder mangelnde Liebe und Fürsorge in der Kindheit als *Ursachen* für Autismus annahmen.

> Autistische Kinder weisen häufig ähnliche Verhaltensweisen auf wie traumatisierte, deprivierte oder in anderer Weise bindungsgestörte Kinder. Daher wurde im Rückschluss interpretiert, dass auch die Ursachen des Autismus in einem Trauma oder in mangelnder Fürsorge und Zuwendung seitens der primären Bezugspersonen liegen müssten. Die Annahme dieser Kausalität ist jedoch längst sicher widerlegt.

Stattdessen wird von einer *multifaktoriellen* Genese ausgegangen, bei der die Genetik eine wesentliche Rolle spielt. Demnach beeinflussen genetische Faktoren die Art und Weise, wie sich das zentrale Nervensystem strukturell entwickelt und wie sich demnach die Reizverarbeitung gestaltet.

Sowohl in der Forschung als auch in der Praxis finden sich zunehmend Hinweise, dass sowohl die *Filterung als auch die zentrale Verarbeitung von Sinnesreizen* beim Verständnis des klinischen Autismus eine entscheidende Rolle spielen. Dies lässt sich mit der These verbinden, dass *genetische und epigenetische Einflüsse* in der Entwicklung zusammenspielen und einander ergänzen.

In der praktischen Arbeit – bei der Diagnostik wie der Therapie – hat sich ein neurobiologisches und entwicklungspsychologisches Modell bewährt, das Betroffenen, Angehörigen und anderen Bezugspersonen sowie Fachkräften aus medizinischen, psychologischen, sozialen und pädagogischen Bereichen hilft, autistisches Erleben und Verhalten leichter zu verstehen.

1.2.2 Neurobiologisch-entwicklungspsychologisches Modell

Zum Verständnis autistischen Erlebens sowie als autistisch beschriebener Verhaltensweisen hat sich ein Konzept bewährt, das neurobiologische Erkenntnisse und Erfahrungen aus der Entwicklungspsychologie verbindet. Ich verwende diesen Ansatz seit vielen Jahren bei der Psychoedukation sowohl in der Diagnostik als auch in der Beratung und Psychotherapie und er stößt bei Betroffenen, ihren Angehörigen sowie auch bei Fachkräften verschiedener Arbeitsfelder auf eine erfreuliche Resonanz.

Jedes Kind nimmt bereits im Mutterleib über die sich entwickelnden Sinneskanäle vielfältige Reize wahr, wie beispielsweise Druck, die eigene Außenfläche, Reibung zwischen den eigenen Gliedmaßen, nach und nach Körpergeräusche der Mutter sowie Stimmen und Klänge, die durch die Bauchdecke hereindringen, den Geschmack des Fruchtwassers, Lichtunterschiede etc. Das Wahrgenommene wird verarbeitet, gespeichert und wiedererkannt. Dies lässt sich daran ablesen, dass das Kind bereits im Mutterleib jeweils unterschiedlich reagiert, je nachdem, welche Stimuli einwirken. Allerdings ist die potentielle Reizzufuhr hier noch reduziert. Im Moment der Geburt verlässt das Kind die bisherige Schutzhülle und ist auf einmal einer großen Fülle von Reizen ausgesetzt. Diese plötzliche, starke Reizzufuhr regt die Bildung neuer Nervenzellen geradezu explosionsartig an. Bis zum dritten Lebensjahr werden immer weitere Neuronen gebildet, doch dann stagniert diese Entwicklung. Es beginnt ein kontinuierlicher Abbau von Nervenzellen, die sich jedoch untereinander stärker verknüpfen.

Um die Funktionsweise der Neuronen im zentralen Nervensystem zu verstehen, bietet sich der Blick auf eine vereinfachte und schematische Darstellung an (▶ Abb. 1.1).

Laut der Hebbschen Regel verknüpfen sich Neuronen, die gleichzeitig durch einströmende Reize aktiviert werden. Werden diese Nervenzellen kein zweites Mal gleichzeitig aktiviert, bilden sich die Erstverknüpfungen wieder zurück. Bei wiederholter gleichzeitiger Aktivierung jedoch verstärken die Zellen ihre Verbindungen

1 Autismus

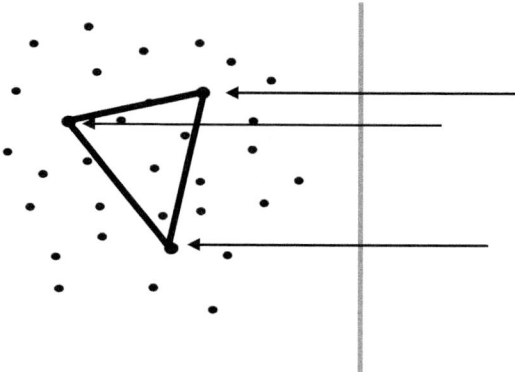

Abb. 1.1: Durch wiederholte gemeinsame Aktivierung entstehen klare Verarbeitungsmuster

untereinander. So entstehen klare, wiedererkennbare Verarbeitungsmuster im Gehirn. Auf diese Weise lässt sich der Prozess der Prägung (Priming) und des Lernens beschreiben. Die entstandenen Verarbeitungsmuster werden zeitlebens mit Reizmustern verglichen, die auf das Individuum einströmen (▶ Abb. 1.2). Wird hier eine Entsprechung festgestellt, löst dies im Gehirn einen sogenannten *Kongruenzeffekt* (Passungseffekt) aus: Es werden Hormone ausgeschüttet, die zum einen ein gutes Gefühl geben und zugleich neue Verknüpfungen zwischen den Zellen begünstigen.

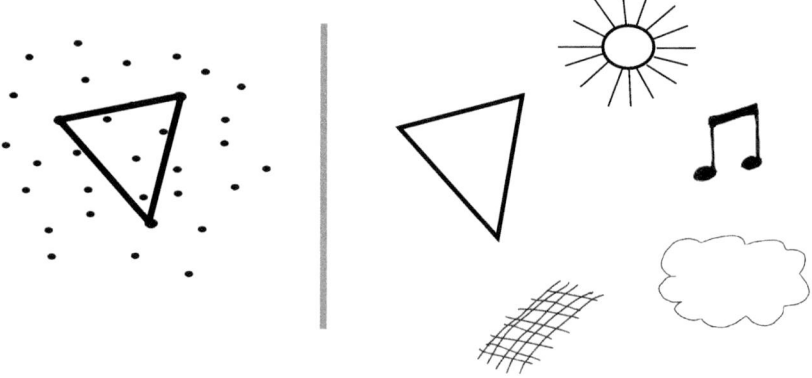

Abb. 1.2: Reizmuster von außen verglichen mit gespeicherten Verarbeitungsmustern

Entscheidende Unterschiede der Reizverarbeitung bei Kindern mit Autismus

Das menschliche Nervensystem ist darauf ausgerichtet, aus der großen Fülle potentiell wahrnehmbarer Reize das Wesentliche herauszufiltern und zu verarbeiten.

Dabei sind die einzelnen Sinneskanäle individuell unterschiedlich sensibel und die jeweilige Reizfilterung unterschiedlich stark ausgeprägt.

Die Reizfilterung eines Kindes mit autistischer Disposition ist generell weniger ausgeprägt, so dass es wesentlich mehr Reize aufnimmt als ein neurotypisches Kind – bis zu zehnmal mehr pro Augenblick (▶ Abb. 1.3). Dies kann vornehmlich einen bestimmten Sinneskanal wie etwa das Hören oder Sehen betreffen, meist sind es jedoch verschiedene Kanälen in unterschiedlicher Kombination, die Besonderheiten aufweisen – beispielsweise der auditiven Kanal und der haptisch-sensorische, während andere Sinneskanäle eine normale oder sogar weniger ausgeprägte Sensitivität aufweisen (Hyposensitivität) oder hyperselektieren, d. h. nur bestimmte Reize weiterleiten und andere abblocken.

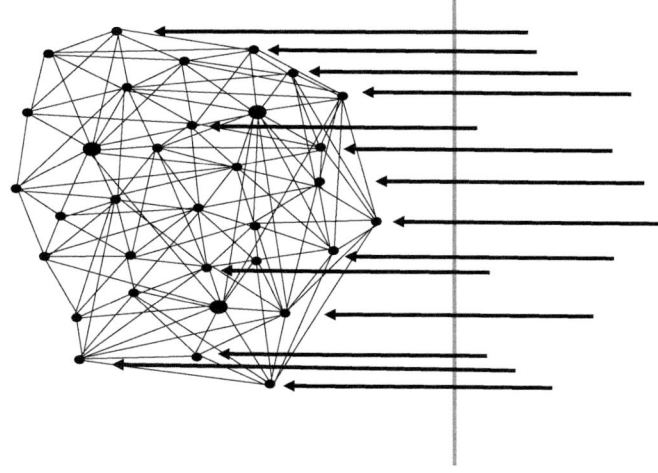

Abb. 1.3: Mehr gleichzeitig eintreffende Reize – mehr Erstverknüpfungen

Insgesamt wird das Kind allerdings aufgrund wenig ausgeprägter Filterfunktionen einer wesentlich größeren Fülle von Reizen ausgesetzt sein. Diese Reizflut stellt von Beginn an eine außerordentliche Herausforderung dar und wirkt sich entscheidend primär auf die neuronale und sekundär auch auf die psychische und sozio-emotionale Entwicklung aus.

Auswirkungen auf die neuronale Entwicklung

Durch die größere Menge gleichzeitig einströmender Reize werden wesentlich mehr Nervenzellen *gleichzeitig* angesprochen und aktiviert. Diese sind darauf ausgelegt, sich bei gleichzeitiger Aktivierung zu verknüpfen, so dass von einer fortlaufenden, verstärkten Bildung neuer Erstverknüpfungen auszugehen ist (▶ Abb. 1.4). Die wesentlich größere Fülle neuronaler Verknüpfungen erschwert die Herausbildung klarer, wiedererkennbarer neuronaler Muster im Gehirn sowie auch den Vergleich und die Wiedererkennung von Reizmustern.

1 Autismus

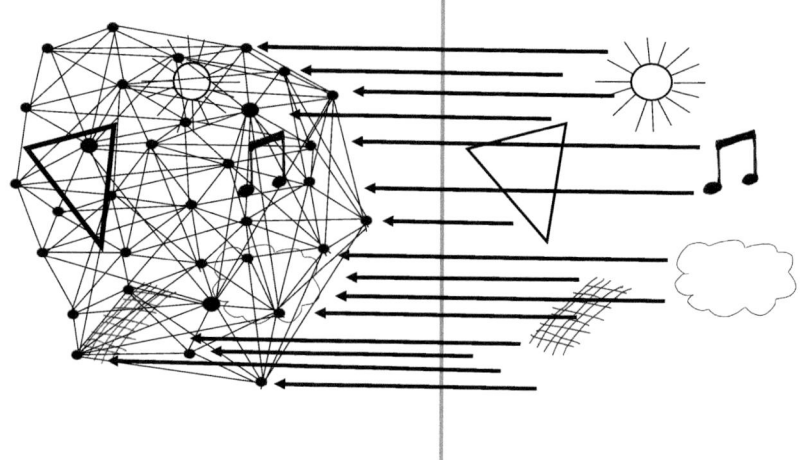

Abb. 1.4: Mehr Erstverknüpfungen erschweren Abgleich und Wiedererkennung

Eine Wiedererkennung, d. h. ein Kongruenzeffekt, kann allenfalls erfolgen, wenn ein wiederkehrendes Muster tatsächlich *exakt gleich* ist. Bei kleinsten Abweichungen findet kein Kongruenzeffekt statt. Die hierfür notwendigen neuronalen Prozesse, die eine spontane Sortierung und Einordnung neuer Reizmuster ermöglichen, geschehen meist verzögert und unter großen Schwierigkeiten.

In der Folge erlebt das Kind die Welt als Chaos, in dem es nur mühsam und allmählich einzelne, verlässlich gleichbleibende oder exakt wiederkehrende Reizmuster erkennen, identifizieren, zuordnen und sich daran orientieren kann. Eine Unterscheidung zwischen Figur und Hintergrund, eine Gestaltbildung oder, mit anderen Worten, die Bildung von Repräsentanzen und Metarepräsentanzen ist unter diesen Bedingungen höchst problematisch, wenn nicht gar unmöglich.

> **Zusammenfassung: Reizverarbeitung und neuronale Entwicklung**
>
> Eine Disposition zum Autismus zeichnet sich dadurch aus, dass Betroffene von Beginn an eine wesentlich größere Fülle an Reizen pro Augenblick aufnehmen als neurotypische Menschen. Jeden Augenblick strömt eine vielfache Anzahl an Stimuli *gleichzeitig* ins zentrale Nervensystem ein und aktiviert wesentlich mehr Neuronen gleichzeitig.
>
> In der Folge bilden sich kontinuierlich sehr viele neue Erstverknüpfungen. Dies erschwert die Herausbildung von Verarbeitungsmustern und die Wiedererkennung von Reizmustern. Ein Kongruenzeffekt findet verlässlich nur dann statt, wenn ein Reizmuster tatsächlich *exakt* gleich ist – was bei Mustern und Objekten der Fall ist, die konstant gleichbleiben oder sich stets auf identische Weise wiederholen.
>
> Wenn sich Strukturen nur schwer herausbilden und erkannt werden, sind die Gestaltbildung, die Entwicklung von Metarepräsentanzen und damit die Orien-

tierung in der Welt massiv erschwert (vgl. Idee und Begriff der *zentralen Kohärenz* u. a bei Frith 1989, Happé & Frith 2006).

Die Umwelt wird von Beginn an als überwältigendes Chaos erlebt – eine Herausforderung, die für neurotypische Menschen nur schwer vorstellbar ist – und auf die jedes betroffene Kind auf ganz eigene Weise reagiert.

1.2.3 Primäre Reaktionen und Bewältigungsstrategien

Ein Kind, das die Welt vom ersten Moment an als überwältigendes Chaos erlebt, hat zunächst nur wenige Möglichkeiten, darauf zu reagieren. Viele betroffene Kinder zeigen sich massiv gestresst, schreien und sind kaum zu beruhigen. Andere finden Schutz vor dieser Überforderung zunächst im Schlaf. Sie werden als besonders ruhige und pflegeleichte Säuglinge beschrieben, die – so scheint es – selbstgenügsam und still in ihrem Bettchen liegen und sich nicht melden, auch wenn sie aufgewacht sind.

Früher oder später wird jedoch jedes betroffene Kind für sich Strategien entwickeln müssen, wie es im wachen Zustand mit der ständig einströmenden, unüberschaubaren Reizfülle zurechtkommen kann. Diese Strategien werden so vielfältig und unterschiedlich sein wie die betroffenen Kinder selbst. Dabei spielen verschiedene genetische wie epigenetische Faktoren eine Rolle, wie beispielsweise die Konstellation und Ausprägung jeweils hyper- oder hyposensibler Sinneskanäle, Dispositionen der Persönlichkeitsentwicklung – wie z. B. eine mehr oder weniger ausgeprägte Tendenz zur Ängstlichkeit – sowie das Umfeld, in das das Kind hineingeboren wird und damit verbundene sozial-epigenetische Aspekte.

Aufmerksamkeitsfokussierung und Trance als Bewältigungsstrategie

Eine grundlegende, menschliche Strategie zum Umgang mit einer großen Reizfülle ist die Trance: Durch die Fokussierung der Aufmerksamkeit auf bestimmte gleichbleibende oder wiederkehrende Reizmuster wird der Zustrom bzw. Einfluss anderer einströmender Reize reduziert oder gar ausgeblendet. Jeder Mensch hat und nutzt diesen Modus der Alltagstrance unwillkürlich in verschiedensten Situationen. Er ermöglicht es, auch in einer unruhigen Umgebung zu lesen, zu arbeiten, einem Gespräch zu folgen oder einfach eigenen Gedanken und Tagträumen nachzugehen. Währenddessen bildet dieser Trancezustand so etwas wie eine Schutzhülle. Wir nehmen einströmende Reize zwar noch mehr oder weniger entfernt wahr, jedoch erreichen sie uns nicht mehr unmittelbar und fordern nicht mehr unsere Aufmerksamkeit. Hinzu kommen weitere, spezifische Auswirkungen von Trancezuständen auf das Erleben und die Psyche, wie etwa Gefühle von Sicherheit und Geborgenheit.

Glücklicherweise entdecken die meisten Kinder mit autistischer Reizverarbeitung diese schützende Trance als Bewältigungsstrategie früher oder später für sich. Jedes Kind wird seine individuellen Möglichkeiten entdecken und seine Aufmerksamkeit auf jeweils bestimmte Reizmuster fokussieren, um andere Reize auszublenden und in eine schützende Trance zu finden. Das können visuelle Muster und verlässlich wiedererkennbare Objekte sein, die sich besonders einprägen, es können auditive Muster wie Klänge, Klangfolgen oder Geräusche sein sowie auch haptisch-sensorische oder kinästhetische Wahrnehmungen, die sich wiederholen bzw. eigenständig generieren lassen – wie beispielsweise ein stereotypes Reiben eines Kissenzipfels oder auch der Finger gegeneinander, ein rhythmisches Schaukeln oder Wiegen.

Bewältigungsstrategien in der weiteren Entwicklung

So hilfreich die Entdeckung bestimmter konstanter bzw. verlässlich wiederkehrender Reizmuster und die Fokussierung darauf sein mag – ein Kind möchte nicht zeitlebens auf einige wenige Objekte festgelegt und von ihnen abhängig bleiben; es strebt wie jedes Individuum nach Weiterentwicklung.

Hierfür bieten sich Strukturen an, die zwar ein hohes Maß an Konstanz oder Verlässlichkeit bieten, jedoch schon etwas interessanter sind, da sie eine überschaubare und klar systematisch vorhersehbare Variation an Erscheinungsbildern und Funktionen aufweisen.

Beispiel: Deckenlampe

Gut nachvollziehbar wird dies am Beispiel einer Lampe: Sie behält stets ihre Form und meist auch ihren Standort, ist also bald gut wiedererkennbar und auch in einer Fülle veränderlicher Umgebungseindrücke auffindbar.

Jedoch hat sie bereits zwei Modi: an und aus. Durch Beobachtung lässt sich systematisch feststellen, dass der Modus sich ändert, wenn ein bestimmter Schalter betätigt wird. Der Schalter wird mit der Lampe assoziiert, dessen Betätigung mit der Änderung des Modus zwischen »an« und »aus«. Sobald das Kind mobiler wird und eigenständig den Schalter erreicht, kann es selbstwirksam diesen Wechsel auszulösen – und es wird eine verlässliche, vorhersehbare Reaktion von der Lampe erhalten.

Solche selbstwirksam auslösbaren, vorhersehbaren Reaktionen finden sich besonders in der technischen und in der physikalischen Welt – wenig ist so verlässlich wie die Schwerkraft. In der zwischenmenschlichen Welt findet sich eine solche Verlässlichkeit und Vorhersehbarkeit allerdings kaum. Aus diesen Überlegungen heraus erklärt sich die häufig beschriebene Hinwendung vieler Kinder im Autismus-Spektrum zu Gegenständen, später auch vielfach zu Fakten und systematischen Zusammenhängen.

Zugleich werden so auch die vielfältigen und gravierenden Schwierigkeiten in der sozio-emotionalen Entwicklung, im zwischenmenschlichen Miteinander und der Kommunikation begreiflich, die sowohl in der äußeren Betrachtung und Definition autistischer Verhaltensweisen zentral aufscheinen als auch von Betroffenen beschrieben werden. Um diese zu verstehen, lohnt es sich, sozio-emotionale Aspekte neurotypischer wie auch autistischer Entwicklungsverläufe zu betrachten.

1.3 Auswirkungen neurologischer Besonderheiten auf die psychische und sozio-emotionale Entwicklung

1.3.1 Die sozio-emotionale Entwicklung beim *neurotypischen* Kind

Als Säugetier ist ein Menschenkind bei seiner Geburt absolut hilflos und darauf angewiesen, dass jemand anwesend ist, der sich seiner annimmt, es schützt, es nährt und es lehrt, wie es überlebt und gut durch sein Leben kommt. Da Schutz, Geborgenheit, Versorgung sowie Möglichkeiten zu Bindung, Interaktion und Lernen für das Neugeborene existenziell sind, ist ihm – wie vielen anderen Spezies – mitgegeben, sich von Beginn an selbst mit darum zu kümmern, dass da jemand ist, der sein Überleben sichert.

Ein neurotypisches Kind wird baldmöglichst nach der Geburt die Augen öffnen und die Umgebung nach einem Gesicht absuchen. Genau sehen kann es zu diesem Zeitpunkt noch nicht. Wenn jedoch ein Gesichtsschema – Punkt, Punkt, Strich – auftaucht, wird es dies erkennen und fixieren, und es wird dabei ruhig werden. Ein Gesicht bedeutet, dass es nicht allein ist, sondern jemand da ist, der sich um es kümmert. Taucht kein Gesicht auf, ist dies allerdings eine alarmierende Situation, denn es könnte sein, dass das Kind allein ist – die Mutter nach der Geburt aktionsunfähig oder gar verstorben ist, oder dass das Kind, etwa bei einer notwendig gewordenen Flucht, verloren gegangen ist. Dem Kind bleibt dann noch als Überlebenschance, auf sich aufmerksam zu machen, in der Hoffnung, gefunden und notfalls als Findelkind angenommen zu werden. Es wird schreien – jedoch still werden, sobald schließlich ein Gesichtsschema auftaucht, bei dem es »ankern« kann.

Zu Beginn ist das Kind nicht nur auf Schutz und Versorgung angewiesen, sondern in vielfacher Hinsicht auch auf Regulation durch seine Bezugspersonen, die ihrerseits auf seinen jeweiligen Zustand und Selbstausdruck reagieren, so dass eine gegenseitige *Co-Regulation* entsteht (Porges 2017). Um diesen Begriff und seine Bedeutung gerade in unserem Kontext zu erläutern, möchte ich an dieser Stelle einige wesentliche Aspekte der *Polyvagaltheorie* nach Stephen W. Porges darstellen, die m.E. für das Verständnis der Dynamik von Autismus und Trauma ausgesprochen hilfreich sind:

Ein Gesicht, sowie auch die bereits vertrauten Stimmen – vor allem die der Mutter – bedeuten für das Neugeborene: »Ich bin nicht allein. Ich bin sicher, geborgen, genährt, geschützt – alles ist in Ordnung.« (vgl. Hüther & Krens 2012).

Das Kind wird alle seine Sinne auf das menschliche Gegenüber richten: Es wird schauen, wird das Gesicht in seiner Lebendigkeit und Veränderlichkeit beobachten – und es wird schon während der ersten Augenblicke die Erfahrung machen, dass das Gesicht auf seinen eigenen spontanen Selbstausdruck reagiert. So macht es erste Erfahrungen der Selbstwirksamkeit im Kontakt mit einem Gegenüber.

Es wird die Stimme der Mutter hören – einen Klang, der ihm bereits im Mutterleib vertraut geworden ist, der aber nun noch einmal neu und anders erscheint.

Es wird erstmals Gerüche wahrnehmen, wird bei Berührung ein neues Gefühl für seine eigene Außenfläche, für Kühle und für Wärme empfinden.

All diese Eindrücke werden sich tief einprägen. Und das Kind wird auf seine Weise spontan darauf reagieren.

Im so beginnenden Wechselspiel mit vertrauten Personen erlebt das Kind sowohl Sicherheit und Geborgenheit als auch Selbstwirksamkeit und Resonanz – eine Basis für seine gesamte weitere Entwicklung.

Es wird fortan Eindrücke sammeln vom Ausdrucksverhalten einer Person in verschiedenen Situationen und Stimmungen; und es wird verschiedene Personen – Eltern, Geschwister, Großeltern, Nachbarn, Freunde – wiederum in unterschiedlichen Situationen und Stimmungen erleben.

Zugleich wird es immer vielfältiger erleben und speichern, was sein eigener, spontaner Selbstausdruck bei einem Gegenüber auslöst, wie es auf andere wirkt. In der sozialen Interaktion erlebt es so nicht nur »Sicherheit in Verbundenheit« (Porges 2017), sondern zugleich auch Selbstwirksamkeit in Verbundenheit (vgl. den Begriff der Co-Regulation, ebd.). Umgekehrt werden auch seine Bezugspersonen bei gelingender Co-Regulation durch die spontanen Reaktionen des Kindes mit ihm Freude, Sicherheit und eine Form von Geborgenheit empfinden. Es wächst gegenseitiges Vertrauen und Sicherheit in Verbundenheit.

> »Das Schauen und Zuhören beinhaltet einen wichtigen Aspekt des Systems für soziales Engagement, insofern das Anschauen eines anderen Menschen einerseits ein Akt der Engagements ist und sich andererseits auf den körperlichen Zustand des Beobachters auswirkt«. (ebd., S. 26)

Aus all den gesammelten interaktiven Eindrücken und Erfahrungen mit vielfältigsten Bezugsobjekten wird beim neurotypischen Kind so von Beginn an das entstehen, was ich als Konstrukt den »Sozialen Autopiloten« nenne.

> »Wie wir einander anschauen, ist ein wichtiger Ausdruck unserer Fähigkeit, zu anderen Menschen in Beziehung zu treten. Subtile Signale des Verstehens und übereinstimmender Gefühle und Absichten, die häufig mit dem Charakter der Prosodie co-variieren, kommunizieren auch den physiologischen Zustand. Nur in einem ruhigen physiologischen Zustand können wir anderen signalisieren, dass die aktuelle Situation für sie sicher ist. Diese Möglichkeiten, eine Verbindung herzustellen und Co-Regulation zu initiieren, entscheiden über das Gelingen von Beziehungen, nicht nur von Eltern-Kind-Beziehungen, sondern von Beziehungen ganz generell. ... Sobald wir uns der Sicherheit einer Situation vergewissert haben, beruhigt sich unsere Physiologie. Erkennen wir eine Gefahr, bereitet sich unsere Physiologie auf Defensivverhalten vor.« (ebd., S. 27)

1.3.2 Der Soziale Autopilot – Entstehung und Funktionen

Entstehung

Wer vom ersten Augenblick seines Lebens an seine Aufmerksamkeit auf ein Gegenüber richten kann, die stetigen Veränderungen in Blickverhalten, Mimik und Körperhaltung sowie Stimmlage und -modulation und allen anderen nonverbalen Ausdrucksformen registriert, diese mit anderen Wahrnehmungen verknüpfen und speichern kann, hat alle Voraussetzungen dafür, schon früh einen *Sozialen Autopiloten* (Wilczek 2023) zu entwickeln.

Die von Beginn gesammelten Eindrücke von verschiedenen Personen in unterschiedlichen Situationen und Stimmungen werden ganz unwillkürlich wahrgenommen, neuronal verknüpft und gespeichert, ohne dass sich das Kind dessen bewusst wäre oder darüber reflektieren würde. Dieser fortlaufende Prozess erlaubt während des gesamten Lebens die unbewusste und autonome Verarbeitung immer neuer sozialer und interaktiver Erfahrungen – mit unterschiedlichsten Menschen in immer wieder neuen Kontexten.

Zugleich werden von Beginn an Erfahrungen mit der eigenen Selbstwirksamkeit gesammelt, ganz generell der eigenen (Ein-)Wirkung auf die Umwelt, jedoch vor allem auch auf andere Menschen.

Schon ein Neugeborenes wird während der ersten Interaktionen beispielsweise mit der Mutter feststellen, dass sie auf seine spontanen Verhaltensweisen reagiert: Verzieht das Kind das Gesicht, wird sich auch in Mutters Gesicht etwas verändern – und das verlässlich, wieder und wieder. Mit der Zeit, mit zunehmender Beweglichkeit und Ausdrucksvariation des Kindes wird es feststellen, dass die Mutter anders auf es reagiert, wenn es entspannt auf dem Wickeltisch liegt, als wenn es strampelt, weint oder spontan auf etwas zeigt. Der Vater wird wiederum anders auf das jeweilige Verhalten antworten als die Mutter, die Geschwister, die Nachbarin oder der Großvater. Ihre Reaktionen werden hier und da ähnlich und doch individuell eigen sein.

Auf diese Weise sammelt das Kind neben Varianten des spontanen Ausdrucksverhaltens seiner Mitmenschen auch vielfältige Erfahrungen mit der Wirkung seines eigenen Ausdrucksverhaltens auf sie.

Aus all diesen Eindrücken und Erfahrungen bildet sich schon früh ein Sozialer Autopilot heraus, der sich im Laufe des Lebens immer weiter ausdifferenzieren, erweitern und wesentliche Funktionen im sozialen Miteinander übernehmen wird.

Funktionen

In jeder sozialen Situation

- registriert der Soziale Autopilot alle Verhaltensweisen der anwesenden Mitmenschen,
- sortiert sie nach Relevanz,
- deutet sie aufgrund der zeitlebens gesammelten Eindrücke und Erfahrungen
- und steuert aufgrund seiner Deutung das eigene Verhalten der Person.

Wer einen Sozialen Autopiloten entwickelt hat, braucht sich folglich um all diese wesentlichen Funktionen nicht kognitiv und bewusst zu kümmern. Sie geschehen vollkommen autonom, unwillkürlich und so in der Regel auch unbewusst. Die wenigsten Menschen ahnen, dass es so etwas wie einen Sozialen Autopiloten überhaupt gibt, dass sie selbst einen entwickelt haben und welche buchstäblich entscheidenden Funktionen dieser übernimmt.

In ihrem Erleben »wissen« sie in jeder sozialen Situation sehr schnell, wie die anderen Menschen gestimmt sind und was diese von ihnen erwarten. Sie gewinnen spontan eine Einschätzung über das Wesen der anderen und was sie selbst von ihnen zu erwarten haben. Soziale Rolle und soziale Stellung, Charakter, aktuelle Stimmungslage und zu erwartendes Verhalten erscheinen »klar«, so dass es in der Regel diesbezüglich keiner bewussten Reflexion bedarf. Diese geschieht allenfalls, wenn etwas schief geht, es zu Missverständnissen, Konflikten oder auch nur zu unerwarteten Reaktionen des Gegenübers kommt. Erst dann tritt eine Verunsicherung ein, die manchmal dazu führt, die Situation, die eigene Einschätzung und auch das eigene Verhalten bewusst zu hinterfragen.

In aller Regel aber vermittelt der Soziale Autopilot eine grundlegende Sicherheit: Solange er nicht »Alarm« schlägt – in Form von Gefühlen wie Unbehagen, Schreck, Angst oder Aggression – wiegt sich ein Mensch weitgehend in Sicherheit.

Auch über das eigene Verhalten braucht sich eine Person, die mit einem Sozialen Autopiloten ausgestattet ist, kaum Gedanken zu machen: Da die jeweilige soziale Situation fortlaufend registriert, innerhalb von Bruchteilen von Sekunden im Abgleich mit gespeicherten Erfahrungen eingeschätzt und auf dieser Basis vollautomatisch die eigene Reaktions- und Verhaltensweisen gesteuert werden, entfällt jegliche Notwendigkeit, bewusst wahrzunehmen, zu deuten, zu reflektieren und sodann auch bewusst Entscheidungen bezüglich des eigenen Handelns zu treffen.

Insbesondere das nonverbale Ausdrucksverhalten, wie die Gestaltung des Blickkontaktes, Mimik, Körperhaltung, Regulierung von Nähe und Distanz, Stimmmodulation sowie Tempo und Lautstärke beim Sprechen etc. – all das geschieht unwillkürlich, in Feinabstimmung mit der aktuellen Situation und den aus Erfahrung abgeleiteten Erwartungen anwesender oder sogar auch nicht anwesender Mitmenschen.

So gelingt im Regelfall ein einigermaßen reibungsloses Miteinander – zumindest unter Menschen mit ähnlichem sozialem Erfahrungshintergrund (welcher ja den Sozialen Autopiloten »programmiert«), sowie die erfolgreiche Entwicklung sozialer Identitäten und Rollen.

Die Vorteile des Sozialen Autopiloten liegen somit auf der Hand und werden noch deutlicher werden, wenn wir sie im nächsten Abschnitt mit der autistischen Funktions- und Erlebensweise vergleichen. Dass ein Sozialer Autopilot auch Nachteile mit sich bringt, wird sich im Verlaufe unserer Betrachtungen ebenfalls zeigen.

1.3.3 Die (tragische) Situation des autistischen Kindes

Wenden wir uns nun erneut der Ausgangssituation eines Kindes mit autistischer Reizverarbeitung zu. Wie jedes andere Kind ist es nach der Geburt hilflos und darauf angewiesen, dass Menschen sich seiner annehmen, es schützen, nähren und ihm nach und nach zeigen, wie es überleben kann. Es wird die gleichen Bedürfnisse nach

Sicherheit und Geborgenheit, nach Resonanz und Regulation mitbringen wie jedes andere Neugeborene. Da es jedoch die vielfältigen Reize, die ab dem Moment der Geburt auf es einströmen, kaum gefiltert aufnimmt, wird es mit hoher Wahrscheinlichkeit davon geradezu unmittelbar überflutet werden.

Wenn ein Kind vom ersten Moment an seine Umwelt als überwältigendes Chaos erlebt, in dem es zunächst weder Muster noch Struktur erkennen und schon gar keine Objekte ausmachen kann, hat es auch nicht die Möglichkeit, ein Gesichtsschema zu erkennen und darin zu »ankern«: Es wird nicht wie ein neurotypisches Kind bereits in einem ersten Augenblick des gegenseitigen Erkennens mit einer Bezugsperson Sicherheit, Geborgenheit und eine Möglichkeit zur Regulation finden können.

Ohne eine solche Möglichkeit, in einem Gegenüber zu ankern und in eine Interaktion zu treten, die emotionale Regulation und die Erfahrung von Co-Regulation ermöglicht, wird es entweder extrem gestresst sein und dem möglicherweise durch große Unruhe und Schreien Ausdruck verleihen. Oder es muss Möglichkeiten finden, sich vor der überwältigenden Reizflut abzuschirmen – was zunächst am ehesten im Schlaf gegeben ist und einigermaßen aufrechterhalten werden kann, solange das Kind still alleine in seinem Bettchen liegt. In dem Moment, da ein Mensch auftaucht, wächst allerdings in jedem Falle die Herausforderung.

Der Mensch als Reizquelle

Ein Mensch, das wird bei Betrachtung aus dieser Perspektive schnell deutlich, ist schon für sich genommen eine Reizquelle. Schon wenn nur eine einzelne Person auftaucht – sagen wir die Mutter, die sich liebevoll um das Kind kümmern und es versorgen möchte –, ist das Kind mit einer Fülle zusätzlicher Reize konfrontiert:

- Die Person taucht spontan auf. Das kann jederzeit geschehen, es muss also stets damit gerechnet werden.
- Sie sieht immer wieder anders aus – schon allein deshalb, weil sie mal etwas Blaues, mal etwas Weißes, mal etwas Buntes trägt, die Haare anders fallen oder frisiert sind. Hinzu kommt, dass sich die Person ja bewegt, was auch ein fortlaufend sich wandelndes, jeweils nicht vorhersehbares Bild erzeugt.
- Vor allem aber wird das Gesicht sich je nach Grundstimmung und Situation ständig verändern.
- Die Bezugsperson wird das Kind auch ansprechen – also immer neue, sich wandelnde Geräusche und Klänge erzeugen, aus denen zunächst noch kein Muster und damit keine Bedeutung erkennbar wird.
- Die Person, die sich um das Kind kümmern möchte, wird es berühren und hochnehmen, wodurch der haptische sowie auch der vestibuläre Sinn angesprochen werden.
- Sie wird nach etwas riechen – sei es nach Waschmittel, Parfum oder nach sich selbst.
- Und meist soll der Säugling dann ja auch noch etwas trinken, was sowohl wiederum Haptik und Mundsensorik als auch den Geschmackssinn anspricht.

Somit sind alle Sinne angesprochen, selbst wenn nur eine Person in Erscheinung und in Kontakt mit dem Kind tritt, um es zu versorgen oder in liebevoller Absicht hoffnungsfroh ein Angebot zur Interaktion oder Regulation zu machen.

Ein autistisches Kind erlebt von Beginn an: Ein Mensch bedeutet schon allein auf der Ebene der Reizverarbeitung eine Zunahme an Anforderung und Stress bis hin zu akuter Überforderung und Reizüberflutung. Hingegen fällt der Sicherheit und Geborgenheit vermittelnde Effekt des Ankerns im präsenten Gegenüber weitgehend weg. Regulation und Co-Regulation können so nicht stattfinden.

Dies kann sich bei allmählicher Strukturierung der neuronalen Netzwerke nach und nach ändern, so dass zumindest eine oder zwei Personen als ausreichend verlässlich und gleichbleibend wahrgenommen werden, um durch ihr Erscheinen, ihre Anwesenheit und die Interaktion mit ihnen weniger gefordert zu sein. Mitunter kann aus dem Kontakt mit ihnen sogar ein Erleben von Regulation und Sicherheit gewonnen werden. Auch in diesem Fall aber bleibt jede weitere, noch fremde Person und insbesondere die Anwesenheit mehrerer Menschen eine kaum zu bewältigende Herausforderung.

Die Entwicklung eines Sozialen Autopiloten bleibt aus

Wenn wir uns vergegenwärtigen, wie sich bei neurotypischen Kindern ein Sozialer Autopilot herausbildet, wird bei der Betrachtung der Ausgangsposition eines autistischen Neugeborenen schnell klar, dass eine solche Entwicklung hier kaum möglich ist.

Wer vom ersten Moment an die Welt als überwältigendes, ganz und gar undurchsichtiges Chaos erlebt, wird nicht in der Lage sein, in der Flut der Eindrücke ein Gesichtsschema zu entdecken, darauf zu fokussieren, in ein Wechselspiel zu treten und sodann allein aus der Anwesenheit und der unmittelbaren, lebendigen Resonanz seines Gegenübers Sicherheit und Geborgenheit zu erfahren. Mehr noch: Es wird nichts mitbekommen von Reaktionen und Spiegelungen seiner Bezugspersonen auf das eigene Ausdrucksverhalten.

So kann es nicht wie ein neurotypisches Kind einfach Eindrücke sammeln von Verhalten und Ausdruck einer Person oder verschiedener Personen und kann keinen reichhaltigen Erfahrungsschatz anlegen, aus dem es später unwillkürlich schöpfen könnte.

Auch wird ein solchermaßen überwältigtes Kind nicht erfahren können, wie es auf seine Mitmenschen wirkt. Es erkennt nicht, wie welches spontane Ausdrucksverhalten beim einen oder anderen Gegenüber ankommen mag und was mögliche Reaktionen darauf sein könnten. So wird es ihm nicht möglich sein, einen Sozialen Autopiloten herauszubilden.

Es wird sich also ohne einen solchen Autopiloten durch die Welt bewegen und wird andere Strategien entwickeln müssen, wie es die Verhaltensweisen anderer Menschen wahrnehmen, deuten und darauf reagieren kann. Denn auch eine autistische Person nimmt Stimmungen und Emotionen anderer Menschen wahr. Es ist die Art der Wahrnehmung und deren Verarbeitung, die sich von der neurotypischer Menschen unterscheiden.

Was dies bedeutet und wie der fehlende Soziale Autopilot kompensiert wird, lässt sich anhand des Drei-Ebenen-Modells nachvollziehen.

1.3.4 Das Drei-Ebenen-Modell

Um die Erlebens- und Funktionsweisen neurotypischer Menschen und solcher im AS differenziert zu betrachten und auch gegenseitig besser nachvollziehbar zu machen, hat sich ein Konstrukt bewährt, das Empfindungen und Emotionen bzw. deren Wahrnehmung und Verarbeitung auf drei verschiedenen Ebenen darstellt.

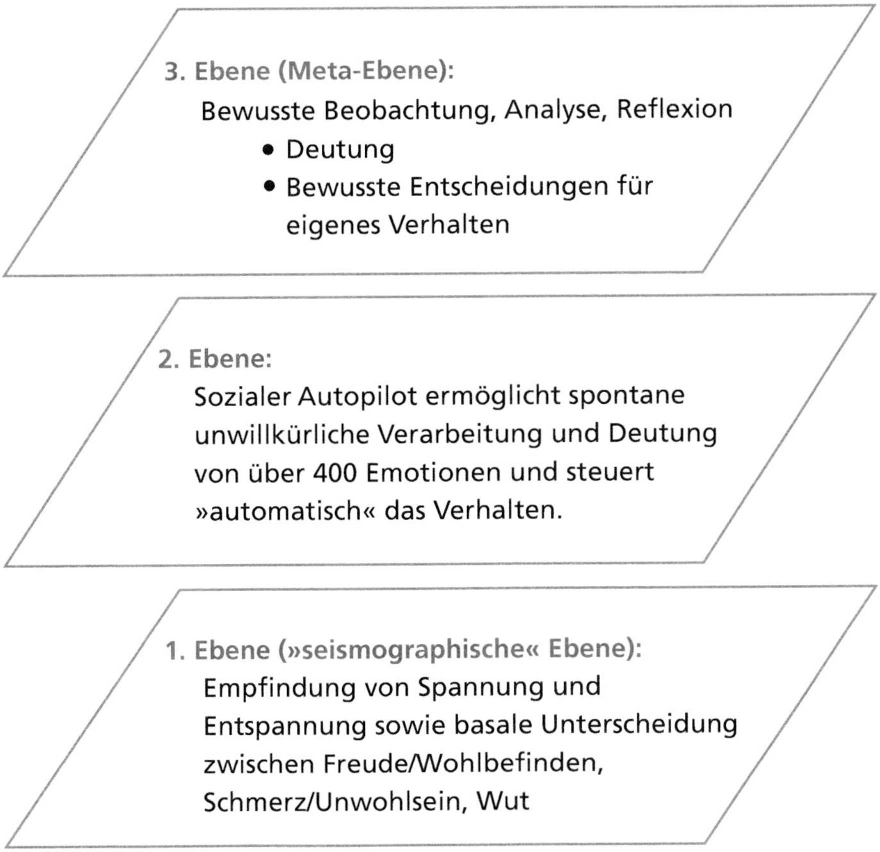

3. Ebene (Meta-Ebene):
Bewusste Beobachtung, Analyse, Reflexion
- Deutung
- Bewusste Entscheidungen für eigenes Verhalten

2. Ebene:
Sozialer Autopilot ermöglicht spontane unwillkürliche Verarbeitung und Deutung von über 400 Emotionen und steuert »automatisch« das Verhalten.

1. Ebene (»seismographische« Ebene):
Empfindung von Spannung und Entspannung sowie basale Unterscheidung zwischen Freude/Wohlbefinden, Schmerz/Unwohlsein, Wut

Abb. 1.5: Das Drei-Ebenen-Modell

Die seismographische Ebene

Die erste, basale Ebene – daher auch an der Basis des Modells zu finden – ist bereits beim Neugeborenen vorhanden. Sie bildet die Verarbeitung grundlegender Empfindungen von Spannung und Entspannung ab: Wie ein Seismograph auf feinste

Erschütterungen reagiert und »ausschlägt«, so nimmt bereits ein Säugling Unterschiede von Spannung und Entspannung war und reagiert unmittelbar darauf. Zwischen Außen und Innen wird anfangs noch nicht unterschieden. Es gilt: Ist alles entspannt, ist auch das Kind entspannt; nimmt es hingegen irgendeine Spannung wahr – im eigenen Organismus oder im Umfeld – wird es darauf mit Unruhe oder erhöhter Anspannung reagieren. Dabei wird es noch nicht werten oder reflektieren, was nun eine gute oder eine schlechte Spannung ist. Auf dieser basalen Ebene gibt es zunächst nur die grundlegende Unterscheidung zwischen Freude, Lust und Wohlbefinden bzw. Schmerz, Hunger oder anderem Unwohlsein. Etwas später kommt noch Unmut und Wut hinzu, wenn das Kind beginnt, sich gegen Unangenehmes aufzulehnen oder z. B. eine Wartezeit als zu spannungsreich erlebt und dies durch Brüllen zum Ausdruck bringt.

Die Entwicklung der »mittleren Ebene« und damit des Sozialen Autopiloten

Von der seismographischen Ebene aus beginnt das Kind idealerweise im Wechselspiel mit seinen Bezugspersonen, emotionale Erfahrungen zu sammeln und dabei eigene Empfindungen und Emotionen mit dem entsprechenden Ausdrucksverhalten der Mitmenschen zu verknüpfen. Hierfür bedarf es Personen, die das Kind in seiner jeweiligen Situation, seinem Gemütszustand und seiner Stimmung *wahrnehmen*, diese unmittelbar erfassen, *spiegeln* und *benennen*.

Während das Kind heranwächst, werden die Situationen und damit auch die Emotionen, die es durchlebt, immer vielfältiger werden. So begegnet es nicht nur immer neuen Erlebensweisen in sich selbst, sondern nimmt, bei ausreichender Resonanz und Spiegelung seiner Mitmenschen, auch die jeweiligen Ausdrucksweisen unterschiedlichster Stimmungen und Emotionen wahr. Auf diese Weise bilden sich im Laufe der Entwicklung und im Wechselspiel mit anderen Menschen wesentliche Funktionen des Sozialen Autopiloten heraus.

Beispiel

Der zweijährige Fritz kann seinen geliebten Teddy nirgends finden. Der scheint einfach »weg« zu sein, was bei dem Jungen Schmerz und Hilflosigkeit auslöst. Er steht da, mit gesenktem Kopf und hängenden Armen, den Tränen nahe. Seine Oma kommt hinzu, erfasst, was geschehen ist, beugt sich zu ihm hinunter und übernimmt dabei unwillkürlich in ihrer Mimik und Körperhaltung die Stimmung des kleinen Jungen. »Oh, jetzt bist du ganz traurig, weil du deinen Teddy verloren hast« sagt sie. Dabei wird auch ihre Stimmfarbe und die Prosodie Traurigkeit ausdrücken. Fritz muss jetzt gar nicht bewusst »lernen«, wie die Stimmung heißt, die er empfindet oder die von der Oma ausgedrückt wird. Sein Erleben der Situation, seine Stimmung und deren Spiegelung durch die Bezugsperson sowie deren Benennung erfolgen gleichzeitig und verknüpfen sich folglich miteinander. Von nun an weiß Fritz, was »traurig« ist, wie sich das anfühlt, traurig zu sein und wie es sich im Ausdrucksverhalten anderer Menschen spiegelt. Und er kennt den Begriff dazu. Auf dieselbe Weise wird er unwillkürlich lernen – und auch immer differenzierter *unterscheiden* lernen – was z. B. Enttäuschung, Skepsis, Überraschung oder Lampenfieber ist – einfach dadurch, dass er entsprechende Situationen, Emotionen und die jeweils dazugehörigen Spiegelungen in unterschiedlichen Resonanz-Personen erlebt.

So kann er fortan, ebenso unwillkürlich, verschiedenste Stimmungen und Emotionen bei sich selbst und bei anderen spontan erkennen, bei Bedarf auch benennen und er kann umgekehrt auch selbst darauf resonieren, d. h. die Emotionen spiegeln, die er bei anderen erkennt.

Die »Dritte Ebene«

Für die bewusste Beobachtung, Analyse und Reflektion sowie auch die bewusste Steuerung des eigenen Verhaltens steht die »Dritte Ebene«, welche wir auch als die Meta-Ebene bezeichnen können. Diese steht grundsätzlich jedem Menschen zur Verfügung, in dem Maße wie sein Medialer Präfrontaler Kortex (MPK) sich entwickelt und im Zusammenspiel mit anderen Hirnregionen funktioniert. Von dieser dritten Ebene aus wird schon ein Kind seine Umgebung *bewusst* betrachten und seine Mitmenschen beobachten, wird das Wahrgenommene analysieren, reflektieren und Schlussfolgerungen ziehen.

Diese Möglichkeiten – und Fähigkeiten – zur bewussten Beobachtung, Analyse und Reflexion wird ein Individuum umso mehr nutzen und ausbilden, wenn es keine spontanen Deutungen und Steuerungsimpulse von der unbewussten mittleren Ebene also von einem Sozialen Autopiloten erhält.

Ausprägung und Funktionsweisen der Ebenen beim Menschen im Autismus-Spektrum

Wir haben bereits festgestellt, dass es einem Kind mit autistischer Reizverarbeitung stark erschwert bis unmöglich ist, einen Sozialen Autopiloten zu entwickeln – und damit auch eine funktionierende »mittlere Ebene«.

Die seismographische Ebene jedoch ist durchaus und oft sogar mit einer besonders ausgeprägten Sensibilität vorhanden. Das heißt, dass ein Mensch im AS von Beginn an feinste Spannungen sowie auch Entspannung hochsensibel wahrnimmt und darauf unmittelbar reagiert. Diese Sensibilität bleibt meist zeitlebens erhalten; sie kann allenfalls durch mehr oder weniger unwillkürliche Bewältigungsstrategien wie Aufmerksamkeitsfokussierung, Trance und Dissoziation zeitweise reduziert werden. Viele Erwachsene mit hochfunktionalem Autismus beschreiben eindrücklich, wie stark und »ungefiltert« sie Stimmungen und Emotionen, Spannungen und auch Entspannung ihrer Mitmenschen wahrnehmen.

Da eine betroffene Person selbst keinen Sozialen Autopiloten entwickelt, der aus der Fülle der wahrgenommenen Verhaltensweisen und emotionalen »Schwingungen« der anderen Personen alle für sie selbst irrelevanten ausblenden und relevante herausfiltern könnte, der diese spontan und automatisch deuten und das eigene Verhalten demgemäß steuern würde, erlebt sie sich all diesen zusätzlichen Informationen sowie den darunterliegenden emotionalen »Schwingungen« weitgehend ausgeliefert. Da diese nicht automatisch verarbeitet werden, jedoch nun einmal wahrgenommen werden und ja durchaus bedeutsam sein können, wird sich die Person bemühen, *bewusst* herauszufinden, was deren Bedeutung sein mag.

Hat ein Mensch also keinen Sozialen Autopiloten entwickelt, muss jede Person im Umfeld in ihrem Verhalten und ihrem Ausdruck *bewusst* beobachtet, die Beobachtungen analysiert und mit allen gespeicherten früheren Eindrücken abgeglichen werden – in der Hoffnung, zumindest eine *Arbeitshypothese zur Deutung* des beobachteten Verhaltens bilden zu können. Dabei entsteht allerdings *keine Deutungssicherheit*. Die betroffene Person ist sich des hypothetischen Charakters ihrer Deutung durchaus bewusst. Insofern ist die »Dritte Ebene« eine wissenschaftliche Forschungsebene: Jede Hypothese besteht so lange, bis sie widerlegt wird. Eine Sicherheit gibt es hier nicht.

Umso mehr Mut wird im weiteren Verlauf gerade in solchen Situationen benötigt, in denen von der betroffenen Person eigene Aktionen oder Reaktionen erwartet werden: Hat sie eine Arbeitshypothese gebildet, muss sie aus allen möglichen Handlungsoptionen wiederum *bewusst* eine auswählen, also eine bewusste Entscheidung für das eigene Verhalten treffen. Bei dem hierfür notwendigen Reflexions- und Auswahlverfahren können viele Faktoren eine Rolle spielen, wobei in den allermeisten Fällen Wahrhaftigkeit bzw. Stimmigkeit, Logik – d. h. auch Gerechtigkeit – und Ethik als bedeutsam bis unerlässlich erachtet werden.

Ist schließlich die Entscheidung gefallen und ein bestimmtes Verhalten oder eine Reaktion ausgewählt, muss diese noch in Aktion umgesetzt werden, was aus verschiedenen Gründen für einen Menschen im AS wiederum problematisch sein kann und daher oft erst mit weiterer Verzögerung erfolgt.

Begegnungen zwischen autistischen und neurotypischen Menschen

Für die Begegnung zwischen einem neurotypischen und einem Menschen im AS bedeutet dies: Es stehen sich zwei Menschen mit sehr unterschiedlichen Funktionsweisen gegenüber, was eine zutreffende Deutung des Verhaltens auf der jeweils anderen Seite massiv erschwert. Fehlinterpretationen, Missverständnisse bis hin zu folgenschweren Fehleinschätzungen hinsichtlich Stimmung, Absichten und Wesen des anderen sind an der Tagesordnung und tragen dazu bei, dass es nicht nur zu ungünstigen Erfahrungen auf beiden Seiten kommt, sondern sich auch emotionale Assoziationen einprägen.

Auf der einen Seite herrscht der Eindruck vor, dass autistische Menschen seltsam, fremd, unsozial oder gar bedrohlich sind. Auf der anderen Seite wird die Erfahrung gemacht: »Ich und andere Menschen – das funktioniert einfach nicht. Und das kann für mich unversehns auch gefährlich werden.«

Solche emotional oft stark aufgeladenen Erfahrungen und Prägungen können schwerwiegende Konsequenzen haben – auf beiden Seiten, insbesondere jedoch auf Seiten der Menschen im Autismus-Spektrum. Denn diese haben oft keine Chance, »ausgleichende«, ermutigende Erfahrungen spontaner, authentischer Gemeinsamkeit und Identifikation sowie einer wünschenswerten Selbstwirksamkeit, Resonanz, Co-Regulation und letztlich Sicherheit in Verbundenheit zu machen.

Wie dies ihre sozio-emotionale und damit auch psychische Entwicklung prägt, soll im nächsten Abschnitt anhand des Zwei-Welten-Modells verdeutlicht werden.

> **Zusammenfassung**
>
> Für ein Kind mit autistischer Reizverarbeitung bedeutet ein Mensch, auch die primäre Bezugsperson, eine zusätzliche Reizquelle, die es auf allen Sinneskanälen anspricht. Statt spontan in seinem Gegenüber »ankern« und darin Sicherheit erleben zu können, ist es von Beginn an einem einstürmenden Chaos ausgeliefert.
>
> Es hat keine Chance auf das Erleben von Resonanz und ein für die psychische und sozio-emotionale Entwicklung so wesentliches soziales Wechselspiel, das auch emotionale Regulation und auf Seiten seiner Bezugspersonen Erfahrungen der Co-Regulation ermöglicht. Die Entwicklung eines Sozialen Autopiloten wird dadurch verhindert.
>
> Ein solcher Sozialer Autopilot, den die allermeisten neurotypischen Menschen von Beginn an unbewusst entwickeln, gewährleistet nicht nur die Wahrnehmung und Deutung sozialer Verhaltensweisen der Mitmenschen und steuert automatisch, jeweils fein abgestimmt und situationsangepasst das eigene Verhalten, sondern er generiert auch eine grundlegende Sicherheit (i. S. »Solange es keinen Alarm gibt, ist alles in Ordnung«). Zudem trägt er entscheidend zur Entwicklung einer stimmigen sozialen Identität bei.
>
> Da Menschen im Autismus-Spektrum diese Sicherheit generierenden Funktionen fehlen, fällt bei ihnen, selbst wenn sie ein hohes Funktionsniveaus erreichen und ihre Integration vermeintlich gelingt, eine meist ganz grundlegende Unsicherheit auf. Diese betrifft insbesondere die soziale Interaktion, jedoch auch häufig die eigene Identität.

1.3.5 Das Zwei-Welten-Modell

Das folgende Modell der zwei Welten ist im Austausch mit Klientinnen und Klienten in meiner Praxis entstanden und hat sich zu einem wertvollen Instrument nicht nur in der Diagnostik und Psychotherapie, sondern auch bei der Vermittlung zwischen unterschiedlichen Erlebniswelten erwiesen. Es soll hier im Überblick kurz vorgestellt werden, um einige entscheidende Erkenntnisse über Erfahrungen von Menschen im AS herausarbeiten zu können, die für das Thema dieses Buches von Relevanz sind.

Zunächst einmal sei festgestellt, dass *jedes* Menschenkind schon früh erkennen wird: Meine Welt, d.h. meine Wahrnehmungen, Bedürfnisse und Grenzen entsprechen nicht immer denen meiner Mitmenschen. Es wird bereits im Säuglingsalter Unterschiede wahrnehmen zwischen sich und seiner Erlebniswelt und der der Anderen – und das ist gut so. Denn die Wahrnehmung dieser Unterschiedlichkeit ist eine Voraussetzung dafür, ein eigenes »Ich«, eine eigene Identität zu entwickeln.

Jedoch werden die allermeisten Kinder parallel dazu auch feststellen, dass es doch auch große Schnittmengen zwischen den Welten gibt: Wenn die Reizverarbeitung des Kindes und die seiner Bezugspersonen einigermaßen ähnlich sind, wird es sehr

1 Autismus

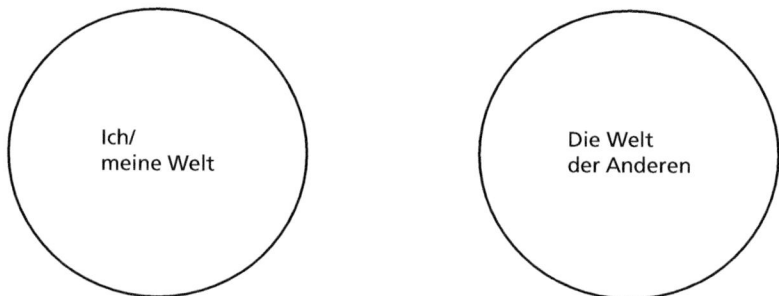

Abb. 1.6: Unterschiedlichkeit – Die eigene Welt unterscheidet sich von der Welt der Anderen

vieles ähnlich erleben, wird entsprechende Bedürfnisse haben, unangenehm finden was andere auch unangenehm finden. Es erlebt spontane, authentische Schnittmengen der Gemeinsamkeit und findet sich in anderen Menschen wieder – eine weitere Grundlage dafür, seine Identität zu entwickeln: Ein Ich entwickelt sich am Du, in Spiegelung und gegenseitiger Resonanz. Zugleich entstehen über wahrgenommene Gemeinsamkeiten Kontakte zu anderen Individuen und Gefühle der Zugehörigkeit.

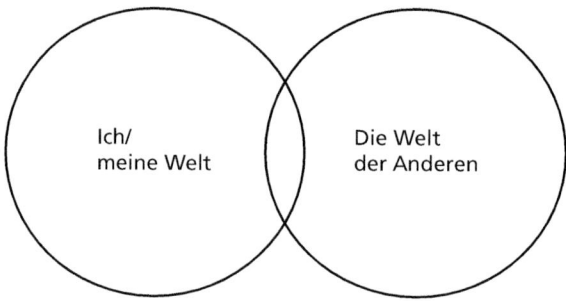

Abb. 1.7: Schnittmenge der Gemeinsamkeit

Ist jedoch die Art und Weise, wie über die verschiedenen Sinneskanäle Reize wahrgenommen und verarbeitet werden, aufgrund der autistischen Reizverarbeitung von Beginn an sehr unterschiedlich, kommen solche spontanen Schnittmengen der Gemeinsamkeit kaum zustande. Es überwiegt gegenseitiges Befremden und Unverständnis über Bedürfnisse, Reaktionen, Interessen und Aversionen des jeweils anderen. Für die Person mit autistischer Grundstruktur sind sehr viele Verhaltensweisen, Erwartungen und später auch explizite oder implizite Regeln der Mitmenschen unlogisch, unverständlich und damit unberechenbar.

Umgekehrt werden ihre eigenen Vorlieben und Ängste, ihr Verhalten und ihre Reaktionen von anderen mit Befremden und Irritation wahrgenommen. Beide Seiten haben das Gefühl, das diese Person »anders ist als die anderen«. Dieses Erleben überwiegt und führt bei der Betroffenen zu einem grundlegenden Gefühl des Andersseins, des Befremdens – und des Alleinseins.

Probleme bei der Identitätsentwicklung

Darüber hinaus wird es für das heranwachsende Kind mit Autismus sehr schwer bis unmöglich werden, eine eigene, stimmige *Identität* zu entwickeln. Denn hierfür bedarf es – neben einer gelingenden sensorischen Integration und der Entwicklung eines stimmigen Körperbildes – der Möglichkeit, sich selbst in anderen Menschen »zu spiegeln«. Das bedeutet zum einen: die Resonanz anderer auf den eigenen, spontanen Selbstausdruck und das eigene Verhalten wahrnehmen zu können.

Zugleich bedarf es immer neuer Möglichkeiten, sich in anderen Menschen wiederzufinden, sich mit ihnen *identifizieren* zu können. Hierfür bräuchte es Momente der Wiedererkennung: »Das empfinde ich genauso«, »Das hätte ich ebenso gemacht« oder gar: »Da ist jemand wie ich!«. Überwiegt das Erleben der Unterschiedlichkeit, kommt es kaum zu solchen Momenten der Identifikation, was die Entwicklung der eigenen Identität massiv erschwert und für viele Betroffene die sehr grundlege Frage aufwirft: »Wer bin ich eigentlich?« – eine Frage, die sich für sie nicht so ohne Weiteres in und aus einem sozialen Kontext heraus beantworten lässt.

Wrong Planet?

In diesem Erleben liegt auch der Begriff »Wrong-Planet-Syndrom« begründet: Nicht wenige Menschen im AS kommen aufgrund ihrer lebenslang unbeantworteten Identitätsfrage zu der Vermutung oder gar dem starken Gefühl, dass sie »hier nicht hergehören« also wohl von einem vollkommen anderen Planeten oder aus einer anderen Welt kommen müssen und nur durch Zufall »hier gelandet« sind.

Aber selbst, wenn solche Vermutungen nicht angestellt werden – für die betroffene Person tut sich so oder so eine schier unüberwindbare Kluft auf zwischen sich und ihrer Welt einerseits und der Welt der anderen andererseits. Zwischen beiden herrscht ein starkes Spannungsfeld, das unauflöslich scheint.

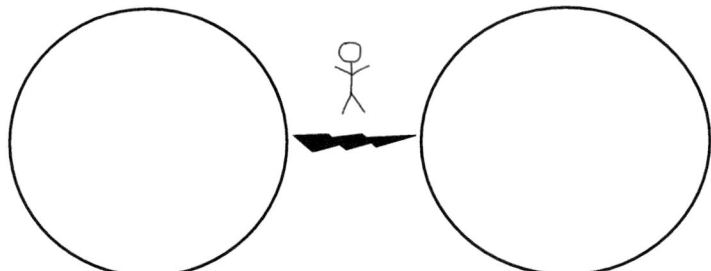

Abb. 1.8: Das Spannungsfeld zwischen den sehr unterschiedlichen Welten

Die Person mit Autismus steht nun vor einer Entscheidung, für die es keine Lösung gibt: Entweder sie steht zu sich, ihrer Wahrnehmung, ihren Bedürfnissen und Grenzen – zu ihrem So-Sein – und sorgt entsprechend für sich. Das kann bedeuten, dass sie sich in ihre eigene Welt zurückzieht und diese so einrichtet, dass es für sie gut auszuhalten ist. Allerdings, und das ist das Dilemma: Kontakt zu anderen scheint damit ausgeschlossen – es droht Isolation. Diese jedoch ist für keinen Menschen zu ertragen. Sie macht nachweislich krank – psychisch und auch physisch – und kann letztlich sogar tödlich sein.

Abb. 1.9: Bei Entscheidung für die eigene Welt droht Isolation

Die andere Option liegt darin, die eigenen Wahrnehmungen, Bedürfnisse und Grenzen möglichst vollständig zu ignorieren, sie zu verleugnen oder gar abzuspalten, da sie mit »der Welt der anderen« nicht kompatibel sind – und sich mit allen Kräften an die Welt der Anderen anzupassen, um Kontakt und Zugehörigkeit zu erlangen. Man macht sich auf den Weg in »Die Welt der Anderen« als jemand, der man nicht ist, sondern als »leere, künstliche Hülle«.

Diese Option ist mit sehr hoher Anstrengung verbunden, da mangels eines Sozialen Autopiloten ständig *bewusst* – auf der »Dritten Ebene« – beobachtet, analysiert, reflektiert und das eigene Verhalten ebenso bewusst gestaltet werden muss.

Dies geschieht stets in der Hoffnung, nicht aufzufallen, den Erwartungen der anderen zumindest ansatzweise zu entsprechen und irgendwann »normal« und damit ganz zugehörig zu sein.

Oft sind diese Bemühungen allerdings vergebens. Und selbst wenn scheinbar eine Anpassung und der Aufbau von Kontakten und Zugehörigkeit gelingt – es stellt sich die Frage, wer da mit den Mitmenschen im Kontakt ist, auf wen sie sich tatsächlich beziehen und wer da in eine Gruppe integriert wird, wenn doch die eigentliche Persona, mit ihrer tatsächlichen Wahrnehmung, ihrem Denken, ihren Werten und Impulsen quasi »zu Hause« zurückbleiben musste und nur gleichsam eine künstliche Gestalt sich unter den Mitmenschen, in der Welt der Anderen – bewegt.

Wer diesen Weg einschlägt – und dies trifft auf sehr viele Betroffene insbesondere mit hochfunktionalem Autismus zu – der wird nicht nur ständige Anstrengung bis zur Überforderung erleben, welche auch in Erschöpfung und Burnout führen kann. Er wird früher oder später sich selbst verlieren. Selbstverlust jedoch bringt – ebenso wie die Isolation – Depression und andere psychische Beeinträchtigungen mit sich. Auch vielfältigste somatische Erkrankungen können die Folge sein.

So finden sich Betroffene in einem *Doppelkonflikt* wieder, der massiven Stress bedeutet und aus dem sie oft alleine keinen Ausweg finden:

Entscheiden sie sich für sich und ihre »Welt«, d. h. für eine Art zu leben, die ihnen entspricht, die für sie aushaltbar ist, droht Isolation – mit allen Konsequenzen.

Folgen sie hingegen dem existentiellen menschlichen Grundbedürfnis nach sozialem Kontakt, d. h. nach Resonanz, Verbundenheit und Zugehörigkeit zu einer Gemeinschaft, ist dies nur durch Selbstverleugnung möglich und es droht der Selbstverlust, der letztlich, tragischerweise, ein Erleben von tatsächlichem Kontakt und von ehrlicher Verbundenheit wiederum unmöglich macht.

Abb. 1.10: Bei Entscheidung zur Anpassung droht Selbstverlust

Viele Betroffene fühlen sich wie gefangen in diesem Doppelkonflikt zwischen zwei Polen natürlicher und existentieller Grundbedürfnisse, die sich für sie gegenseitig unauflöslich auszuschließen scheinen. Sehr viele berichten über ein überwältigendes Erleben des Ausgeliefert-Seins und der Ausweglosigkeit – und finden sich dann in der Darstellung des Zwei-Welten-Modells, insbesondere in Abb. 1.8, spontan wieder.

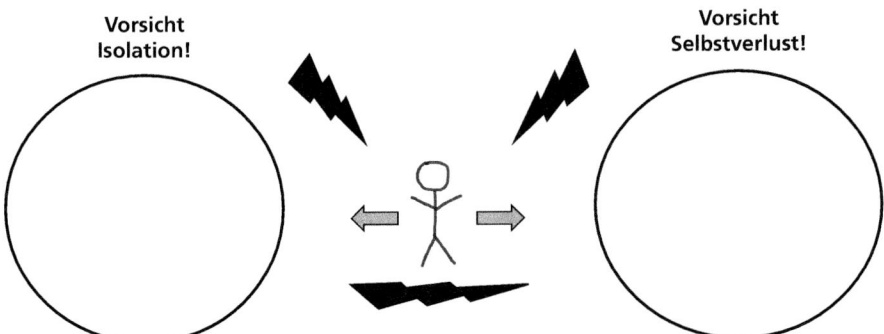

Abb. 1.11: Der Doppelkonflikt

Zusammenfassung

Das Erleben der Unterschiedlichkeit von anderen Menschen sowie von Schnittmengen der Gemeinsamkeit – der Sinneswahrnehmungen, deren Bewertung, der Ableitung von Bedürfnissen, Vorlieben und Abneigungen sowie Handlungsimpulsen daraus – sind von grundlegender Bedeutung für die Entwicklung und das Wohlbefinden eines jeden Menschen. Diese Wahrnehmung bildet die Basis zur Entwicklung eines »Ich« und einer eigenen Identität.

Die Erfahrung von Schnittmengen der Gemeinsamkeit bietet die Bestätigung der eigenen Sinneswahrnehmungen und stärkt so das Vertrauen in die eigenen Sinne, die eigene Wahrnehmung und letztlich auch die eigene Einschätzung und Bewertung einer Situation.

Unterscheiden sich bereits die Sinneswahrnehmungen wiederholt von denen der anwesenden Mitmenschen, entsteht zum einen ein Gefühl der Selbstunsicherheit, zum anderen das Erleben von Befremden, »Anders-Sein« und letztlich des Getrennt-Seins. Die Entwicklung einer eigenen, stimmigen Identität und eines angemessenen Selbstwertes wird massiv erschwert.

Wird die Unterschiedlichkeit auch von den Mitmenschen wahrgenommen, kommt es wiederholt zu Erfahrungen gegenseitiger Irritation und Konflikten sowie auch Abwertungen, Ablehnung und Ausschluss aus Gruppen, die das Erleben des Getrennt-Seins verstärken und Selbstvertrauen wie Selbstsicherheit unterminieren.

Das betroffene Individuum hat den Eindruck, sich entscheiden zu müssen zwischen der eigenen Welt, in der es »Ich« sein und sich die Bedingungen nach den eigenen Bedürfnissen gestalten könnte, und der Welt der anderen, in der es Kontakt, Verbundenheit und Zugehörigkeit erleben könnte.

Entscheidet es sich für die eigenen Welt, droht Isolation. Entscheidet es ich für die Welt der Anderen, droht Anpassung bis zu Selbstverleugnung und Selbst-Verlust. Beides bedroht die Gesundheit und das Leben der Person.

Viele Betroffene geraten daher in einen hoch stressvollen Doppelkonflikt, aus dem sie keinen Ausweg sehen und der die Entstehung sekundärer psychischer Störungen bedingt oder begünstigt.

1.4 Spezifische Aspekte autistischen Erlebens

Um Autismus in all seinen Auswirkungen zu verstehen, ist es unerlässlich, die Innensicht so weit als möglich zu erfassen. Schauen wir uns daher an dieser Stelle nochmals spezifische Aspekte autistischen Erlebens im Überblick an.

- *Das Erleben von Chaos:* Reizoffenheit, Reizverarbeitung, Reizüberflutung (»Overload«)
- *Das Anders-Sein:* Erfahrungen der Unterschiedlichkeit und des Befremdens.
- *Die grundlegende Unsicherheit:* Wer bin ich? Bin ich richtig? Ist alles ok? Was wird erwartet?
- *Das Gefühl der Unvorhersehbarkeit:* Jederzeit kann etwas Unvorhergesehenes passieren und alles anders sein.

- *Das Erleben von Fremdbestimmung:* Ich versteh nicht warum und wozu ...
- *Traumatische Erfahrungen von Abwertung und Mobbing:* Plötzliche oder systematische Angriffe und Würdeverletzungen, die ungeklärt und unerklärlich bleiben.

1.4.1 Die Welt als überwältigendes Chaos

Reizoffenheit und Erfahrungen der Reizüberflutung

Wie wir oben festgestellt haben, bedeutet Autismus primär eine andere Art, Reize zu verarbeiten, wobei Ausprägung und resultierendes Erleben bei jedem betroffenen Individuum jeweils ganz eigen sind. Die Sinneskanäle können unterschiedlich reizoffen sein; darüber hinaus kann es Zusammenspiele zwischen den einzelnen Wahrnehmungsbereichen geben, woraus Synästhesien resultieren.

Generell jedoch gilt: Über die Sinneskanäle, die besonders wenig filtern und damit besonders reizoffen sind, kommen jeden Augenblick wesentlich mehr Informationen im Gehirn an als bei einem neurotypischen Menschen. Für das Erleben des Betroffenen bedeutet dies zunächst eine höhere *Reizintensität*, was hier an ein paar Beispielen veranschaulicht werden soll:

- **Visuell:** Je nach Ausprägung kann Licht greller, Farben intensiver empfunden werden; meist herrscht eine detaillierte und fragmentierte visuelle Wahrnehmung vor.
- **Auditiv:** Bestimmte Geräusche oder Tonfrequenzen, die für andere neutral oder gar nicht hörbar sind, werden mit hoher Intensität wahrgenommen und können nicht »ausgeblendet« werden (bspw. Stimmengewirr, leises Ticken einer Uhr, hohe Frequenzen elektrischer Geräte o. a.).
- **Olfaktorisch und gustatorisch:** Der Geruchssinn kann sehr fein ausgeprägt sein, so dass Gerüche wahrgenommen werden, die andere Menschen nicht erfassen; jedoch kann es hier auch zu Hyposensibilitäten kommen, so dass Gerüche kaum oder nur bei sehr starker Ausprägung wahrgenommen werden. Selbiges gilt für den gustatorischen Sinn.
- **Haptisch:** Die haptische Wahrnehmung kann sowohl übersteigert sein, sodass eine Hypersensibilität gegenüber bestimmten haptisch-sensorischen Reizen besteht – seien es raue oder besonders weiche Materialien, die ungern berührt und auf der Haut kaum ertragen werden; bereits kleinste Unebenheiten wie Fusseln, Nähte oder Etiketten in Textilien werden zur Qual, wenn deren Wahrnehmung die gesamte Aufmerksamkeit auf sich zieht und nicht ausgeblendet werden kann. Umgekehrt kann diese hohe Empfindsamkeit auch besondere Vorlieben für bestimmte Materialien generieren. Im Bereich der Mundsensorik können es bestimmte Konsistenzen von Nahrungsmitteln sein, wie breiige oder faserige Kost, die bevorzugt oder als unerträglich empfunden werden.
Nicht selten werden gerade im haptischen Bereich jedoch auch Hyposensibilitäten beschrieben: Die haptische Wahrnehmung ist dann massiv reduziert bis zur Taubheit an der gesamten Körperoberfläche oder in Teilbereichen. Hinzu kann

eine Hyper- und/oder Hyposensibilität gegenüber Hitze, Kälte sowie Schmerz vorkommen.
- **Synästhetisch:** Darüber hinaus berichten viele Menschen im AS von *Synästhesien*. So werden beispielsweise Farben gehört oder gerochen, Gerüche werden als Klänge gehört (je intensiver, desto lauter) oder lösen Farbwahrnehmungen aus etc.

Reizfülle, Overload und Meltdown – Momente der Reizüberflutung und des Kontrollverlusts

Insgesamt wird die schiere Fülle einströmender Informationen und deren neuronale Verarbeitung zu einer permanenten Herausforderung und kann sowohl situativ als auch akkumulativ zu einer Reizüberflutung führen. Solche Momente sind überwältigend; das betroffene Individuum fühlt sich diesem Erleben hilflos ausgeliefert. Es gerät unter massiven Stress, wobei die gesamte Bandbreite an vegetativen Stressreaktionen auftreten kann wie Herzrasen, Schweißausbrüche, Veränderung der Atmung, erhöhter Blutdruck, Schwindel etc. Betroffene bezeichnen diesen Zustand als »Overload«.

In einer kurzfristigen Situation erhöhten Reizaufkommens unterhalb einer bestimmten Intensitätsschwelle, deren Ende sicher abzusehen ist, gelingt es Betroffenen oftmals, diese Momente mithilfe individueller Bewältigungsstrategien auszuhalten und zu überstehen.

Übersteigt die Intensität jedoch die jeweilige Schwelle oder hält der Zustand der Reizüberflutung zu lange an, kann es zu einem »Melt-down« kommen: Die betroffene Person verliert dann die Kontrolle und es kommt zu neuronal gesteuerten Notfallreaktionen wie Flucht-, Kampf- oder Erstarrungsreaktionen bzw. Dissoziationserleben.

Ein kleiner Junge von 6 Jahren läuft ständig spontan weg, sowohl von zu Hause als auch aus der Schulsituation. Er rennt kopflos fort, ohne ein bestimmtes Ziel anzusteuern oder zu erreichen. Da er sich keinerlei realer Gefahren bewusst ist, sind alle Bezugspersonen in ständiger Sorge und Anspannung.

M. (50 J.) berichtet von Situationen, in denen die Reize zu viel werden, aus denen er spontan flieht: »Meine Beine fangen dann an zu laufen und ich kann sie kaum stoppen. Ich muss mich zwingen, auf die Knie zu fallen, um nicht immer weiter zu rennen.«

K. bekommt als Jugendlicher die Diagnose Epilepsie. Es stellt sich jedoch nach und nach heraus, dass es sich um psychogene Anfälle handelt. Diese sind vom äußeren Bild her kaum von kleineren Absencen oder auch Grand-mal-Anfällen zu unterscheiden. Hin und wieder geschieht es auch, dass er in einem solchen Zustand Menschen in seinem Umfeld massiv beleidigt, bedroht oder mit Gegenständen wirft. Er selbst bekommt von diesem Verhalten nichts mit. Wird ihm nach dem »Erwachen« berichtet, was er angerichtet hat, ist er zutiefst verstört und findet keine Ruhe, ehe er sich bei den Betroffenen entschuldigt hat.

Mitunter brechen Betroffene in einem solchen Moment auch körperlich zusammen.

»Es kann vorkommen, dass ich eine Straße entlanggehe und irgendwann werden die Reize einfach zu viel. Dann brechen mir die Knie ein.«

Da diese Reaktionen *autonom* ablaufen, fühlen sich Betroffene einer solchen Situation auf doppelte Weise ausgeliefert: zum einen gegenüber der überwältigenden und überfordernden Reizfülle und -intensität, zum anderen gegenüber den eigenen, autonom ausgelösten, physiologischen Überforderungs- bzw. Notfallreaktionen.

Besonderheiten der neuronalen Verarbeitung von Informationen

Zur Intensität und Fülle an Sinnesreizen kommen Besonderheiten bei der *neuronalen Verarbeitung* hinzu:

Filterung und Erfassung nach Relevanz

Viele Betroffene berichten, dass sie alle einströmenden Informationen als gleich intensiv und gleichermaßen als potentiell bedeutsam erleben.

»Wenn ich im Supermarkt an der Kasse stehe, höre ich alles um mich herum gleich laut: das Tippen auf der Kasse genauso wie die Geräusche der Einkaufswagen, Gespräche von Kunden im Laden, die Autos, die draußen auf der Straße vorbeifahren.«

Auf diese Weise werden die Figur-Grund-Unterscheidung, die Gestaltbildung und damit auch das Herausfiltern relevanter Informationen stark erschwert:

»Bei so einem Gewirr an Nebengeräuschen oder wenn viele Menschen gleichzeitig reden – wie zu Beispiel in einem Restaurant – fällt es mir extrem schwer, eine einzelne Stimme herauszuhören und zu verstehen, was jemand mir mitteilen möchte. Ich hör dann alles, verstehe aber nicht, was die Kassiererin an der Kasse oder ein Gesprächspartner im Restaurant oder auf der Straße mir gerade mitteilen möchte.«

Diese Schwierigkeit der Filterung nach Relevanz hat auch einen Einfluss auf die Verarbeitung und Speicherung von Informationen, also auf Sinnerfassung, Lernen und Gedächtnis. So stellt beispielsweise das Erfassen von Texten eine ganz andere Anforderung dar, wenn jedes Wort, jede Information als potentiell gleichwertig erfasst wird. Es kann nicht erahnt werden, was wichtig oder unwichtig sein mag, so dass alles gleichermaßen und dabei meist detailliert und fragmentiert gespeichert wird. Wird die betroffene Person dann zu den Inhalten befragt – z. B. in einer

Prüfung – kann es ihr schwer bis unmöglich werden, die relevanten Informationen auszuwählen – obwohl, oder gerade weil, sie »alles« gelernt und fast alle einzelnen Informationen gespeichert hat.

Ausgeprägte Detailwahrnehmung und Gedächtnis

Dasselbe gilt auch für das episodische Gedächtnis und das Erleben generell. Fragt man einen Menschen mit Autismus nach dem Verlauf eines Ereignisses oder auch nach seinen Routinen und Tagesabläufen, bekommt man oft eine Fülle von Details, d. h. Fragmenten der jeweiligen Gesamtsituation berichtet. Da er nicht weiß, was für die Fragenden relevant oder irrelevant ist, wird jedes Detail mitgeteilt – was für beide Beteiligten recht anstrengend sein kann.

Mitunter wird die Frage auch verzögert oder gar nicht beantwortet, weil die befragte Person in einem aufwändigen Auswahlprozess *bewusst* versucht herauszufiltern, was wohl relevante Informationen für den Fragenden sein könnten und dabei möglicherweise zu keinem schlüssigen Ergebnis kommt.

> Ein Klient berichtet in der Sitzung von einem Ausflug, den er einmal mit seiner Schulklasse gemacht hat. Als sich die Therapeutin interessiert nach dem Erlebnis erkundigt, wird ihr chronologisch alles berichtet – vom Aufstehen, Zähneputzen und Frühstück am Abreisetag über das Einsteigen in den Zug, alle Haltestellen auf der Strecke, das Aussteigen und Beziehen der Zimmer usw. Was für den jungen Mann auf diesem Ausflug bedeutsam war, wird dabei nicht erkennbar. Als er danach gefragt wird, verstummt er zunächst – und führt dann seinen detaillierten Bericht weiter.

Hohe Assoziationsdichte und »innerer Overload«

Bei einer großen Fülle gleichzeitig einströmender Reize ist damit zu rechnen, dass sehr viele Erstverknüpfungen gebildet und viele davon auch wiederholt aktiviert werden, so dass sie sich nicht wieder zurückbilden. Das Ergebnis ist eine *hohe Assoziationsdichte*, die sich dann nicht nur in der Wahrnehmung widerspiegelt, sondern auch Einfluss auf das Denken und Lernen hat und sich häufig in der Kommunikation und Kreativität von Menschen im Autismus-Spektrum erkennen lässt. Allerdings wird sie von Betroffenen als sehr anstrengend erlebt.

> M. hat gerade einen Englischkurs bei der Volkshochschule begonnen. Auf die Frage, wie es ihr gefällt, berichtet sie: »Es gefällt mir gut und die Menschen sind nett. Leider bin ich aber mit dem Lernen sehr langsam: Jedes neue Wort, das wir lernen, muss ich erst ganz genau betrachten, dem Klang nach gehen, den vielen möglichen Bedeutungen und allem, was damit zusammenhängt. Bis ich damit fertig bin, sind die anderen schon viel weiter und ich verliere den Anschluss.«
>
> »Gibt es eigentlich eine Möglichkeit, den Kopf abzuschalten?«

»Am schlimmsten ist es abends, wenn ich einschlafen möchte. Wenn es still und dunkel wird und es keine Ablenkung mehr gibt, werde ich wie überflutet. Alles, was ich am Tag an Reizen aufgenommen habe, stürmt auf mich ein und hallt stundenlang nach. So ist es fast unmöglich zur Ruhe zu kommen.«

Besonderheiten der Reizverarbeitung und der Sensorischen Integration – Auswirkungen auf Körperwahrnehmung, Körperbild und Koordination

Bereits während er im Mutterleib heranwächst, beginnt ein neurotypischer Fetus, aufgrund von Wahrnehmungen seines eigenen Körpers ein individuelles Körperbild zu entwickeln, das gleichsam mit ihm mitwächst: Das zentrale Nervensystem erhält Informationen von den sich entwickelnden Gliedmaßen – aus Gelenken, Muskeln und Faszien – und registriert, wo sich was befindet; das Kind nimmt seine eigene Außenfläche im Kontakt mit sich selbst und auch mit der Uteruswand wahr und entwickelt darüber ein Konzept seiner Körpergrenzen. Die Entwicklung des eigenen Körperbildes setzt sich nach der Geburt im Kontakt mit der Umwelt, insbesondere auch mit den Bezugspersonen, fort. Durch Berührungen des eigenen Körpers und Körperkontakt zu Bezugspersonen, durch taktiles Erkunden verschiedener Objekte wie Kleidung, Kissen, Spielgegenstände, durch das Gehalten- und Getragen-Werden sammelt das Kind schon früh Erfahrungen mit seiner Umwelt und dem eigenen Körper, die im zentralen Nervensystem verarbeitet, gespeichert und auch untereinander vernetzt werden. Diese werden nach und nach durch spielerisches Erkunden der Schwerkraft und der eigenen Kräfte in vielfältigsten Bewegungen allein und mit anderen vertieft und erweitert. Zugleich entwickeln sich dabei motorische Muster, die flüssige Bewegungsabläufe und eine Koordination der Motorik des ganzen Körpers ermöglichen.

Wenn wir nun davon ausgehen, dass eine Disposition zu einer autistischen Reizverarbeitung bei den allermeisten Betroffenen von Anfang an besteht, liegt die Hypothese nahe, dass sich die Verarbeitung von Reizen aus den Bereichen der Tiefensensibilität und der haptisch-sensorischen Wahrnehmung bereits vor der Geburt sowie auch danach anders gestaltet als bei einem neurotypischen Kind.

Tatsächlich beschreiben sehr viele Menschen im AS, dass sie von klein auf Schwierigkeiten bei der sensorischen Integration und in der Folge auch bei der Selbstwahrnehmung und Selbstorganisation haben: Wenn verschiedene Sinneskanäle sehr unterschiedlich sensitiv ausgeprägt sind und auch unterschiedlich lange für die Verarbeitung situativer Eindrücke benötigen, wird es in der Folge schwierig, verschiedene Wahrnehmungen zu einem stimmigen Gesamtbild einer Situation, eines Objektes zu integrieren.

Dies gilt auch für die Entwicklung eines konstanten und in sich stimmigen Körperbildes. Dietmar Zöller schreibt dazu:

»Wie ist das, wenn ich mich selbst berühre? Das ist etwas sehr Merkwürdiges. Eigentlich müsste ich, wenn ich mich mit der Hand berühre, etwas in der Hand spüren und in dem Körperteil, das ich berühre. Aber ich registriere nur etwas in einem Bereich, entweder in den Fingern oder im Körperteil, den ich berühre.« (Zöller 2001, S. 78 f)

»Die taktilen Erfahrungen waren lange Zeit sehr verwirrend und widersprüchlich. Mal war eine Körperregion wie tot, d. h. sie war gar nicht in meinem Bewusstsein präsent, dann wieder konnte ich an eben dieser Stelle überempfindlich reagieren. Leichte Berührungen wirkten dann wie Schläge. (ebd., S. 79)

»Mein Problem besteht darin, dass ich die sensorischen Informationen teilweise verzerrt bekomme. ... Ich muss also die sensorischen Informationen mit dem Intellekt ordnen, was Zeit braucht. Die Reaktionen kommen dann verspätet oder gar nicht, weil ich beim Ordnen nicht zurechtkomme oder in Panik gerate.« (ebd.)

Diese ganz konkreten, sensorischen Besonderheiten bei der Selbstwahrnehmung haben Auswirkungen auf die Entwicklung eines kohärenten und damit stimmigen Selbstbildes, eines konstanten und konsistenten Ich-Gefühls und letztlich einer eigenen Identität.

Zöller zitiert dazu Oliver Sacks:

»Das Wirken unserer fünf Sinne ist deutlich zu erkennen, aber dieser – unser verborgener Sinn – musste gewissermaßen erst entdeckt werden, ... Sherrington[1] ... nannte ihn »Propriozeption« (Eigenwahrnehmung), ... um herauszuheben, dass dieser Sinn für die Wahrnehmung *unserer selbst* unerlässlich ist. Nur durch die Eigenwahrnehmung sind wir nämlich in der Lage, unseren Körper als zu uns gehörig, als unser »Eigentum«, als uns selbst zu erleben.« (Sherrington 1906, 1940, (zit. n. Zöller 2001, S. 87)

Zöller ergänzt dies durch seine eigenen Überlegungen:

»Ich habe mir noch einmal überlegt, warum ich solche Schwierigkeiten habe und bin zu dem Schluss gekommen, dass ich meine Haut nicht immer als Abgrenzung erleben kann. Ohne Abgrenzung ist aber der Mensch ein Nichts und wie aufgelöst. Um zu begreifen, dass ich unverwechselbar Dietmar bin, muss ich meine Begrenzungen spüren können.«

Autistische Reizverarbeitung als lebenslange Herausforderung

Die autistische Reizverarbeitung mit ihren spezifischen und zugleich auch individuell eigenen Besonderheiten der Verarbeitungsweise und die damit verbundenen Herausforderungen bleiben ein Leben lang bestehen. Die Grundstruktur »verwächst« sich also nicht. Allenfalls wird jedes betroffene Individuum eigene Bewältigungsstrategien entwickeln, um auch bei hohem Reiz- und Informationsaufkommen möglichst weitgehend zu funktionieren.

Diese Strategien werden nur zum Teil bewusst gesteuert; vielmehr wird das Gehirn durch verschiedene neuronale Reaktionsweisen versuchen, sich vor Überforderung und die Person vor Gefahr zu schützen (▶ Kap. 1.5). Bewältigungsstrategien können sich im Laufe der individuellen Entwicklung modifizieren und effizienter werden. An der Herausforderung selbst an sich ändert sich jedoch nichts.

---

1 Sir Charles Scott Sherrington (1857–1952), britischer Neurophysiologe, einer der Begründer der heutigen Neurologie auf Basis der Physiologie.

1.4.2 Das Anders-Sein und seine Folgen

Die Realisation der Unterschiedlichkeit – und ihre Auswirkungen

Wie anhand des Zwei-Welten-Modells deutlich wird, werden Betroffene früher oder später auf schmerzliche Weise realisieren, dass sie sich in vielem recht grundlegend von ihren Mitmenschen unterscheiden. Diese Realisation kann schon sehr früh oder erst später, etwa im Jugend- oder Erwachsenenalter, eintreten.

Viele Betroffene berichten allerdings, dass sie sich, solange sie zurückdenken können, bereits als »anders« wahrgenommen haben, wenngleich sie sich diese Unterschiedlichkeit nicht haben erklären können – bis sie auf Beschreibungen von Autismus gestoßen seien oder eine fundierte Diagnostik mit entsprechender Psychoedukation erhalten hätten.

Einige schildern wiederum, sie seien sehr lange davon ausgegangen, alle anderen müssten doch genauso wahrnehmen und denken wie sie selbst – bis sie durch ein Erlebnis oder eine konkrete Rückmeldung hätten erkennen müssen, dass es offenbar sehr grundlegende Unterschiede in der Wahrnehmung und Bewertung von Situationen, in den Vorlieben, Bedürfnissen und Abneigungen gibt.

Solche Erlebnisse des plötzlichen Erkennens von Unterschiedlichkeit werden als schockierend oder gar traumatisch beschrieben. Wann auch immer die Erkenntnis der Unterschiedlichkeit einsetzt, wirkt sie sich meist einschneidend und bestimmend aus. Es tun sich Fragen auf, deren Beantwortung den Betroffenen selbst unmöglich ist und die sie umso mehr fast durchgehend beschäftigen:

»Die Wahrnehmungen und die Bedürfnisse der anderen Menschen scheinen so ganz anders zu sein als meine eigenen – wie kann das sein? Was ist mit mir, was ist mit den anderen los? Wer ist »richtig«, wer »verkehrt«?«

Zugleich wird durch die Realisation der Unterschiedlichkeit eine Vorhersehbarkeit hinsichtlich der Erwartungen und Verhaltensweisen anderer Menschen schwer bis unmöglich:

»Was für mich selbstverständlich ist, ist es für die anderen offenbar gar nicht – und umgekehrt. Da weiß ich nie, was sie wohl denken und fühlen, was sie als nächstes tun und welches Verhalten sie von mir erwarten.«

Hinzu kommt die Schwierigkeit, sich mit anderen Menschen zu identifizieren:

»Wenn ich mich in niemandem wiedererkenne, mich in niemandem gespiegelt sehe, wie soll ich erkennen, wer ich bin?«

Stattdessen wächst das Gefühl des »Anders-Seins«, das so viele Betroffene fortan als ihre grundlegende Erfahrung beschreiben (vgl. Vogeley 2012).

Unterschiede in der Logik

Autistisches Denken ist durch ein hohes Maß an Logik gekennzeichnet – was neurotypische Menschen bei näherer Betrachtung oft nicht von sich behaupten können. Dies lässt sich zum Teil auf die oben beschriebene andere, »autistische« Wahrnehmung und Verarbeitung von Reizen und Informationen zurückführen. Neurotypische Menschen sind hingegen in sehr vielen relevanten Kontexten in ihrem

Denken durch ihren Sozialen Autopiloten bestimmt – und in gewisser Weise auch eingeschränkt: Als »richtig« und »logisch« wird empfunden, was *im sozialen Kontext* als »richtig« und »logisch« empfunden wird.

Die Grundlage hierfür sind zum einen internalisierte kulturelle und subkulturelle sowie individuelle Erfahrungen und zum anderen die weitgehend unbewussten und nonverbalen Signale, die in einer bestimmten Situation zwischen den Anwesenden ausgetauscht werden – die allerdings eine anwesende Person mit Autismus in der jeweiligen Komplexität kaum so schnell erfassen kann.

Da in aller Regel beide Seiten nichts über die Existenz, die Funktionsweisen und den Einfluss eines Sozialen Autopiloten wissen, kommt es auch aufgrund dieser unterschiedlichen Denkweisen vielfach zu tiefen Irritationen in der Begegnung zwischen neurotypischen und neurodivergenten, speziell autistischen Menschen.

Unterschiede in der Kommunikation

Eine große Herausforderung liegt in der Kommunikation – insbesondere zwischen autistischen und neurotypischen Menschen – und dies ganz unabhängig von der Sprachentwicklung der autistischen Seite.

Verzögerungen und Beeinträchtigungen in der Sprachentwicklung

Kommunikationsprobleme sind augenfällig und leicht nachvollziehbar, wenn jemand keine oder eine nur sehr rudimentäre verbale Ausdrucksfähigkeit entwickelt hat, wenn er also gar nicht sprechen kann oder nur einzelne Begriffe bzw. Ein- bis Zweiwortsätze sinnbezogen verbal einzusetzen vermag. Dies ist bei Menschen der Fall, bei denen der Autismus die Sprachentwicklung stark mit beeinträchtigt hat.

Und auch diejenigen Betroffenen, die zwar sprechen können und ganze Liedtexte und Bücher auswendig rezitieren, jedoch *Sprache nicht zum Selbstausdruck einsetzen können*, haben keine Möglichkeit, in einen verbalen Austausch mit ihren Mitmenschen zu treten – selbst dann, wenn sie durchaus ein sehr differenziertes *Sprachverständnis* besitzen.

Was es für einen Menschen bedeutet, zwar alles mithören und sinngemäß verstehen zu können, was andere reden, sich selbst jedoch nicht äußern, nichts fragen, nicht widersprechen und nichts korrigieren zu können, ist für andere, denen seit ihrem passiven und aktiven Spracherwerb beides selbstverständlich ist, kaum wirklich vorstellbar.

> Der eine oder die andere wird vielleicht schon einmal erlebt haben, wie es ist, aufgrund einer Erkältung oder Stimmbandentzündung keine Stimme mehr zu haben, sich nicht an Gesprächen beteiligen zu können und sich auch bei Bedarf nicht stimmlich bemerkbar machen zu können. Je nach Situation kann dies eine sehr spannungsreiche Erfahrung sein und man erahnt die Hilflosigkeit der »Sprachlosen«.

Kommunikationsprobleme trotz sehr guter verbaler Ausdrucksfähigkeit

Bei Personen mit hochfunktionalem Autismus, bei denen die Sprachentwicklung normal oder sogar besonders früh und auf sehr hohem Niveau erfolgt, würden Außenstehende keine Kommunikationsprobleme erwarten. Und doch sind diese für die Betroffenen meist integraler Bestandteil ihres Lebens und Erlebens – wobei die scheinbare Unlogik dieser Tatsache ihre Situation noch wesentlich erschwert. Denn zum einen wirken sie ja »völlig normal«, so dass niemand sich vorstellen kann, dass es Schwierigkeiten geben könnte. Treten dann dennoch Missverständnisse oder gegenseitiges Unverständnis auf, werden diese in der Regel der betroffenen Person angelastet: Es wird vorausgesetzt, dass sie Bemerkungen, Fragen oder auch Texte verstehen *könnte*, »wenn sie nur wollte«. Wenn sie immer wieder etwas nicht versteht, nachfragt oder ohne nachzufragen falsch handelt, wird ihr unterstellt, dass sie »sich nur anstellt« oder »sich absichtlich dumm stellt«.

Umgekehrt werden neurotypische Kommunikationspartner oft ungeduldig oder unwillig, wenn *sie* eine betroffene Person nicht verstehen, wenn diese zu lange für eine Äußerung braucht oder in Schweigen verfällt. Denn es wird vorausgesetzt, dass sie sich doch »richtig ausdrücken kann und sich auch einfach mitteilen könnte, wenn sie nur wollte«.

Das Problem der nonverbalen Kommunikation

Diese Annahmen jedoch sind ein Trugschluss. Er hat seinen Ursprung zum einen in der wohl belegten Tatsache, dass Kommunikation unter neurotypischen Menschen zu einem sehr großen Teil nonverbal stattfindet und zum anderen darin, dass den meisten Menschen dies wiederum nicht bewusst ist. Dabei wird die Bedeutung einer Aussage oder auch einer Frage eben zu einem großen Teil durch Mimik, Gestik, Körperhaltung, Tonlage und Prosodie bestimmt und ist zugleich kontextabhängig.

Codierung und Decodierung dieser entscheidenden Parameter sind jedoch das Ressort des Sozialen Autopiloten. Er registriert alle Ausdruckssignale in der Interaktion, sortiert und wählt nach Relevanz aus, deutet sie in Bezug auf das Gesagte und den Kontext und steuert sodann umgekehrt alle diese nonverbalen Parameter wiederum im Selbstausdruck bei der eigenen Aussage bzw. Reaktion.

Wer nun keinen Sozialen Autopiloten hat, der hat große Schwierigkeiten herauszufinden, was »eigentlich« gesagt wurde, wie das Gesagte gemeint war, was relevant oder irrelevant war, welche Botschaften »zwischen den Zeilen« mitgeschickt wurden, was ernst gemeint war und was ironisch, was als Metapher oder im übertragenen Sinne ausgedrückt wurde, was konkret im Wortsinne gemeint war usw.

Umgekehrt fällt der spontane nonverbale Selbstausdruck von Menschen im AS weniger deutlich aus, erscheint mitunter inadäquat oder ist für andere kaum wahrnehmbar. Dies kann dazu führen, dass einer betroffenen Person oft gar keine Aufmerksamkeit geschenkt wird: Bleiben entscheidende nonverbale Signale wie Blickkontakt, Mimik und eine lebendige Prosodie der Stimme aus, wird die Aufmerksamkeit des Gegenübers nicht angesprochen.

Wird eine verbale Kommunikation nicht mit entsprechenden nonverbalen Signalen begleitet, kommt es zu Fehlinterpretationen und Fehldeutungen.

Was ohne Decodierung und Codierung durch nonverbale Signale bleibt, ist die *wörtliche* Aussage. Und so nehmen Betroffenen Aussagen meistens erst einmal *wörtlich* – was dann allerdings bei allen Beteiligten zu Irritationen führt.

Kommunikation von der Dritten Ebene aus

Selbst wenn eine Person im AS um die Bedeutung des nonverbalen Ausdrucks weiß und sehr gut trainiert ist, von der Dritten Ebene aus *bewusst* derlei Ausdruckssignale bei einem Gegenüber wahrzunehmen und zu lesen, ist der Interpretationsprozess doch wesentlich zeitintensiver und anstrengender als der eines Sozialen Autopiloten, der innerhalb von Bruchteilen von Sekunden eine Deutung generiert.

Zudem ist über dieses Verfahren auf der Dritten Ebene keine Deutungssicherheit zu erlangen. Das heißt, dass sich die betroffene Person jederzeit des *hypothetischen* Charakters ihrer jeweiligen Deutung bewusst ist. Sie entscheidet sich damit jeweils bewusst für eine Deutung und weiß, dass es noch viele andere Deutungsmöglichkeiten gäbe, sie also mit ihrer Hypothese falsch liegen kann.

Ihre Entscheidung für eine bestimmte Reaktion oder Antwort basiert also jeweils auf einer Arbeitshypothese, deren Stimmigkeit sich erst durch den weiteren Verlauf der Interaktion oder Kommunikation zeigen wird. Durch unzählige Erfahrungen der Irritation in der Begegnung mit den Mitmenschen wird aus dem Mangel an Deutungssicherheit früher oder später eine grundlegende Unsicherheit. Es muss jederzeit mit einer – vermeintlich selbst verschuldeten – Irritation und daraus erwachsenden Konflikten oder gar Sanktionen gerechnet werden.

Es kostet daher nicht nur ein sehr hohes Maß an Anstrengung, Kontakte zu anderen Menschen über die Dritte Ebene zu gestalten, sondern auch sehr viel Mut, auf diese Weise in Kontakt und damit in Interaktion und Kommunikation zu treten.

Hohe Assoziationsdichte in der Kommunikation

Menschen im AS verarbeiten hochassoziativ: Jedes Thema ist mit sehr vielen anderen unmittelbar verknüpft, was ein hohes Maß an Kreativität mit sich bringt.

Zugleich besteht meist ein starkes Bestreben, jeder Assoziation, jedem Aspekt eines Themas umfassend nach- und detailgenau auf den Grund zu gehen. Beides kann sowohl für die Betroffenen selbst als auch für ihre Kommunikationspartner allerdings sehr anstrengend werden – ein Faktor, der die Kommunikation und Kommunikationsbereitschaft auf beiden Seiten deutlich beeinträchtigen kann.

Kommunikation ohne die Sicherheit des Sozialen Autopiloten

Der soziale Autopilot neurotypischer Menschen generiert quasi mit jeder seiner spontanen, d.h. unwillkürlichen und sehr schnell erstellten Deutungen jeweils zugleich eine Deutungssicherheit. Die eigene, automatisiert erstellte Deutung sowie die auf dieser Grundlage gesteuerte Aktion oder Reaktion wird daher in der Regel nicht in Frage gestellt.

Dabei kann es selbstverständlich auch hier zu Fehldeutungen kommen. Diese sind jedoch seltener und können dann wiederum schneller erfasst sowie auf mögliche Irritationen genauso automatisiert reagiert werden. Es kann beschwichtigt, ein Rückzieher gemacht oder sogar auf die Metaebene gewechselt werden, um ein Missverständnis oder einen unbeabsichtigt entstandenen Konflikt zu klären.

Solange jedoch keine größere Irritation auftritt, wird davon ausgegangen, dass alles so ist, wie es wahrgenommen wurde und dass das eigene Verhalten passend und stimmig war.

Für Menschen im AS ist es unvorstellbar, wie es wohl sein mag, derart unbewusst mit anderen Menschen zu interagieren und zu kommunizieren. Sie beobachten die scheinbare Leichtigkeit der Kontaktaufnahme, der Interaktionsgestaltung sowie der gegenseitigen Verständigung unter ihren neurotypischen Mitmenschen – und wünschen sich sehnlichst, diese auch zu erreichen.

Zugleich sehen sie jedoch mit meist überaus klarem Blick, wo in der Kommunikation der anderen etwas nicht stimmig ist, wo sie einander etwas vormachen, wo und warum etwas schief geht. Dieser klare Blick ermöglicht einigen von ihnen, zur Beraterin, zum Coach oder Vermittler oder zu einer sehr guten Psychotherapeutin zu werden. Allerdings kann ein solcher klarer Blick auf die Mitmenschen durchaus schmerzhaft sein.

»Ich habe das Ausdrucksverhalten gesunder Menschen ausgiebig studiert und ich kann den Ausdruck gut interpretieren. Echter Ausdruck fasziniert mich. Alles was zweideutig oder nicht echt ist, irritiert mich sehr. Manche Menschen kann ich in meinem Umfeld kaum ertragen, weil ich erkenne, dass sie lügen, auch wenn sie mit dem Mund die Wahrheit zu sagen scheinen. Meine Menschenkenntnis ist eigentlich erstaunlich gut entwickelt. Das kann aber auch zur Belastung werden. Manchmal wäre es einfacher, die Menschen nicht durchschauen zu können.« (Zöller 2001, S. 142)

Auf andere Menschen wirkt dieser klare – und damit oft schonungslose – Blick von der Dritten Ebene aus zudem häufig provokant, verunsichernd oder verletzend und kann so – bei aller Wertfreiheit der Dritten Ebene – zur Quelle massiver Konflikte, Ablehnung und Aggressionen werden.

Befremden und Selbstabwertung

Das tiefe Befremden, das durch die wahrgenommene Unterschiedlichkeit in Wahrnehmung und Denken sowie in der Kommunikation entsteht, trennt das Individuum nicht nur grundlegend von seinen Mitmenschen, es hat auch Einfluss auf die *Bewertung* seiner selbst im Verhältnis zu ihnen. Meistens fällt diese Bewertung hinsichtlich der eigenen Person im Vergleich eher ungünstig aus. Da die anderen Menschen anscheinend besser zurechtkommen, miteinander leicht Kontakte knüpfen und erhalten können, da sie einander anscheinend problemlos verstehen und sich untereinander verständlich machen können und damit sowohl sozial als auch oft beruflich erfolgreicher sind, scheinen sie »die Besseren« zu sein.

Die Person mit Autismus gewinnt so vielfach den Eindruck einer eigenen Unfähigkeit und Minderwertigkeit. Dieser Eindruck kann massive Selbstzweifel auslösen, in Selbstabwertung bis zum Selbsthass münden und schwere Depressionen zur Folge haben.

Es gibt mitunter Ausnahmen unter den Betroffenen, die eher zu dem Schluss kommen, dass »die anderen alle nicht normal« seien, dümmer, unlogischer, unsensibler usw. Allerdings hilft auch eine solche Interpretation des wahrgenommenen »Anders-Seins« kaum weiter, wenn es darum geht, in der Welt der Anderen ehrliche Kontakte zu knüpfen und Zugehörigkeit zu finden. Man bleibt – so oder so – letztlich allein.

Anpassungsbemühungen – Folgen von Scheitern und Erfolg

Viele Betroffene versuchen mit aller Kraft und durch höchste mentale Anstrengung auf der »3. Ebene« eine Angleichung an ihr soziales Umfeld zu erreichen. Sie investieren dabei oft alle verfügbare Energie in dieses Bestreben, um dann doch eins ums andere Mal enttäuscht zu werden.

> Ein kleines Mädchen verhält sich in der KiTa völlig unauffällig, bricht jedoch regelmäßig in dem Moment, da es das Gebäude verlässt, zusammen und weint untröstlich, ohne sagen zu können, warum.

> Ein Mädchen in der Grundschule wird von Beginn von den anderen Kindern akzeptiert und sowohl im Unterricht als auch in der Pause gut integriert. Es erscheint lebendig und fröhlich, beginnt jedoch regelmäßig, wenn es nach der Schule im Auto sitzt zu schreien und zu weinen: »Ich will nicht immer der Idiot sein!«

> Der Mann, Anfang 50, ist seit Jahrzehnten in einer Volkstanzgruppe sowohl als Musiker als auch als Tänzer engagiert, hat jedoch immer noch den Eindruck, »nicht dazuzugehören«. Er hat den Eindruck ersetzbar zu sein. Es gehe ja nicht um ihn als Person – »sonst würden ja auch Kontakte zustande kommen, die außerhalb der Gruppenabende weiter tragen. Dass man mal was zusammen macht.« – Erst als dieser Eindruck in der Gruppe durch eine Begleiterin thematisiert wird, kommen spontan Einzelkontakte zustande – und er beginnt, sich wirklich als ein Teil der Gruppe zu fühlen.

Diese wiederholten Erfahrungen des Scheiterns trotz höchster Anstrengung – und nachweislicher Leistung – können zur Quelle massiver Selbstzweifel werden und letztlich in tiefe Verzweiflung stürzen. Dies gilt insbesondere, wenn es noch keine Erklärung für das Anders-Sein und das wiederholte Scheitern gibt.

Jedoch auch Betroffene, die über ihre autistische Grundstruktur Bescheid wissen, müssen feststellen, dass sich allein durch diese Erkenntnis die Unterschiedlichkeit noch nicht auflöst. Sie erkennen, dass diese als Disposition und Kondition bestehen bleibt.

Gelingt es ihnen – in einem oft schmerzlichen, mitunter jedoch auch erhellenden und stärkenden Prozess – diese Gegebenheit anzunehmen, können sie zu einer verständnisvolleren und wertschätzenden Haltung gegenüber sich selbst und dabei zu einem neuen Umgang mit der Welt der Anderen finden. Auf diese Weise ergeben sich neue Chancen, eine eigene, stimmigere Identität zu entwickeln und damit dann auch mit Menschen in der Welt der Anderen in einen für beide Seiten fruchtbaren Austausch zu treten.

> **Zusammenfassung**
>
> Wir haben gesehen, wie die unterschiedlichen Aspekte des Anders-Seins das Erleben von Menschen im AS bestimmen und welche Probleme sich alleine aus dieser Unterschiedlichkeit in der Wahrnehmung, dem Erleben, der Kommunikation und dem Denken ergeben können. Dass aus diesen Erfahrungen eine grundlegende Unsicherheit erwächst, wird so nachvollziehbar. Welche Implikationen sich aus dem Erleben dieser Unsicherheit ergeben, soll im Folgenden erörtert werden.

1.4.3 Die grundlegende Unsicherheit: Wer bin ich? Bin ich »richtig«? Was wird erwartet? Ist alles in Ordnung?

Im Gespräch mit Menschen, die von hochfunktionalem Autismus betroffen sind, wird immer wieder als ein grundlegendes und alles durchdringendes Lebensgefühl eine tiefe Unsicherheit spürbar. Diese bezieht sich zum einen auf die eigene Person, die eigene Identität und das eigene Handeln, zum anderen jedoch auch auf die Einschätzungen und Erwartungen der Mitmenschen im Hinblick auf sie selbst.

Die Ursprünge dieser Unsicherheit werden leicht nachvollziehbar, wenn wir uns an die Grundlagen und basalen Notwendigkeiten der psychischen und sozio-emotionalen Entwicklung erinnern – und in diesem Zusammenhang auch an die besonderen Voraussetzungen, unter denen ein Kind mit autistischer Grundstruktur aufwächst.

Unsicherheit hinsichtlich der eigenen Identität

Um ein »Ich« im Sinne einer eigenen, möglichst stimmigen Identität zu entwickeln, bedarf es notwendigerweise eines »Du«, eines Gegenübers, in dessen Spiegel und Resonanz bereits das neugeborene Kind sich selbst, seinen eigenen Selbstausdruck und dessen Wirkung erfährt.

Schon kurz nach der Geburt wird ein neurotypisches Kind wahrnehmen, dass sein Gegenüber – sei es Mutter, Vater oder Hebamme – unmittelbar auf es, auf seinen spontanen Selbstausdruck reagiert. Mit der Zeit wird es zudem erkennen, dass die Reaktionen unterschiedlich sein werden, je nachdem, welches Verhalten und welchen Selbstausdruck es zeigt – und auch, je nachdem mit welcher Person es zu tun hat. Hieraus ergeben sich immer neue Facetten, die zur Entwicklung eines reichhaltigen, differenzierten und stimmigen Selbstbildes beitragen.

Zu einem Spiegel wird eine andere Person jedoch nicht nur durch eine unmittelbare Interaktion zwischen beiden, sondern bereits durch ihre Anwesenheit, ihren Selbstausdruck und ihr Handeln, das vom Kind beobachtet wird. Kann es daraus ableiten, dass dieser andere Mensch gerade ähnlich empfindet, sich über etwas ähnliches freut oder entsetzt ist, sich von etwas angezogen oder abgestoßen fühlt, erkennt es sich spontan im Ausdruck und dem dahinterliegenden Erleben des anderen wieder. Auch dies trägt zum Erleben und unwillkürlichen Erkennen seiner selbst bei.

Ist nun ein Kind von Beginn an sehr belastet durch eine Überfülle von Sinneseindrücken, so dass es zunächst Schwierigkeiten hat, überhaupt einzelne Objekte als Entitäten und sodann auch bestimmte Objekte als Personen zu identifizieren, wird es trotz bester äußerer Bedingungen und Angebote zunächst keine Chance haben, sich in anderen Menschen zu spiegeln und in der Interaktion ihre Reaktionen als Resonanz auf sich selbst wahrzunehmen.

Hinzu kommt durch die Unterschiedlichkeit der Wahrnehmung nach und nach die wiederholte und irritierende Beobachtung, dass andere Menschen offenbar ganz andere Empfindungen und daraus erwachsende Bedürfnisse sowie Abneigungen haben als es selbst.

Statt die eigenen Sinneswahrnehmungen schon durch die *Beobachtung* ihres Verhaltens oder direkte Aussagen bestätigt zu bekommen, wird neben der mangelnden Möglichkeit zur Identifikation mit anderen Personen auch noch die eigene Wahrnehmung implizit oder explizit in Frage gestellt. Denn wir orientieren uns auch in unserer Wahrnehmung und bei deren Interpretation an den beobachteten Reaktionen unserer Mitmenschen. Empfinden sie offensichtlich oder explizit gleich wie wir selbst, liegt darin eine Bestätigung unserer eigenen Wahrnehmung und deren Bewertung:

»Wenn die anderen auch so empfinden, kann ich mit meiner Wahrnehmung nicht falsch liegen.«

Wiederholte Bestätigungen der eigenen Wahrnehmungen tragen zur Entwicklung eines Vertrauens in die eigenen Sinne, die eigenen Wahrnehmungen, spontanen Deutungen und Bewertungen bei. Wir entwickeln auf diese Weise *Selbst-Vertrauen.*

Erleben wir jedoch, dass sich unsere Wahrnehmungen deutlich von denen der anderen Menschen unterscheiden, hat dies eine tiefe Verunsicherung zur Folge: »Spinne ich jetzt, oder spinnen die anderen?«, »Wem traue ich – den eigenen Sinnen oder denen der anderen?«

Dass die grundlegende Unterschiedlichkeit der Reizverarbeitung eine tiefgreifende Verunsicherung hinsichtlich der eigenen Wahrnehmung und der eigenen Person mit sich bringt, ist vor diesem Hintergrund leicht nachvollziehbar.

Unter diesen Bedingungen ein Vertrauen in die eigenen Sinne, die eigenen Deutungen und Bewertungen von Situationen und damit *Selbstvertrauen* zu entwickeln ist sehr schwer und vielen Betroffenen über lange Zeit unmöglich. So trägt auch die mangelnde Möglichkeit der Spiegelung in anderen und einer Identifikation mit ihnen zur grundlegenden Schwierigkeit bei, eine stimmige Identität zu entwickeln.

Unsicherheit bezüglich der Erwartungen anderer Menschen

Mit dieser Unsicherheit bezüglich der eigenen Person geht auch die kaum zu beantwortende Frage einher, was wohl die anderen Menschen *tatsächlich* fühlen oder denken mögen, was sie brauchen, was sie erwarten – und wie sie die eigene Person, das eigene Verhalten und Sein bewerten. Eine Übertragung oder Projektion eigener Interpretationen einer Situation und eigener Empfindungen auf andere Menschen erscheint ja aufgrund der Erfahrung von Unterschiedlichkeit nicht zulässig.

Auch die Möglichkeit eines neurotypischen Menschen, an den nonverbalen Signalen der Mitmenschen unwillkürlich abzulesen, wie diese zu ihm stehen, hat ein Mensch mit Autismus nicht zur Verfügung. Viele Betroffene berichten, dass sie weder nonverbale Anzeichen für eine Irritation noch solche für spontane, ehrlich empfundene Sympathie, Interesse, Zustimmung, Wertschätzung oder Bewunderung wahrnehmen. Und selbst, wenn sie etwas wahrnehmen, sind sie nie sicher, ob ihre Wahrnehmungen und Deutungen »richtig« sind.

Hinzu kommt die erschreckende Erfahrung, dass Menschen oft nach außen hin ein anderes Gesicht zeigen als ihnen eigentlich zumute ist. Selbst wenn man also – beispielsweise über bewusste Beobachtung oder auch unter Zuhilfenahme von Büchern zur nonverbalen Kommunikation – gelernt hat, nonverbale Zeichen zu deuten, kann man nie sicher sein, ob eine Person einem auch tatsächlich wohlgesonnen ist oder ob sie nur nach außen »den Schein wahrt«.

Explizite Rückmeldungen darüber, wie andere sie oder ihr Verhalten finden, erhält eine Person allerdings meist erst dann, wenn jemand von ihr irritiert oder mit ihr unzufrieden ist. Und auch dies wird häufig erst deutlich gesagt oder unzweideutig erkennbar gezeigt, wenn »es zu spät« und der andere bereits aufgebracht oder verzweifelt ist und daher seine wahren Gefühle nicht mehr unter Kontrolle hält.

Ist alles in Ordnung?

Aus der Sicht der betroffenen Person bedeutet das: Sie tappt völlig im Dunkeln darüber, ob die anderen mit ihr zufrieden sind, ob sie sie mögen, was sie von ihr erwarten und wovon sie wohl irritiert werden könnten – bis sie plötzlich, wie aus dem Nichts heraus, von jemandem angeschrien oder gar körperlich angegriffen oder auch einfach verlassen wird. So leben viele Betroffen in dem Erleben und der Erwartung, dass jederzeit etwas schief gehen kann – ein Erleben, das wir im Folgenden nochmals genauer unter die Lupe nehmen wollen.

1.4.4 Das Gefühl der Unvorhersehbarkeit: »Jederzeit kann etwas Unvorhergesehenes passieren und alles anders sein.«

Ein wesentlicher Aspekt des Erlebens, der zur oben beschriebenen, grundlegenden Unsicherheit mit beiträgt, ist das Gefühl vieler Betroffener, jederzeit von einem unvorhergesehenen Ereignis ereilt werden zu können, auf das die Person nicht vorbereitet ist, auf das sie daher unfähig ist zu reagieren und welches sie daher in einen Zustand der Hilflosigkeit wirft.

Da sich in den meisten Fällen auch trotz angestrengter und andauernder Versuche der Analyse und (Er-)Klärung eines solchen Ereignisses die Ursachen für die jeweilige Irritation, die Aggression oder den Kontaktabbruch nicht erschließen, bleibt die betroffene Person in diesem Zustand der Hilflosigkeit hängen, ohne Aussicht auf eine (Er-)Lösung. Letztlich fühlt sie sich daher nicht nur der jeweiligen Situation ausgeliefert, sondern generell dem unvorhersehbaren Lauf der Dinge.

Die Bewältigungsversuche hierfür können, wie wir später sehen werden, ganz unterschiedlich aussehen. Wovon jedoch die meisten Menschen mit hochfunktionalem Autismus selbst berichten, ist eine fast permanent erhöhte Anspannung, von der sie kaum je wirklich loslassen können.

Frage an J.: »Wann und wie findest Du denn Entspannung?« – »Gar nicht.«

Was nach außen hin auffällt ist, neben Anzeichen erhöhter vegetativer Anspannung, auch eine permanent *erhöhte Wachsamkeit*, die mit *einer erhöhten Reizbarkeit* einhergeht.

Hinzu kommt vielfach der verzweifelte Versuch, auch ohne erhellende Erkenntnis bezüglich vergangener Ereignisse und ohne Vorstellungen von kommenden Situationen, so gut es eben geht alles vorwegzunehmen, was erwartet werden und was geschehen könnte – mit dem alles bestimmenden *Ziel, Fehler zu vermeiden*.

Da jedoch aus schmerzlicher Erfahrung heraus stets damit gerechnet werden muss, dass es trotz aller Bemühungen wieder zu Problemen kommen wird, geht von vielen Betroffenen ein grundlegender, für andere kaum nachvollziehbarer Pessimismus aus – selbst wenn sie immer und immer wieder neue Schritte wagen, in der Hoffnung, doch irgendwann so etwas wie gelingende Interaktionen, gute zwischenmenschliche Kontakte und soziale Zugehörigkeit erleben zu dürfen und »endlich normal« zu sein.

1.4.5 Das Erleben von Fremdbestimmung: *»Ich verstehe nicht warum und wozu ...«*

Ein weiterer Faktor, der vielfach zu einer hohen Anspannung bis hin zu krisenhaften Ausbrüchen führen kann, ist das nicht nur situative, sondern oft geradezu generalisierte Erleben von Fremdbestimmung. Auf die Hintergründe dieses bei Menschen mit Autismus häufig auftretenden Grundgefühls wurde an anderer Stelle bereits ausführlich eingegangen (vgl. Wilczek 2019). Daher sollen hier nur ein paar fürs Thema relevante Aspekte dargestellt werden:

Wie wir bereits festgestellt haben, ist es für einen Menschen mit autistischer Grundstruktur von Beginn an schwer bis unmöglich, relevante soziale Signale seiner Umwelt wahrzunehmen und spontan richtig zu deuten. Dies gilt insbesondere für implizite oder subtile Zeichen sowohl von Zuwendung, Anerkennung und Bestätigung eines Gegenübers als auch für dessen beginnende Irritation, Langeweile oder Unmut. Erst, wenn Emotionen *sehr explizit, deutlich und eindeutig* zum Ausdruck gebracht werden, können diese wahrgenommen und erkannt werden.

So kommt es allerdings auch dazu, dass alle die feinen nonverbalen Signale, die ein neurotypischer Mensch bereits als Säugling oder Kleinkind spontan als Zeichen der Anerkennung oder liebevollen Zuwendung erfasst und daher im weitesten Sinne als *soziale Belohnung* erlebt, an einem autistischen Kind schlicht vorbeigehen.

Damit fällt für das betroffene Kind jedoch auch gewissermaßen jegliche »Entschädigung« dafür weg, dass es – zumindest in Anwesenheit Anderer – auf Reizvolles und Interessantes, Sinnvolles und Logisches verzichten muss und dafür vielfach Dinge tun muss, die es als höchst unangenehm sowie sinnfrei und unlogisch empfindet.

Letztendlich leistet es den ihm bekannten Erwartungen und Forderungen vor allem deshalb Folge, weil es »*Ärger« vermeiden* möchte, sei es im Sinne von aus seiner Sicht unerwartet heftigen Wutausbrüchen einer wichtigen Bezugsperson, sei es in Form von verbalen oder körperlichen Angriffen oder auch anderen schmerzhaften Sanktionen.

Was jedoch selbst oder gerade bei erfolgreicher Anpassung an äußere, für den Betroffenen sinnfreie, Erwartungen bleibt, ist eben jenes Gefühl von Fremdbestimmung, das Aspekte von Selbstverleugnung und Würdeverlust in sich trägt. Ein solches Erleben, insbesondere wenn es fortlaufend vorherrscht und ohne Ausgleich bleibt, hat das Potential, massive innere Konflikte heraufzubeschwören und damit eine zusätzliche, für die Betroffenen oft selbst kaum erklärliche innerpsychische Spannung zu generieren (siehe Zwei-Welten-Modell: Doppelkonflikt).

1.4.6 Traumatische Erfahrungen von Abwertung, Mobbing und Gewalt: Plötzliche oder systematische Angriffe und Würdeverletzungen, die ungeklärt und unerklärlich bleiben

Ohne hier auf das Thema Trauma vorgreifen zu wollen, kann nicht geleugnet werden, dass die allermeisten Menschen im Autismus-Spektrum in ihrem Leben wiederholt Würdeverletzungen und unterschiedliche Formen des Mobbings bis hin zu psychischer oder physischer Gewalt erleben.

Wie genau es dazu kommt und welche Auswirkungen das im Einzelnen haben kann, das wollen wir später noch genauer explorieren. Hier sei jedoch zunächst auf die Tatsache hingewiesen, dass auch solche Erlebnisse zum Erfahrungshintergrund sehr vieler Betroffener gehören.

Ein besonderer Faktor dabei ist die oft kaum gegebene Möglichkeit für eine Person mit Autismus, im Nachhinein zu erschließen, was denn zu einem Angriff geführt haben mag, warum sie zur Zielscheibe von Abwertung und Würdeverletzung oder zum Mobbingopfer wurde. Solchermaßen ungeklärte Erlebnisse können eine Person zeitlebens begleiten, belasten und umtreiben – und einen nicht unerheblichen Einfluss auf ihr Selbstbild, ihr Denken und Erleben sowie auch auf ihr Verhalten haben.

1.4.7 Das »Geworfen-Sein« auf sich selbst

Ich möchte hier noch auf einen weiteren Aspekt eingehen, der in der Literatur zum Autismus m. E. bislang noch zu wenig Beachtung findet: Es ist das Erleben, auf sich selbst zurückgeworfen, sich selbst ungefiltert ausgeliefert und in sich gefangen zu sein.

Dabei lässt sich angesichts der grundlegenden und vielfältigen Schwierigkeiten, mit anderen Menschen in Kontakt zu treten, sich mit ihnen zu verbinden und in Austausch zu treten, nachvollziehen, dass eine Person mit Autismus weniger »selbstbezogen« als »auf sich selbst zurückgeworfen« ist und sich in sich selbst gefangen fühlt (vgl. auch Sellin 1993).

Gee Vero beschreibt die Gefahr, die darin liegt, sehr anschaulich:

> »Jede Begegnung mit anderen Menschen führt auch heute noch sofort dazu, dass ich mir meiner selbst und meines Selbst bewusst werde. In meiner Kindheit wurde meine Selbstwahrnehmung ganz schnell zu einer Selbstkonfrontation, die mich wie ein Strudel mitriss.
> …
> Vielleicht stellen Sie sich das Selbst wie ein inneres Feuer vor. Ein Feuer bietet Wärme, Licht und auch Schutz, es erhält uns am Leben. Kommen Sie ihm aber zu nah, dann wird es erst unangenehm und schließlich gefährlich. Selbstschutz ist deshalb unabdingbar.
> Genau so ein Selbstschutz fehlte mir lange.« (Vero 2020)

Ich möchte hier versuchen, dieses Erleben vor dem Hintergrund eines Kontaktmodells nachzuvollziehen und zu veranschaulichen, wie es sich in der Psychoedukation sehr bewährt hat: Das Modell von peripherem Kontakt und Kernkontakt:

Menschen brauchen und suchen Kontakt zu anderen. Bei neurotypischen Menschen übernimmt im Laufe der Entwicklung zunehmend der Soziale Autopilot die Steuerung der Kontaktaufnahme und Gestaltung. Dabei geht es vornehmlich darum, möglichst schnell und reibungslos Kontakt zu anderen herzustellen, dabei jedoch den eigenen »Kern« und auch den des anderen zu schützen. Unter dem »Kern« verstehe ich alles, was eine Person tatsächlich im Innersten ausmacht: ihre Wahrnehmungen und Emotionen, ihre Bedürfnisse und Abneigungen, ihre Interessen und Erfahrungen, ihre Fähigkeiten und Schwächen, ihren Glauben und ihre Überzeugungen. Dieser Kern ist verletzlich. Zu Beginn des Lebens machen die meisten Menschen zumindest für kurze Zeit die Erfahrung, dass sie so, wie sie sind, mit ihrem Kern, angenommen werden. Nach und nach stellen sie jedoch fest, dass bestimmte Aspekte ihres Selbst, bestimmte Emotionen und spontanen Impulse,

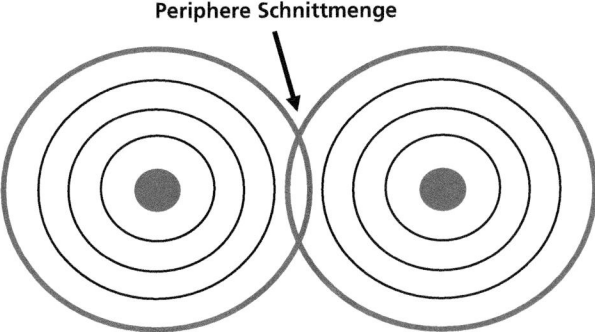

Abb. 1.12: Peripherer Kontakt

weniger erwünscht sind als andere. So beginnt ein Kind schon sehr früh, sich auf die Bezugspersonen, deren Bedürfnisse und Werte einzustellen, um den Erhalt der so lebenswichtigen Beziehungen aufrechtzuerhalten. Alles, was den Kontakt und seine Qualität gefährden könnte wird unwillkürlich – per Autopilot – eher unterdrückt.

Auf diese Weise entstehen nach und nach verschiedenen »Sphären« um den Kern herum, die ihn schützen – Intimsphäre, Privatsphäre, eine erweiterte Privatsphäre für Bekannte, Nachbarn, Kollegen und schließlich die Peripherie. Kontakte finden zunehmend weit vom Kern entfernt statt. zunächst in der Peripherie, wo die Kommunikation auf möglichst unverfängliche Themen fokussiert, um eine reibungslose Kontaktaufnahme zu gewährleisten und einen solchermaßen hergestellten Kontakt zu erhalten. Nur, wenn ein Kontakt zu einer Person als sicher erlebt wird, kann die Bandbreite der angebotenen bzw. miteinander geteilten Themen weiter werden. Bleibt der Kontakt auch dann erhalten, wenn beide mehr von sich zeigen, kommen Bekanntschaften, Freundschaften und schließlich auch intime Partnerschaften zustande. Der überwiegende Teil der Kontakte bleibt jedoch an der Oberfläche und damit fern der »Kerne« der beteiligten Personen. Dennoch fühlen sich die meisten neurotypischen Menschen mit solchen mehr oder weniger peripheren Kontakten durchaus wohl. Vielen bereitet es eher Unbehagen, wenn ihnen jemand »zu nahekommt« – und sei es in wertschätzender, ja, liebevoller Absicht. Dies lässt sich auf die Bedeutsamkeit von sicherer Verbundenheit zu anderen einerseits und andererseits auf die Irritierbarkeit dieser Sicherheit im Kontakt zurückführen. Je selbstsicherer eine Person ist, je mehr sie sich selbst als wert erachtet, desto weniger wird sie es fürchten, von anderen unmittelbar auch mit ihrem Kern wahrgenommen zu werden. Die Angst, für etwas abgewertet und abgelehnt zu werden und allein zu bleiben ist dann deutlich geringer, so dass dieses Risiko tragbar ist. Ist jedoch der empfundene Selbstwert gering, muss der Kern umso stärker geschützt werden und auf die Peripherie ausgewichen werden.

Allerdings macht so ein peripherer Kontakt nicht wirklich »satt«, da er weniger »nährend« ist als ein Kontakt, der dem Kern näherkommt und dennoch als stimmig und sicher erlebt wird. Dies kann jedoch durch Quantität der Kontakte und Häufigkeit der Begegnungen ausgeglichen werden. Aus der Perspektive dieser Betrachtungsweise lässt sich beobachten und auch erklären, dass und warum sehr viele

Menschen sich gern und viel mit anderen Menschen in peripheren Kontakt begeben und darin verbleiben, ohne das Gefühl, dass ihnen etwas fehlt.

Der Preis, den sie zahlen, ist zum einen, dass sie so kaum tiefere und nährendere Kontakte erleben können – was ihren Selbstwert und ihre Selbstsicherheit steigern könnte – und dass sie sich selbst von ihrem Kern zunehmend entfernen: Wer ständig im peripheren Kontakt mit anderen ankern und die eigene Aufmerksamkeit bei ihnen halten kann, der ist auch abgelenkt vom eigenen Kern, den eigenen Bedürfnissen, den eigenen Stärken, die nach Entfaltung drängen, von inneren Konflikten und noch schmerzenden Verletzungen. Dieses Ankern und Gehalten-sein in der Peripherie hat – dies wird bereits aus dieser verkürzten Betrachtung deutlich – Vor- und Nachteile. Der hauptsächliche Vorteil, auf den auch, wie wir später sehen werden, unser Autonomes Nervensystem fokussiert ist, ist das Erleben von Sicherheit in Verbundenheit.

Um sich in dieser Peripherie erfolgreich zu bewegen, braucht es allerdings einen Sozialen Autopiloten. Er managt die Kontaktaufnahme durch die Wahrnehmung und Deutung des Verhaltens anderer sowie das eigene Ausdrucksverhalten. Und er achtet darauf, dass der Kontakt *sicher* bleibt.

Wer keinen solchen Autopiloten hat, der kennt nur eine Form von Kontakt: Kern trifft Kern.

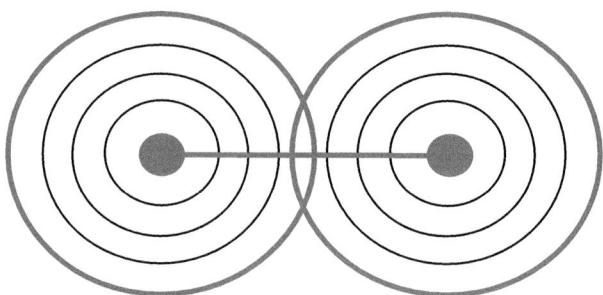

Unmittelbarer Kontakt von Kern zu Kern

Abb. 1.13: Kern-Kontakt

Menschen im AS erleben daher jegliche Begegnung mit anderen als sehr intensiv. Sie können weder ihren Kern schützen noch sich vom Kern des anderen abschirmen und fernhalten. Dies kann als einer der Gründe angenommen werden, warum direkter Blickkontakt von sehr vielen Betroffenen als »viel zu intensiv«, unangenehm oder gar schmerzhaft beschrieben und deshalb nach Möglichkeit gemieden wird. Sie erleben die Präsenz anderen Menschen sehr intensiv und sind selbst mit ihrem Kern spürbar präsent – es sei denn, sie vermeiden beides durch bewusste Steuerung der Interaktion, was jedoch sehr anspruchsvoll und anstrengend ist.

Die Intensität und die notwendige Meidung des zu intensiven Kontaktes hat zweierlei Auswirkungen, die in unserem Kontext relevant sind: Zum einen trifft jede Begegnung mit dem Kern eines anderen die autistische Person in ihrem Kern und wirft sie auf sich zurück (vgl. Vero 2020). Zum anderen resultiert aus der Meidung von Kontakt, auf sich selbst geworfen zu sein und sich zumindest nicht im (sicheren)

Kontakt mit anderen hin und wieder von der Begegnung mit dem eigenen Selbst ablenken und entfernen zu können.

Solange die Person alleine ist, hat sie die Möglichkeit, ihren Fokus auf andere Reize, Objekte oder Themen zu richten und zu halten, um sich von der Selbstkonfrontation zu erholen. Jeder Kontakt unterbricht jedoch diese Möglichkeit und eine Selbstkonfrontation ist in doppelter Hinsicht kaum noch zu vermeiden.

Dies bedeutet nicht, dass es nicht auch sichere und stärkende Kontakte und Beziehungen für Menschen mit Autismus geben kann.

Was gerade ihnen meist gut möglich ist und von ihnen tatsächlich auch als hilfreich und wohltuend empfunden werden kann, ist ein sicherer, Kern-naher Kontakt mit einer Person, die dazu bereit ist, eine »Kern-nahe« Begegnung in gegenseitiger Präsenz zuzulassen, dabei jedoch z. B. auf Blickkontakt oder auch auf Berührungen zu verzichten und überhaupt eigene Erwartungen an den Kontakt weitgehend loszulassen.

Eine solche Form der Begegnung gewährleistet die Möglichkeit zur Fokussierung und zum sicheren Ankern im anderen und ist dabei in verschiedenen Bereichen nicht zu intensiv, so dass sie als sicher und nährend empfunden werden kann.

Allerdings kommen solche Kern-nahen Kontakte im neurotypischen Miteinander aus oben beschriebenen Gründen nur selten vor.

Diese Überlegungen können helfen, einige Aspekte der außerordentlichen Herausforderung und Anstrengung nachzuvollziehen, die ein regulärer Kontakt für einen Menschen im Spektrum bedeuten kann. Zugleich helfen sie, einige der grundlegenden Bedürfnisse und Konflikte Betroffener besser nachzuvollziehen und mit ihnen gemeinsam nach angemessenen Lösungen zu suchen.

> **Zusammenfassung: Spezifische Aspekte autistischen Erlebens**
>
> In diesem Kapitel haben wir einige für unseren Kontext relevante Aspekte autistischen Erlebens beleuchtet, die ich hier noch einmal Stichpunktartig aufführen möchte:
>
> - Die Welt als überwältigendes Chaos
>   - Reizoffenheit und Erfahrungen der Reizüberflutung
>   - Overload und Melt-down: Momente der Reizüberflutung und des Kontrollverlustes
>   - Besonderheiten der neuronalen Verarbeitung von Informationen
>   - Hohe Assoziationsdichte und »Innerer Overload«
>   - Besonderheiten der sensorischen Integration und ihre Auswirkungen auf Körperwahrnehmung und Körperbild
>   - Autistische Reizverarbeitung als lebenslange Herausforderung
> - Das Anders-Sein und seine Folgen
>   - Die Realisation der Unterschiedlichkeit und ihre Auswirkungen
>   - Unterschiede in der Logik
>   - Schwierigkeiten in der Kommunikation

> – Befremden und Selbstabwertung
> – Anpassungsbemühungen – Folgen von Scheitern und Erfolg
> • Die grundlegende Unsicherheit – Bin ich richtig? Was wird erwartet? Ist alles in Ordnung?
> – Unsicherheit hinsichtlich der eigenen Identität
> – Unsicherheit bezüglich der Erwartungen anderer Menschen
> – Ist alles in Ordnung?
> • Das Gefühl der Unvorhersehbarkeit
> • Das Erleben von Fremdbestimmung
> • Traumatische Erfahrungen von Abwertung, Mobbing und Gewalt
> • Das Auf-sich-selbst-geworfen-Sein
>
> Betrachtet man diese Aspekte autistischer Erfahrungswelten, werden die vielfältigen Herausforderungen sowie Faktoren von Verunsicherung deutlich, mit denen Menschen im AS zeitlebens konfrontiert sind.
> Diese wollen wir ihm Hinterkopf behalten, wenn wir uns später mit Risikofaktoren für Überforderung, Krisen und Traumata befassen.

1.5 Spezifische Ressourcen und autistische Bewältigungsstrategien

Angesichts der besonderen Herausforderungen, denen sich Menschen mit autistischer Grundstruktur gegenübersehen, stellt sich die Frage, wie es ihnen überhaupt gelingen kann, diese zu meistern. Um sich dies zumindest ansatzweise vorstellen zu können, möchte ich hier nun den Blick auf spezifische Ressourcen und Bewältigungsstrategien richten.

Da gerade in der Diagnostik, jedoch auch in der Psychotherapie und Beratung die oft gravierenden Probleme von Menschen im AS sowie auch ihres sozialen Umfeldes im Vordergrund stehen, geraten ihre besonderen Ressourcen leicht aus dem Blick. So entsteht ein durch und durch defizitäres Bild von Autismus, das für die Betroffenen wenig hilfreich ist, sondern eher zu unnötigen, zusätzlichen Belastungen und Einschränkungen führen kann.

Es sollte vielmehr erkannt und gewürdigt werden, welche besonderen Ressourcen sie zur Verfügung haben, die es ihnen ermöglichen, trotz aller massiven Herausforderungen nicht nur zu überleben, sondern die an sie gestellten, besonderen Anforderungen zu meistern und – unter günstigen Bedingungen – letztlich sogar ein stimmiges und gutes Leben führen zu können.

Ich möchte hier – ohne Anspruch auf Vollständigkeit – zunächst einige spezifische Ressourcen vorstellen, zum einen, um den Blick auf Autismus zu erweitern, zum anderen, um bereits an dieser Stelle Hinweise zu geben, auf welche Ressourcen auch in der Beratung und in der therapeutischen Arbeit mit Menschen im AS geachtet werden sollte. So können oft »ungehobene Schätze« gemeinsam mit Klienten erschlossen, gewürdigt und sodann achtungsvoll unterstützend und konstruktiv damit gearbeitet werden.

Später sollen dann einige autistische Bewältigungsstrategien vorgestellt und in ihrer Funktionalität nachvollzogen sowie ihre Erscheinungsformen nach außen beschrieben werden.

1.5.1 Spezifische Ressourcen von Menschen im Autismus-Spektrum

Die feinen Sinne

Eine hochempfindlich visuelle, auditive, haptische oder olfaktorische Wahrnehmung kann, bei aller Belastung, die sie darstellt, auch als eine Gabe angenommen und genutzt werden.

Die feinen Sinne sowie die ausgeprägte Detailwahrnehmung erlauben es, schnell kleinste Veränderungen in der Umgebung oder Fehler in einem Muster wahrzunehmen, die anderen Menschen gar nicht auffallen würden, jedoch durchaus relevant sein können.

Das seismographische Gespür für Spannung und Entspannung

Spannungen, die neurotypischen Menschen leicht entgehen, werden von autistischen Personen meist deutlich erspürt und können die Aufmerksamkeit auf bedeutsame Bedürfnisse, Erwartungen und Konflikte lenken, die im sozialen Miteinander leicht untergehen, von den Sozialen Autopiloten verdrängt oder unterdrückt werden. So besteht eine Möglichkeit zur Bewusstwerdung und Lösung statt anhaltender Verdrängung und Leid durch unbefriedigte menschliche Bedürfnisse und schwelende Konflikte.

Der ausgeprägte Sinn für Logik

Die unbestechliche Logik, mit der Zusammenhänge erfasst bzw. analysiert werden, mag auf neurotypische Menschen oft befremdlich oder anstrengend wirken. Sie kann jedoch durchaus eine wertvolle Ressource bei der wertfreien Betrachtung und zur konkreten Lösung von Problemen und Konflikten sein.

Hoher ethischer Anspruch, Gerechtigkeitssinn

Ein weiterer Aspekt der Logik ist ein ausgeprägter Gerechtigkeitssinn: Ungerechtigkeiten sowie unwillkürliche Machtgefälle sind in sich unlogisch und damit für eine Person mit ausgeprägter Logik hochgradig irritierend. Der daraus sich ergebende Sinn für Gerechtigkeit und Ethik bezieht sich dabei keinesfalls nur auf die eigene Situation, sondern meist sogar viel mehr auf im Außen wahrgenommene, zwischenmenschliche Beziehungsgeflechte oder auch gesamtgesellschaftliche Systeme.

Fähigkeiten zur Beobachtung und Analyse von Situationen – »klarer Blick«

Der »klare Blick« von der »Dritten Ebene« aus, der nicht durch unwillkürliche emotionale Assoziationen und Wertungen »getrübt« ist, erlaubt eine wertfreie, sachliche und auf diese Weise auch lösungsorientierte und konstruktive Betrachtung von Situationen und Systemen.

Fähigkeit zur Reflexion und Selbstreflexion – Bewusstheit

Ohne die Automatisierung von Assoziationen und Handlungen sowie insbesondere sozialer Interaktionen, ist eine autistische Person schon von klein auf darauf angewiesen, ihre Umwelt und sich selbst *bewusst* wahrzunehmen und über das Wahrgenommene zu reflektieren. Diese Bewusstheit kann im Laufe der Entwicklung eine besondere Achtsamkeit und auch ein hohes Maß an Eigenverantwortlichkeit mit sich bringen.

Wissensdrang und der Wunsch nach Erkenntnis

Wer zur Verarbeitung von Eindrücken vor allem die bewusste, Dritte Ebene zur Verfügung hat, über sein Verhalten bewusst entscheiden und dieses dann auch bewusst initiieren muss, ohne sichere Referenzen im sozialen Umfeld zu haben, erlebt ein hohes Maß an Verantwortung sowohl für die Deutung von Verhaltensweise anderer als auch für das eigene Handeln. Um jedoch möglichst sinnvoll deuten und entscheiden zu können, braucht es möglichst viele verlässliche Informationen sowie vielfältige Perspektiven. Hieraus resultiert häufig ein ausgeprägter Wissensdrang und ein Streben nach möglichst umfassender Kenntnis der jeweiligen Materie sowie nach tiefer und möglichst wahrhaftiger Erkenntnis – zugleich allerdings auch oft eine Fassungslosigkeit darüber, dass so viele andere Menschen offenbar auf fundiertes Wissen und den Versuch vertiefter Erkenntnis verzichten, sich ohne zu zögern mit nachweislich falschen Informationen und Halbwissen zu Sachverhalten äußern und sich dann gegenseitig auch noch darin bestätigen.

Eine Ressource kann allerdings auch zur Bürde werden. So ist bei sehr vielen Menschen im Spektrum das – auch schmerzlich erworbene – Bewusstsein darüber ausgeprägt, dass es eine letzte, wahre und umfassende Erkenntnis nicht geben kann – was dazu führen kann, dass sie sich durch widersprüchliche Informationen und Aussagen leicht verunsichern lassen.

Der Wunsch, etwas Sinnvolles beizutragen

Die allermeisten Menschen im AS, die mir bekannt sind, hegen einen tiefen und starken Wunsch danach, sich in konstruktiver Weise in die Welt einzubringen. Dieses Bestreben wirkt bei vielen als Triebfeder, auch in schwierigen Situationen durchzuhalten und auf ihre ganz eigene Weise etwas Sinnvolles und auch für andere Wertvolles beizutragen.

1.5.2 Autistische Bewältigungsstrategien – und ihre Wirkung nach außen

Menschliche Bewältigungsstrategien

Jeder Mensch entwickelt im Laufe seines Lebens Strategien, um mit den Gegebenheiten seiner eigenen Beschaffenheit und der seiner Umwelt umzugehen und die damit verbundenen Herausforderungen zu bewältigen, ja, um zu überleben. Die jeweiligen Strategien sind jeweils der individuellen Erlebenswelt angepasst und in deren Kontext zunächst einmal funktional. Im Laufe des Lebens, im Zuge der eigenen Entwicklung und bei sich stetig verändernden Anforderungen sowie sozialen Erwartungen an das Individuum geschieht es natürlicherweise, dass bereits entwickelte Bewältigungsstrategien nicht mehr angemessen sind und modifiziert oder durch neue, nun adäquatere ersetzt werden müssen. So vollzieht sich persönliche Entwicklung, die stets geprägt ist von der Umwelt, insbesondere vom sozialen und kulturellen Umfeld, jedoch stets individuell bleibt.

Dabei ist zu beobachten, dass Personen in unterschiedlichen Entwicklungsstufen und Lebensphasen unter hohem Stress in »alte Muster« und damit in mittlerweile »überholte«, weil nicht mehr funktionale Verhaltensweisen zurückfallen (Regression). Letztlich handelt es sich dabei um die Re-Aktualisierung von Bewältigungsstrategien, die einmal tatsächlich eine überlebenswichtige Funktion hatten, jedoch im aktuellen Kontext für Außenstehende aber auch für die Person selbst als unpassend, bizarr und dysfunktional erscheinen können.

> Ein Junge von 2;5 Jahren hat bereits ein angemessenes Entwicklungsniveau erreicht. Er kann sich verbal schon recht gut ausdrücken. Er ist stolz darauf, eigenständig aus dem Becher trinken und die Toilette benutzen zu können. Nun kommt ein neues Geschwisterkind in die Familie. Dieses bekommt viel Aufmerksamkeit und der gesamte Familienalltag verändert sich. Der Erstgeborene wird als »großer Bruder« bezeichnet und es werden auf einmal Erwartungen an ihn gestellt, die er so nicht kannte und von denen er sich überfordert fühlt.
>
> Das Umfeld ist erstaunt, dass er auf einmal wieder beginnt, einzunässen, dass er ein Fläschchen zum Trinken einfordert und auch sprachlich wieder auf ein wesentlich eingeschränkteres Niveau zurückfällt. Er regrediert auf eine bereits durchlaufene Entwicklungsstufe. Eine solche Regression ist allerdings meist nur von kurzer Dauer – insbesondere dann, wenn ihre Ursachen richtig erkannt werden und dem Jungen geholfen wird, die neuen Anforderungen mit einem

Gefühl der Sicherheit, Geborgenheit und auch mit Selbstvertrauen zu bewältigen.

Autistische Bewältigungsstrategien

Was für alle Menschen gilt, das gilt auch für Menschen im AS: Sie entwickeln auf ihrem jeweils individuellen und von der autistischen Reizverarbeitung mitgeprägten Erfahrungshintergrund ganz eigene, in ihrem jeweiligen Sein und Kontext hochgradig funktionale Bewältigungsstrategien. Da ihre Mitmenschen jedoch auf andere Weise wahrnehmen, Reize anders verarbeiten und in der Regel auch über die Unterschiedlichkeit des Erlebens nichts wissen, erscheinen »autistische« Verhaltensweisen seltsam, unerklärlich und oft auch dysfunktional.

Je nach Kontext kann Letzteres tatsächlich der Fall sein – so wie bei jedem anderen Menschen auch bestimmte Strategien nur situations- und kontextbezogen sinnvoll sind oder eben nicht. Weiß man jedoch um den Autismus-bedingten Erfahrungshintergrund, insbesondere den des jeweiligen Individuums, werden auch bizarr wirkende Verhaltensweisen meist als Bewältigungsstrategien erkennbar, die in der individuellen Situation tatsächlich funktional und sinnhaft sind – oder dies zumindest in der Vergangenheit waren.

Mehr noch: Beim genaueren Hinsehen wird erkennbar, dass die so seltsam anmutenden Verhaltensweisen von Menschen im AS tatsächlich allgemeinen, menschlichen Grundbedürfnissen folgen. So können beispielsweise Bedürfnisse nach Sicherheit und Orientierung sowie nach Kontrolle, Vorhersehbarkeit und Selbstwirksamkeit als allgemein menschlich angenommen werden. Ebenso gibt es grundlegende Strategien, wie im Angesicht von Chaos, Bedrohung und Anforderungen die Befriedigung dieser basalen Grundbedürfnisse angestrebt und erreicht werden kann.

Was neurotypische und autistische Menschen voneinander unterscheidet, liegt dann lediglich im Maße der Notwendigkeit, einer, nach außen hin nicht unbedingt sichtbaren, Anforderung zu begegnen sowie in der jeweils individuell entwickelten und wohlerprobten Weise, dies zu tun.

Wer von Beginn an durch hohe Reizoffenheit viel mehr mit Chaos, Unsicherheit und Überforderung konfrontiert ist, wird umso stärker die menschlichen Bedürfnisse nach Orientierung, Struktur, Klarheit, Eindeutigkeit, Vorhersehbarkeit und auch nach Kontrolle und Selbstwirksamkeit entwickeln, als ein Mensch, der von Geburt an auf relevante Muster und Objekte fokussieren und in ein Sicherheit bietendes soziales Wechselspiel eintreten kann.

Vor dem Hintergrund der vorangegangenen Schilderung autistischer Wahrnehmungs- und Erlebenswelten sollen nun im Folgenden einige autistische Bewältigungsstrategien beleuchtet, ihre Wirkung nachvollzogen und ihre primäre Funktionalität gewürdigt werden. Dabei werden jeweils anhand von Beispielen auch äußere Erscheinungsformen dieser Strategien beschrieben, so dass vermeintliche »Symptome« und ihre Hintergründe im Zusammenhang gesehen werden können. Dies kann sowohl bei der diagnostischen Einordnung nach außen hin erkennbarer,

1.5 Spezifische Ressourcen und autistische Bewältigungsstrategien

als auffällig gewerteter Verhaltensweisen hilfreich sein als auch – wenn tatsächlich notwendig – eine Modifikation und Erarbeitung von Alternativen erleichtern.

Einige autistische Bewältigungsstrategien und ihre Erscheinungsformen

Trance als Schutzhülle vor Reizüberflutung (Overload)

Eine ganz natürliche, menschliche Strategie, mit einer großen Fülle von Reizen umzugehen, ist die Trance. Damit soll hier vornehmlich eine Form der Alltagstrance gemeint sein, die sich entweder durch die weitgehend unwillkürliche Fokussierung der Aufmerksamkeit auf bestimmte Muster, Objekte oder Themen auszeichnet – etwa beim Lesen im Zug oder bei der konzentrierten Arbeit in einem Großraumbüro – oder dadurch, dass eine Person sich ganz einer Betrachtung bzw. Kontemplation, dem Tagträumen oder einem Zustand des »Einfach-Seins« hingibt.

Diese Form der Trance ist weder durch einen Außenstehenden noch durch die Person selbst aktiv induziert. Sie stellt sich unwillkürlich ein. Dies wird dadurch begünstigt, dass die Aufmerksamkeit spontan durch etwas angezogen und gehalten wird, wie beispielsweise durch ein interessantes Muster, Objekt oder Thema, eine ästhetische Form oder kreatives Projekt. Auch eine ansprechende Musik oder ein vertrauter Geruch kann einen Menschen unmittelbar in eine Erinnerung oder einen kontemplativen Zustand »im Jetzt und Hier« förmlich eintauchen lassen. Solchermaßen »eingetaucht« ist die Person zwar noch ansprechbar und kann mehr oder weniger spontan und leicht wieder aus dem Trancezustand auftauchen; solange sie jedoch darin eingetaucht ist, erlebt sie sich wie in einer Schutzhülle. Sie weiß noch, wo sie ist und nimmt noch Reize aus der Außenwelt oder auch solche des eigenen Körpers wahr, aber sie erreichen sie nicht mehr so unmittelbar.

Angesichts der großen Reizfülle, die spätestens von Geburt an auf einen Menschen mit autistischer Wahrnehmung einströmt, ist die Wirkung eines solchen Trancezustandes nicht nur ein Segen, sondern vielfach sogar die einzige Möglichkeit, zumindest phasenweise Schutz zu erleben, ein wenig zur Ruhe zu kommen, und die Fülle des Erlebten zu verarbeiten. So liegt es nahe, dass solche Erfahrungen nach Möglichkeit wieder »gesucht« und geeignete Strategien entwickelt werden, um einen sicheren Zustand der Trance zu erreichen.

Erscheinungsformen

- Alle Formen des sogenannten Stimmings, z.B. in Form von kleinen oder größeren, repetitiv ausgeführten Bewegungen bzw. Bewegungssequenzen (auch: »motorische Manierismen«, Bewegungsstereotypien), Summen, Lautieren, Wiederholung einzelner Wörter oder Sätze verbal oder auch nur gedanklich.
- »Einfach-Sein«: ein Trance-Zustand, der am ehesten mit meditativer Versunkenheit im Hier und Jetzt vergleichbar ist. Auch hier wirkt die betreffende Person »nicht erreichbar«, »wie unter einer Glasglocke«. Die Beobachtung

> dieses Zustandes führte letztlich zur Prägung des Begriffes »Autismus« im Sinne von »ganz bei sich selbst sein«.

Aufmerksamkeitsfokussierung und Flow – bis zur Dissoziation

Sind es zunächst bestimmte Reizmuster – visuelle Strukturen, bestimmte Klänge und Klangfolgen, Gerüche oder wiederkehrenden haptische wie kinästhetische Empfindungen, auf die fokussiert wird, entwickeln sich nach und nach oft bestimmte umfassendere und komplexere Spezialinteressen. Diese bieten die Möglichkeit, sich auch bewusst einem Thema zuzuwenden, in der Exploration, Recherche und Aufnahme neuer, relevanter Informationen bzw. in einer repetitiven oder auch kreativen Aktivität ganz »im Flow« aufzugehen.

Wer je in einem solchen Flow-Zustand war, der weiß, wie sowohl stimulierend als auch absorbierend dieser wirken kann. Tatsächlich kann er in einen Zustand der Dissoziation von der Umwelt übergehen. Die Person ist dann nicht mehr ansprechbar, blendet jeglichen Außenreiz – und oft auch eigene Körpersignale wie Hunger, Durst und Schlafbedürfnis – aus.

Es kann sowohl für die soziale Umwelt als auch für die betreffende Person beunruhigend sein, festzustellen, dass sie phasenweise nicht erreichbar ist und erst nach einer gewissen Zeit gewissermaßen wieder »auftaucht«.

Das (An-)Erkennen der Funktion der Aufmerksamkeitsfokussierung und des Flow als Bewältigungsstrategien und ihrer vielfältigen positiven Auswirkungen für Menschen im AS kann beiden Seiten helfen, damit in konstruktiver Weise umzugehen.

Betroffene selbst können zudem mit der Zeit lernen, diese Möglichkeit bewusst und gezielt für sich zu nutzen und herzustellen – und ihr jeweiliges Umfeld dementsprechend vorher zu informieren bzw. »vorzuwarnen«, um Fehlinterpretationen vorzubeugen.

> **Erscheinungsformen**
>
> - Intensive und exklusive Fokussierung der Aufmerksamkeit auf bestimmte Reizmuster oder Objekte
> - kontemplatives Betrachten/Lauschen/Beobachten
> - Beschäftigung mit Spezialinteressen – mental oder konkret und aktiv
>
> Dabei kann die Person jeweils ganz versunken wirken – bis hin zur Dissoziation, so dass sie nicht auf Ansprache reagiert.

Gleicherhaltungstendenzen – bis zur Rigidität

Das menschliche Grundbedürfnis nach Sicherheit beinhaltet zwei wesentliche Aspekte: Zum einen die äußere Sicherheit i. S. von Schutz und Geborgenheit durch andere oder einen sicheren Ort, zum anderen eine innere Sicherheit, die sich aus Erfahrungen eigener Stärke und Kompetenz sowie das Erleben von Kontrolle in der Situation speist.

Beides hängt allerdings in manchen Aspekten miteinander zusammen: Das Gefühl, die Situation unter Kontrolle zu haben, stellt sich wesentlich leichter ein in Kontexten, die uns vertraut sind und die es uns daher erlauben, Reizmuster schnell zu erfassen und zuzuordnen, Zeichen zutreffend zu deuten sowie bestimmte Geschehnisse vorwegnehmen zu können, um unser Verhalten an die Anforderungen anzupassen – kurz: wenn wir aufgrund von Vorerfahrungen uns auf eine Situation einstellen, darin angemessen funktionieren und (re-)agieren können.

Eine neurotypische Reizverarbeitung erleichtert diese Prozesse insofern, als sie die Menge einströmender Reize reduziert, sie gleichsam vorsortiert nach Prägnanz und Relevanz und somit die Kategorisierung bzw. Einordnung, die Deutung des Wahrgenommenen und dann auch die Steuerung des eigenen Verhaltens weitgehend unwillkürlich übernimmt. Auf diese Weise wird die Erfassung sich ständig verändernder Situationen sowie eine adäquate Einstellung auf diese ohne allzu große Anstrengung ermöglicht. Wer diese Erfahrung von klein auf gemacht hat, ist gut dafür ausgestattet, sich auch in neue, noch unbekannte Situationen zu begeben sowie auf Veränderungen bekannter Situationen zu reagieren. Ein Mensch mit einem solchen Erfahrungshintergrund wird sich nicht nur flexibel einstellen, sondern sich dabei auch sicher fühlen können.

Für eine Person mit autistischer Reizverarbeitung hingegen stellt jede neue Situation eine wesentlich größere Herausforderung dar, da weder die »Vorsortierung« noch die Deutung und Verhaltenssteuerung in diesem Maße unwillkürlich erfolgt.

Hinzu kommt, dass durch die wesentlich detailgenauere Wahrnehmung auf verschiedenen Sinneskanälen auch kleinste Unterschiede zwischen Situationen registriert werden. Eine automatisierte Übertragbarkeit von einer Situation auf eine andere ist für sie allenfalls dann gegeben, wenn beide vollkommen oder doch weitestgehend in ihren Details gleich sind.

Vor diesem Hintergrund wird nachvollziehbar, warum allgemein menschliche Bedürfnisse nach Vertrautheit, Vorhersehbarkeit und Verlässlichkeit bei Menschen im Autismus-Spektrum besonders ausgeprägt ist. Nach außen hin mögen ihr Bestehen auf Gleicherhaltung bestimmter Strukturen und Abläufe, ihre ausgeprägten Ängste gegenüber Veränderungen oder unbekannten Situationen, ihre manchmal heftigen Reaktionen darauf mit Zuständen starker Unruhe bis hin zu Kontrollverlust merkwürdig und unverständlich wirken. Letztendlich spiegelt sich darin jedoch nur ein allgemein menschliches Bedürfnis nach Verlässlichkeit, Kontrolle und Sicherheit, das allein aufgrund ihrer besonderen Vorbedingungen stärker ausgeprägt und leichter irritierbar ist. So werden auch vor oder in Situationen, die anderen vorhersehbar, überschaubar und sicher genug erscheinen, menschliche Sicherheitsstrategien aktiviert – was aus Sicht der betroffenen Person durchaus notwendig und sinnfällig erscheint.

> **Erscheinungsformen**
>
> - Ausgeprägte Gleicherhaltungstendenzen – Veränderungen von Situationen, Abläufen und räumlichen Ordnungen werden nach Möglichkeit vermieden.
> - Auf – unvermeidlich auftretende – unvorhersehbare Veränderungen und neue Anforderungen wird mit deutlich erhöhtem Stress mit den dazugehörigen Flucht- oder Abwehrmechanismen reagiert.
> - Wenn möglich werden stattdessen Strategien zur Selbstregulation und Stabilisierung re-aktiviert und auf Verhaltensweisen zurückgegriffen, die sich zuvor bereits bewährt haben und in diesem Sinne funktional waren (z. B. verstärktes Fragen und Einholen von Informationen zur Situation, Stimming etc.).
> - Anstehende, unvermeidliche Änderungen von Situationen oder neue Anforderungen werden möglichst langfristig und detailliert vorbereitet, indem möglichst viele detaillierte Informationen zur neuen Situation eingeholt, alle erdenklichen Varianten des Kontextes und des Verlaufs vorweggenommen, durchdacht und adäquate Reaktionsmöglichkeiten mental durchgespielt werden.
> - Es werden bestimmte Übergangsobjekte in jede Situation mitgenommen – offen sichtbar oder in mitgeführten Taschen oder Kleidungsstücken verborgen. Auch bestimmte Kleidungsstücke selbst können zum sicherheitsgebenden Übergangsobjekt werden – vom Basecap über den Lieblingspullover bis hin zu einem elaborierten Outfit, das sich als (Aus-)Rüstung für »Expeditionen in die Welt der Anderen« bewährt hat.

Routinen und Ordnungsstrukturen – bis zur Pedanterie

Ähnlich wie mit der Neigung zu festen Routinen und Gleicherhaltungstendenzen verhält es sich mit dem Bedürfnis nach klaren und verlässlichen räumlichen Strukturen und zeitlichen Abläufen.

Räumliche Strukturen

Wenden wir uns zunächst der Verarbeitung räumlicher bzw. visuell erkennbarer Strukturen zu. Viele Menschen kennen die Erfahrung, dass sich eine klare, übersichtliche Umgebung in positiver Weise auf ihr Befinden sowie auf ihre mentalen Funktionen und Fähigkeiten auswirken. Dabei muss übrigens die »Ordnung« nicht unbedingt systematisch oder sofort von außen erkennbar sein. Der entscheidende Faktor, auf den es ankommt, damit sich eine Person spontan gut und sicher in einer Umgebung zurechtfindet, ist, dass sie deren Strukturen schnell (wieder-)erkennen und sich darin orientieren kann.

Bei neurotypischen Menschen fallen hierfür kleinere Veränderungen oder Unregelmäßigkeiten kaum ins Gewicht, da sie entweder nicht wahrgenommen oder schnell auch in ein immer wieder neues Gesamtbild integriert werden. Wer problemlos Metarepräsentanzen, Begriffe und im Zuge der Abstraktion Oberbegriffe bilden kann, für den ist ein Tisch ein Tisch, ein Hund ein Hund, eine 9 eine 9 – unabhängig davon, ob das jeweilige Objekt oder Muster dem Prototypen, den man zuerst als Tisch, Hund oder 9 kennengelernt hat, zu 100% entspricht oder ob es nur grundlegende Eigenschaften teilt.

Da das autistische Nervensystem dazu neigt, auf jede noch so kleine Abweichung von einer bekannten Struktur oder auch von einem systematischen Muster zu reagieren und diese als bedeutsam wahrzunehmen, können bereits kleinste Abweichungen wahrgenommener Objekte, Strukturen oder Abläufe zu einer grundlegenden Irritation und Verunsicherung führen.

Dabei gilt zudem das Prinzip »pars pro toto«, was bedeutet: Wenn ein Aspekt des Ganzen verändert wurde, steht nicht nur dieses Detail, sondern gleich das Ganze in Frage, wodurch Gefühle grundlegender Verunsicherung, Verlust der Orientierung und Kontrolle sowie alle damit verbundene Ängste ausgelöst werden können. Dies mag an einem Beispiel deutlich werden:

> F. kommt zum ersten Mal in sein neues Klassenzimmer. Er nimmt visuell erst einmal eine Fülle von Details wahr, die sich erst nach und nach, unter erheblicher Aufbietung von Konzentration zu einem Gesamtbild zusammensetzen lässt. Dieses speichert er ab. Als er am nächsten Tag wieder in die Klasse kommt, haben sich viele Details verändert: Das Kalenderbild ist anders, der Mülleimer steht an einem anderen Platz als zuvor und zu allem Überfluss ist auch noch die Sitzordnung geändert worden. Nichts scheint wie es war, das mühsam erarbeitete und sodann fest gespeicherte Gesamtbild stimmt nicht mehr mit dem überein, was er vorfindet. Gefühlt ist er nicht einmal im selben Raum wie am Tag zuvor, wodurch er zutiefst verunsichert ist. Um wieder ein Mindestmaß an Orientierung und Stabilität zu erlangen, muss er von Neuem beginnen, die vielen Details in ein Gesamtbild einzuordnen, was ihn wiederum viel Konzentration und Kraft kostet. Dabei ist damit zu rechnen, dass sich jederzeit die Situation wiederum ändern wird – Raumwechsel oder nochmals Änderung der Sitzordnung – und er erneut von vorne beginnen muss. Es wird viele Wochen, wenn nicht Monate der wiederholten Verarbeitungs- und Orientierungsarbeit brauchen, bis F. zumindest bestimmte Konstanten im ständig sich verändernden Gesamtbild ausmachen, diese für sich als Fixpunkte zur Orientierung nutzen und nach und nach ein Grundgerüst erstellen und speichern kann, in welchem dann auch kleinere Veränderungen nicht mehr alles in Frage stellen. Allerdings wird es für ihn fortan umso wichtiger sein, zumindest dieses Grundgerüst beibehalten zu können, um noch Kapazität zu Verarbeitung anderer Informationen – sozialer wie schulischer – übrig zu haben.

Zeitliche Strukturen

Ähnlich wie mit räumlichen Strukturen verhält es ich mit zeitlichen Abläufen, der Entwicklung von Routinen und der Automatisierung von Handlungsabläufen. Sowohl motorische als auch zeitliche Abläufe setzen sich aus vielen Details zusammen, sowohl hinsichtlich der wahrgenommenen Informationen – von außen und innen – als auch der notwendigen Impulse zur Ausführung bestimmter Bewegungs- und Handlungsabläufe. Dementsprechend hoch ist die Wahrscheinlichkeit, dass solche Abläufe vielfältig variieren.

Betrachtet man die detaillierte Wahrnehmungs- und Verarbeitungsweise von Menschen im AS, erklärt sich, warum es häufig einer langen Übungszeit und außerordentlich vieler Wiederholungen bedarf, ehe eine Bewegungssequenz oder ein zeitlicher Ablauf weitgehend automatisiert ist und keiner bewussten Steuerung mehr bedarf. Viele Betroffene berichten, dass selbst so scheinbar alltägliche Bewegungsabläufe wie das Gehen oder das Zum-Mund-Führen eines Glases bewusster Entscheidungen, Impulsgebungen und Steuerungen bedürfen.

Übernimmt eine andere Person die Entscheidungen und gibt die jeweils notwendigen Impulse verbal oder durch Berührung, wird dies häufig als notwendige Entlastung empfunden. Zugleich kann die daraus entstehende Abhängigkeit im Laufe der Zeit zu inneren und äußeren Konflikten führen – zumal sowohl die betroffene Person als auch ihr soziales Umfeld meist nicht versteht, warum sie diese Unterstützung benötigt, die andere ihres Alters allenfalls initial beim Erlernen ganz neuer Bewegungs- und Handlungsabläufe benötigen – sei es beim Sport, beim Reiten, Musizieren oder Tanzen oder in der schulischen oder beruflichen Ausbildung. Umso schwerwiegender wirken sich auch in diesem Bereich Abweichungen von bereits erlernten Abläufen oder die Unterbrechung sicherheitsgebender Routinen aus.

Kleine Veränderungen – massive Auswirkungen

Vor dem Hintergrund solcher Betrachtungen lässt sich erklären, warum im Erleben autistischer Menschen oftmals bereits eine vermeintlich kleine Abweichung von einem einmal gespeicherten oder aus Informationen erstellten Bild einer Situation oder von einem gewohnten Ablauf das Gesamtkonzept der aktuell wahrgenommenen Wirklichkeit sowie deren Verlässlichkeit und damit die eigene Sicherheit grundsätzlich und allumfassend in Frage stellen kann.

Die betroffene Person läuft Gefahr, auch schon bei vermeintlich unbedeutenden Veränderungen oder bei spontan und unvorhergesehen auftretenden Anforderungen die Basis ihrer Selbst- und Weltwahrnehmung zu verlieren – und damit gleichsam den Boden unter den Füßen.

Die Wirkung eines solchen Erlebens kann von Momenten leichter Unsicherheit bis zu einem Melt-down reichen, einem Zustand also des völligen Kontrollverlustes mit starken vegetativen Reaktionen und Dissoziationserleben.

> U., 58 J., trägt seit Jahren in einem bestimmten Bezirk Zeitungen aus. Dafür holt er mit seinem PKW jeweils 12 Bündel bei der Druckerei ab, fährt in seinen Verteilungsbezirk, parkt das Fahrzeug und verteilt dann nach und nach von dort aus die Zeitungen. An einem Tag holt er wie gewohnt die Zeitungen ab, parkt am gewohnten Platz, steigt aus und öffnet den Kofferraum. Da entdeckt er, dass dort nur 11 Bündel Zeitungen liegen. Was nun passiert, beschreibt er im Nachhinein

so: »Für mich war es so, als würde die ganze Welt über mir zusammenbrechen. Ich hatte keinen Boden mehr unter den Füßen. Ich kann Ihnen auch nicht sagen, wie ich nach Hause gekommen bin. Alles was ich weiß ist, dass ich es offenbar gerade noch geschafft habe, heimzufahren und hineinzugehen. Das Nächste, was ich erinnere ist, dass ich mich auf die Couch gelegt und die Decke über den Kopf gezogen habe. Es hat Tage gedauert, bis ich wieder aufstehen konnte und sich mein Zustand allmählich gebessert und stabilisiert hat.«

Wiederholt sich eine solche Erfahrung im Laufe der Entwicklung immer wieder und in unterschiedlichsten Situationen, wird ein tragfähiges Vertrauen in die eigene Wahrnehmungs- und Orientierungsfähigkeit sowie in die eigenen Fähigkeiten zur adäquaten Reaktion und Anpassung an Situationen kaum entwickelt oder immer wieder grundlegend erschüttert.

Die Grundvoraussetzungen für ein Gefühl der inneren Sicherheit sind damit nur unzureichend gegeben und bei vielen Betroffenen brüchig. So etabliert sich ein Teufelskreis: Da bereits vermeintlich »kleine« Anlässe ausreichen, um eine mühsam erarbeitete Struktur samt Sicherheitsgefühl zum Einsturz zu bringen, wiederholen sich von klein auf zutiefst destabilisierende Erfahrungen, wodurch sich der Stresspegel nachhaltig erhöht und auf hohem Niveau einpendelt. Dieser führt zu entsprechenden vegetativen Stressreaktionen. Ein Gefühl ständiger Gefährdung verfestigt sich, was wiederum die Tendenz zu einem Erleben von Kontrollverlust, Orientierungslosigkeit und existentieller Bedrohung erhöht.

Um dennoch so funktionsfähig wie möglich zu bleiben, können vielfältige Vorbeugungs- und Bewältigungsstrategien entwickelt werden, die darauf abzielen, Struktur ins unüberschaubare Chaos des Lebens und Alltags zu bringen und sich dadurch auf ganz individuelle Weise eine einigermaßen stabile, tragfähige und Sicherheit stiftende Basis zu schaffen und zu erhalten. Solche Strategien können sich nach außen hin als mehr oder weniger auffällige Verhaltensvarianten zeigen.

Erscheinungsformen

- Fokus auf Herstellung und Aufrechterhaltung räumlicher Ordnungen – oder Forderung danach
- Einhaltung fester Wegrouten von A nach B, erheblicher Stress und/oder Umkehr bei notwendigen Abweichungen (Baustellen, Umleitungen ...)
- Feste Alltagsroutinen – zu bestimmten Zeiten oder durchgängig
- Feste Handlungsabläufe – für bestimmte Handlungen oder Aufgaben
- Fixe Zeiten für bestimmte Handlungen (z. B. Mittagessen um Punkt 12 Uhr)
- Vorliebe für Situationen, in denen Rahmenbedingungen, Erwartungen und Abläufe in einem hohen Maße geregelt sind – z. B. Regelspiele oder auch stark regulierte berufliche Abläufe – oder ritualisierte Situationen, wie z. B. bestimmte religiöse und kulturelle Veranstaltungen.
- Oder auch Aufsuchen von Situationen, die möglichst frei von Regeln und Erwartungen sind oder viel erwartungsfreien Raum für Individualität bieten,

so dass eigene Strukturen ohne großen Widerstand etabliert werden können (z. B. Festivals, Partys)
- Mischungen aus beidem wie Conventions, Rollenspiele, LARBS
- Detaillierte Vorausplanung von Vorhaben und neuen Situationen
- Ablehnung von spontanen Unternehmungen und Überraschungen

Bewusste Beobachtung, Analyse, Reflexion und Handlung (inkl. Selbstreflexion)

Wer mit Menschen im AS zu tun hat, ihren Schilderungen lauscht oder sie unvoreingenommen in ihren Aktionen und Reaktionen betrachtet, wird nicht umhinkönnen, ihre besonderen Fähigkeiten zur genauen Beobachtung und Analyse festzustellen.

Menschen mit hochfunktionalem Autismus, die noch dazu über eine sehr gute verbale Ausdrucksfähigkeit verfügen, fallen darüber hinaus gerade im therapeutischen Kontext auch durch eine ausgeprägte Fähigkeit zur Selbstbeobachtung, sowie Introspektionsfähigkeit und Selbstreflexion auf. Selbst hochemotionale Erfahrungen ihrer selbst oder anderer Personen werden dann mit einem hohen Maß an Präzision und Rationalität beschrieben, ohne jedoch die Emotionen selbst differenziert deuten und beschreiben zu können – ein Faktor, der immer wieder zu der irrtümlichen Annahme führt, sie seien »gefühlskalt« und »unempathisch«.

Das Drei-Ebenen-Modell (▶ Kap. 1.3.4) legt nahe, was der Hintergrund für diese außergewöhnliche Bewusstheit in der Beobachtung und Verarbeitung sein könnte: Aufgrund ihrer sehr hohen Sensitivität, auch im Hinblick auf Spannung bzw. Entspannung, einschließlich emotionaler »Schwingungen« i. S. der seismographischen Ebene (Attwood spricht vom »sixth sense«) und dem gleichzeitigen Fehlen eines Sozialen Autopiloten bleibt für Menschen im AS zur Verarbeitung emotionaler Wahrnehmungen und für die Steuerung des eigenen Verhaltens nur die frühe und möglichst ausgeprägte Entwicklung der »Dritten Ebene« mit ihren Funktionen der bewussten Wahrnehmung und Gestaltung von Handlungen.

Das heißt, dass auch diejenigen Wahrnehmungen bewusst verarbeitet und jene Handlungen bewusst initiiert werden, die bei einem neurotypischen Menschen weitgehend autonom, also unbewusst und unwillkürlich, gesteuert werden.

Erst wenn aufgrund gravierender Verunsicherung oder durch das Erleben von Bedrohung eine massive Stressreaktion erfolgt, kommt es zu »Notfallreaktionen« mit Kontrollverlust, wie wir sie auch von neurotypischen Menschen in akuten Bedrohungssituationen kennen oder bei traumatisierten Menschen beobachten, deren Trauma getriggert wird.

So lässt sich annehmen, dass das hohe Maß an Bewusstheit, das bei Menschen mit hochfunktionalem Autismus auffällt und sowohl die Deutung von Situationen als auch die Handlungssteuerung bestimmt, eine Bewältigungsstrategie darstellt, die weitestgehend funktional den fehlenden Sozialen Autopiloten ersetzt.

Mehr noch: Wenngleich es eine sehr hohe Anforderung darstellt, ermöglicht es Betroffenen doch vielfach, sich ein unvoreingenommenes, von Emotionen oder autonom gesteuerten Deutungsweisen weitgehend ungetrübtes Bild einer Situation zu machen sowie auch in hoch emotionalen Situationen weitgehend rational zu reflektieren und zu handeln.

Mir sind nicht wenige Personen im Autismus-Spektrum bekannt, die auf erstaunliche Weise in der Lage sind, soziale Systeme und Vorgänge zu beschreiben und auch ihre neurotypischen Mitmenschen in schwierigen Situationen erfolgreich zu beraten und zu coachen. Mit dieser Fähigkeit können sie hervorragende Arbeit beispielsweise als Mediziner, Rettungssanitäter, Schulbegleiter, Coaches oder auch als Psychotherapeuten leisten.

Erscheinungsformen

- Bereits Kinder oder Jugendliche beschreiben in frappierender Klarheit die Dynamik bestimmter sozialer Situationen – was entweder Verblüffung und Zustimmung bei den Beteiligten hervorruft, weil Vorgänge und Zusammenhänge unbestreitbar »voll auf den Punkt« gebracht wurden; oder es erfolgt ein Aufschrei der Entrüstung, weil (mittels Sozialem Autopilot) wohlverborgene oder verdrängte Dynamiken plötzlich offen ausgesprochen werden. Es kommt zu einem Effekt wie beim Ausspruch des Kindes in Christian Andersens Märchen »Des Kaisers neue Kleider«: »Der hat ja gar nichts an!«
- Ein Coach und Personalentwickler wird in internationalen Konzernen als »Geheimtipp« gehandelt. Er kommt ins Unternehmen, besucht alle Bereiche, schaut und hört einfach zu – und stellt am Ende die gesamte Dynamik des Systems klar und unverblümt dar, wobei er gezielt auf die Punkte hinweist, an denen etwas »hakt« und verändert werden muss, sei es organisatorisch oder in der Kommunikation untereinander.
- Geht es einer Person im Umfeld schlecht oder werden Probleme von ihr selbst angesprochen, neigen Menschen im AS dazu, sich sachlich und rational der jeweiligen Problematik anzunehmen. Sie suchen gezielt nach rationalen Lösungen oder bieten ganz konkrete Hilfen an – »Ich mach Dir einen Tee«. Diese Angebote werden von neurotypischen Menschen häufig abgelehnt, da sie, wenn es ihnen schlecht geht, etwas anderes erwarten: eine unmittelbare emotionale Resonanz, ein Mit-Hineingehen des anderen in ihr Gefühl von Trauer, Verzweiflung, Aussichtslosigkeit, um sich darin nicht mehr so alleine zu fühlen. Und sie wünschen oder erwarten häufig Angebote zur unmittelbaren emotionalen Regulation, die völlig unabhängig aller rationalen und verbalen Vorgänge funktionieren: das Herstellen von Nähe, Körperkontakt, Streicheln, Wiegen u. ä. Entsprechende Verhaltensweisen werden von Menschen im AS meist als sinnfrei wahrgenommen – weil sie ja das Problem nicht lösen –, was ihnen jedoch oftmals als Gefühlskälte und Empathielosigkeit ausgelegt und vorgeworfen wird. Alle konkreten Bemühungen zur Verbesserung der Situation der betreffenden Person werden daneben nicht wahrgenommen oder sie werden sogar entwertet.

»Fehlervermeidung« als wichtige Motivation – bis zur »Zwanghaftigkeit«

Wer über eine ausgeprägte Detailwahrnehmung verfügt, wird mit hoher Wahrscheinlichkeit schnell jeden Fehler und jede Abweichung von erwarteten Mustern erkennen. Reagiert darüber hinaus das neuronale System mit Irritation und Stress auf jegliche Abweichung des Erwarteten, wird das Streben nach Fehlerfreiheit bzw. Korrektur natürlicherweise stark ausgeprägt sein.

Viele Betroffene machen darüber hinaus die Erfahrung, dass sie »wie aus dem Nichts« plötzlich massiven Ärger von ihren Mitmenschen bekommen« können, wenn deren (meist unausgesprochene) Erwartungen nicht erfüllt und deren (meist ungeschriebene) Regeln und Gesetze gebrochen werden.

Auch diese von klein auf wiederholt gesammelten Erfahrungen erhöhen bei vielen Menschen insbesondere mit hochfunktionalem Autismus die Motivation, sich keinen Fehler im Verhalten, insbesondere in sozialen Kontexten oder Interaktionen zu leisten.

> Tony Attwood berichtete bei einem Seminar 2018, er habe vor seiner Vortragsreise die jungen Asperger-Betroffenen in seiner Therapie-Gruppe befragt, was sie am Autismus eigentlich am belastendsten finden. Sehr schnell seien sie sich einig gewesen: »*Die Angst vor Fehlern!*«

Die Ansammlung von Wissen – Fakten und Informationen als Absicherung vor Fehlern

Eine Strategie, um möglichst auf jede Situation und Anforderung vorbereitet zu sein und »richtig« reagieren zu können, liegt in der Sammlung von Informationen und Wissen. Auch dies ist als eine allgemein menschliche Strategie zu beobachten: »Wissen« – so heißt es – »ist Macht«: Je detaillierter ich über ein Objekt, einen Sachverhalt, eine Situation, über deren Elemente, Zusammenhänge und Dynamiken Bescheid weiß, desto eher kann ich mich darauf vorbereiten und adäquat darauf reagieren.

So besteht eine Strategie zur Fehlervermeidung darin, sich so umfassend und tiefgreifend wie möglich mit einem Thema zu befassen und dafür alle individuellen und auch Autismus-bedingten Ressourcen zu nutzen: von der Detailwahrnehmung über detailgenaue Speicherfähigkeit über die besonders hohe Assoziationsdichte und Fähigkeiten zur Analyse, Reflexion und Innovation.

> **Erscheinungsformen**
>
> - Starke, teilweise auch dramatische Reaktionen auf entdeckte Fehler von anderen oder solche, die dem Betroffenen selbst unterlaufen.
> - Exzessives Fragen sowie Lesen, Schauen von Dokumentationen und Tutorials, um im jeweiligen Bereich umfassend und vertieft informiert zu sein.

- Ständige Bemühung um Korrektur kleinerer oder grundlegenderer Fehler in der Umgebung, in Texten oder bezüglich eigener Handlungen und Äußerungen.
- Intensive Beschäftigung mit der Frage, »wie Menschen funktionieren«, der u. a. durch ausgiebige, bewusste Beobachtung von Mitmenschen, durch Lesen von Büchern oder auch regelmäßiges Schauen von Serien nachgegangen wird.
- Auswendiglernen und Anwenden von Verhaltensregeln und Floskeln – auch in Unabhängigkeit vom jeweiligen Kontext.
- Vorwegnahme und wiederholtes mentales »Durchspielen« von (insbesondere sozialen) Situationen, Wegen, Fahrtrouten oder Handlungsabläufen, um durch gründliche Vorbereitung Fehlern vorzubeugen.

Sozialer Rückzug – bis zur Isolation

Eine Bewältigungsstrategie, die angesichts der schwierigen Ausgangsposition sowie vieler verunsichernder oder gar bedrohlicher Erfahrungen von Menschen im AS durchaus nachvollziehbar erscheint, ist der soziale Rückzug.

Menschen, die von klein auf immer wieder die Erfahrung gemacht haben, dass jeglicher Kontakt mit Mitmenschen zu gegenseitiger Befremdung, zu Irritation oder gar zu offenen Konflikten bis hin zu Aggression und Gewalt führen kann, können früher oder später zu dem Schluss gelangen, dass bereits die Anwesenheit anderer Personen eine Bedrohung ihrer Sicherheit darstellt. Auch wenn durchaus ein grundlegendes Bedürfnis nach Kontakt und Sicherheit in Verbundenheit vorhanden ist, erscheint der Preis dafür zu hoch.

Der Rückzug kann mehr oder weniger weitgehend sein. Einige Betroffene versuchen bereits im Schulalter, das Maß an sozialen Situationen über die Schule hinaus zu reduzieren, indem sie außerhalb der Schulzeit weitgehend alleine im eigenen Zimmer oder an einem anderen als sicher empfundenen Ort verbringen. Die Herausforderungen, die sie im Schulkontext meistern müssen – ohne sich die Situation aussuchen zu können – zehren gleichsam alle Kapazitäten zum Management und zur Verarbeitung sozialer Situationen auf.

Häufig finden sie dann einen Ausgleich in anderen, als sicherer und zumindest etwas nährender empfundenen Kontexten, wie z. B. im Umgang mit Tieren – deren soziale Erwartungen wesentlich geringer und zugleich meist leichter erkennbar sind – oder mit Kontakten im Internet. Virtuelle Kontakte, die häufig ausschließlich über gemeinsames Spiel oder Schreiben im Chat gestaltet werden, reduzieren die Herausforderungen auf ein wesentlich geringeres Maß: Die Reizdichte ist geringer, es müssen keine nonverbalen Signale gedeutet werden, es bleibt meist mehr Zeit, sich – auf der Dritten Ebene – eine Aktion oder Aussagen bzw. eine Reaktion auf die Äußerungen oder Handlungen Anderer zu überlegen und so die Interaktionen möglichst fehlerfrei zu gestalten. Und: Schweigen fällt weniger auf und wird eher toleriert.

Diese Ersatzmöglichkeiten für realen, auch physischen Kontakt in Präsenz können das Kontaktbedürfnis in einem Maße stillen, das nur wenig Motivation zur Entwicklung der Fähigkeiten für »reale« Kontakte bestehen lässt. Dies erhöht allerdings das Risiko, zunehmend alternativlos auf nur den einen, virtuellen Kontext festgelegt und darin gefangen zu bleiben. Bestehen daneben keinerlei Möglichkeiten zur Begegnung und neuen, positiv erlebten sozialen Erfahrungen in Präsenz, besteht tatsächlich die Gefahr einer zunehmenden Isolation, die letztlich auch durch die virtuellen Kontakte nicht mehr ausreichend kompensiert werden kann.

Zudem werden soziale Ängste durch konsequente und gänzliche Vermeidung eher verstärkt als sie nach und nach und in individuell angemessener Weise durch neue Erfahrungen zu bewältigen oder zumindest zu reduzieren.

Tatsächliche, anhaltende soziale Isolation ist ein Zustand, der weder psychisch noch physisch auf die Dauer ertragen werden kann, sondern in jeglicher Hinsicht krank macht. Insofern kann die sehr nachvollziehbare Bewältigungsstrategie des sozialen Rückzugs in eine Sackgasse führen, aus der Betroffene nur schwer alleine wieder herausfinden können.

Chancen

Für viele, gerade junge Menschen jedoch stellt die virtuelle Welt – beispielsweise in Spielen, Streaming-Communities und anderen virtuellen und themengebundenen Gruppen – phasenweise ein gutes Übungsfeld dar: Hier können sie thematische »Schnittmengen« mit anderen finden und sich, quasi nebenbei, unter sicheren und vergleichsweise reizarmen Bedingungen mit den Funktionsweisen sozialer Interaktionen und dem sozialen Erleben ihrer Mitmenschen beschäftigen. So haben sie die Möglichkeit, wesentliche Erfahrungen zu sammeln, auf die dann auch in realen Kontakten zurückgegriffen werden kann.

Eine von außen so scheinende »totale Isolation« vor dem Bildschirm sollte daher zunächst genau mit der betreffenden Person gemeinsam betrachtet und ihre tatsächlichen Erfahrungen und Beweggründe exploriert werden.

Vor einem solchen Hintergrund kann dann ein den individuellen Bedürfnissen und auch den bereits erlangten Fähigkeiten angepasstes Coaching hilfreich sein, das nach und nach ergänzende Möglichkeiten zum Sammeln von Erfahrungen auch in »realen« sozialen Kontexten vorbereitet und anbietet.

Erscheinungsformen

- Meidung von Situationen mit hohem Reizaufkommen wie z. B. Familien- oder Freundestreffen, Märkte oder Einkaufszentren, Öffentliche Verkehrsmittel, Schwimm- oder Turnhallen, Stadien, Bars oder Restaurants, Konzerte o. ä.
- Meidung von oder Rückzug aus neuen und/oder komplexen, sozialen Situationen wie Kindergeburtstag oder Party, Treffen mit der Großfamilie, Beer-

digungen, Hochzeiten, neuer Sportverein, Arbeitsgruppe in Schule oder Uni o. ä.
- Situativer Rückzug während oder nach sozialen Situationen, in Schule, Universität, Ausbildung oder Arbeit zur Regeneration und Verarbeitung des Erlebten.
- Zunehmend generalisierter Rückzug in einen eigenen Bereich – Zimmer, Wohnung, Werkstatt, Labor, Natur – bei Meidung sämtlicher sozialer Kontakte selbst zu vertrauten Personen.

Soziale Anpassung – bis zur Selbstaufgabe

Wie wir bei der Betrachtung des Zwei-Welten-Modells gesehen haben, besteht die entgegengesetzte Bewältigungsstrategie nicht in der Meidung anderer Menschen, sondern im Streben nach weitestgehender Anpassung an deren Welt.

Chancen

Diese Strategie kann *in gewissem Maße* durchaus fruchtbar sein, wenn sie auf der Basis einer grundlegenden Selbstakzeptanz geschieht und idealerweise von Personen unterstützt und begleitet wird, die bereit sind, beide Welten wertschätzend und differenziert zu betrachten. Es können dann wesentliche Informationen, Erkenntnisse und Skills über »die Welt der anderen« erworben und Erfahrungen in der Deutung sozialer Signale sowie im Selbstausdruck gesammelt werden, die eine erfolgreiche Kontaktaufnahme sowie die Gestaltung adäquater sozialer Rollen und vielfältiger Beziehungen in unterschiedlichen sozialen Kontexten ermöglichen. Auf diese Weise kann eine weitgehende Teilhabe am Leben der Gemeinschaft erreicht und darin nährende Kontakte und sicherheitsgebende Zugehörigkeiten erlebt werden. Tatsächlich ist davon auszugehen, dass nicht wenige Menschen mit einer autistischen Grundstruktur ein »normales Leben« führen, zumindest aber augenscheinlich sozial wie beruflich integriert leben und dabei auch Zufriedenheit und Lebensfreude erfahren.

Risiken und Nebenwirkungen

Was diese Strategie der sozialen Anpassung allerdings hochproblematisch macht, ist die unter Betroffenen weit verbreitete Tendenz zu einer weitgehenden Selbstverleugnung und letztlich zum Selbstverlust. Die meisten von ihnen machen früher oder später die Erfahrung, dass sie keine Chance auf gelingende soziale Kontakte, auf positive Resonanz und ehrlich erlebte Gemeinsamkeiten, auf Freundschaft und Zugehörigkeit haben, wenn sie »sie selbst« sind und sich anderen so zeigen wie sie sind – wie sie wirklich wahrnehmen, denken und fühlen.

Nur in dem Maße, wie sie beginnen, ihre tatsächlichen Wahrnehmungen und Impulse, ihre wahren Interessen, Bedürfnisse und Grenzen zu verleugnen, zu verdrängen oder weitmöglichst abzuspalten, gelingt hier und da zumindest vermeintlich ein Mindestmaß an Teilhabe – und sei es nur, dabei sein und »mitlaufen« zu dürfen, ohne abgelehnt oder aus einer bedeutsamen Gemeinschaft aktiv und explizit ausgestoßen zu werden.

So ist es nicht verwunderlich, dass gerade Personen, die eine »hohe Funktionalität« im Sinne einer hohen Anpassungsfähigkeit an die Erwartungen der Umwelt erreichen, meist alles daransetzen, nicht nur »normal« zu *wirken*, sondern auch »normal zu *werden*« – das heißt ihr eigentliches Sein so weit zu unterdrücken, dass sie es gegen ein neues, als normal angesehenes »austauschen« könnten.

Diese Strategie erweist sich insofern immer wieder als tückisch, als sie häufig zunächst sowohl der betroffenen Person selbst als auch dem Umfeld durchaus wünschenswert, erfolgversprechend und immer wieder erfolgreich erscheint.

Das erklärte Ziel lautet ja oft sogar in therapeutischen Ansätzen, durch Lernen und gezieltes Training immer bessere soziale Fähigkeiten (Social Skills) zu erlangen, um dann in der Welt zurechtkommen zu können und auf diese Weise Teilhabe zu erlangen. Das Motto lautet: »Wenn Du bereit bist, Dich zu bemühen und Dich nur ausreichend anstrengst, wirst Du es irgendwann schaffen, so zu sein wie die anderen. Und dann ist alles gut. Du wirst Freunde haben, beruflich erfolgreich sein, ganz so wie alle anderen. Und damit wirst Du glücklich sein.«

Dies ist eine Hoffnung und oft auch eine implizite Verheißung, die allerdings in hohem Maße irreführend ist, nicht zuletzt, da sie suggeriert, das Leben sei für alle anderen Menschen völlig problemlos zu bewältigen – eine Idee, die ja für sich genommen schon eine Illusion darstellt.

Vor allem aber stellt diese Vorstellung dem vermeintlichen Erfolg eine Bedingung voraus, die das Ziel ad absurdum führt. Denn, so stellen Betroffene immer wieder fest: »Selbst wenn ich Menschen finde, die mich nicht ablehnen, die sagen, dass sie mich mögen und schätzen, dass sie gerne mit mir befreundet sein möchten – wen meinen die dann? Eigentlich kennen sie mich ja gar nicht, wie ich eigentlich bin, sondern nur die Rolle, die ich in ihrer Welt spiele. Wenn sie mich erleben würden, wie ich wirklich bin, ohne Anpassung und Camouflage, würden sie dann mich, meine eigentliche Persona mögen und mit ihr gerne Zeit verbringen?« In der Folge fühlt sich die betroffene Person nie wirklich gesehen und nie wirklich gemeint – selbst wenn es ihr gelungen ist, vermeintlich gute Freundschaften oder auch partnerschaftliche Beziehungen aufzubauen.

Ein weiteres Problem kommt gerade bei einer gelingenden Anpassung hinzu: In dem Maße, in dem sie gelingt und das Ziel einer zumindest augenscheinlichen sozialen Integration erreicht wird, sinkt die Wahrscheinlichkeit, dass das Maß der tatsächlichen Herausforderung sowie der Anstrengung und der Leistung wahrgenommen wird, die eine Person mit autistischer Grundstruktur dafür erbringen muss. Weder das soziale Umfeld noch oft die Person selbst kann ermessen, wie viel mehr sie tatsächlich meistern muss und wie viel mehr Energie sie unablässig investiert, um letztlich, zumindest augenscheinlich, »wie die anderen« zu sein.

> J.: »Ich muss mindestens doppelt so viel schaffen wie die anderen, damit ich so gut bin wie sie.«

Gerade solange die Diagnose noch nicht gestellt ist, gehen alle Beteiligten davon aus, dass alle die mehr oder weniger gleichen Voraussetzungen haben und damit die Anforderungen für die einzelnen Personen mindestens vergleichbar sind. Dass eine Person unter ihnen schon einen erheblichen Teil ihrer Energie und Konzentration allein auf die Verarbeitung von Reizen oder das Aushalten der äußeren Gegebenheiten investieren muss und einen weiteren großen Teil in die bewusste Beobachtung und Deutung sozialer Signale sowie die bewusste Gestaltung des eigenen Verhaltens – auf diese Idee kommen neurotypische Mitmenschen nicht. Und die betroffene Person selbst kennt es nicht anders und hat keinen Grund zur Annahme, dass es den anderen anders geht als ihr selbst. Umso frustrierender sind Rückschläge und Scheitern. Da diese von außen wie von der Person selbst meist ganz und gar auf sie attribuiert werden – »Was verhält sie sich auch so komisch – da muss sie sich nicht wundern.«; »Ich hab's wieder mal verbockt. Ab jetzt muss ich mich noch mehr bemühen, mir keinen Fehler mehr erlauben.« – steigt der Druck, sich noch mehr anzustrengen und die Fähigkeit zur Anpassung zu perfektionieren – so lange, bis es nicht mehr geht.

Denn häufig wird bei dieser Strategie außer Acht gelassen, welche katastrophalen Folgen eine dauerhafte und konsequente Selbstverleugnung und damit das Ignorieren tatsächlicher Wahrnehmungen, Bedürfnisse und Grenzen mit sich bringt.

So ist häufig die Irritation oder das Erschrecken umso größer, wenn es früher oder später zu einem psychischen und nicht selten auch physischen Zusammenbruch kommt. Im englischen Sprachraum hat sich für dieses Phänomen bereits der Begriff des »autistischen Burn-out« durchgesetzt. Er bezeichnet die völlige Erschöpfung samt depressiver Symptomatik und nicht selten auch die Rebellion des Organismus gegen eine Selbstausbeutung ohne jegliche Möglichkeit zur adäquaten Dosierung von Anforderungen, ohne angemessene Regeneration, ohne die (An-)Erkennung der tatsächlichen Leistungen und ohne Chancen zur Entfaltung der wirklichen Potentiale einer Person mit hochfunktionalem Autismus.

Nun ist es ja nicht so, dass Selbstverleugnung, Selbstverlust und Burn-out bei neurotypischen Menschen nicht vorkämen oder dass die ursächlichen Tendenzen ihnen fremd wären. Was jedoch stets in Betracht gezogen werden sollte, ist das jeweilige *Ausmaß und die Notwendigkeit zur Anpassung*.

Wer in seinem Leben so gut wie nie spontane und authentische Schnittmengen mit anderen Menschen erlebt und von klein auf fortlaufend die Erfahrung machen muss, andere schon allein durch sein So-Sein, durch eigentlich »logische« Argumente und Handlungen zu irritieren, wer immer wieder Missverständnisse, Befremden, Entwürdigung und Ablehnung bis hin zu Aggressionen und tätlichen Angriffen erlebt, während unerfüllte Grundbedürfnisse nach Resonanz, nährendem Kontakt und Zugehörigkeit nach Erfüllung drängen, für den wird die Notwendigkeit zur Anpassung und im Zweifelsfall auch der Impuls zur Selbstverleugnung überwiegen, ja als geradezu alternativlos erscheinen.

Werden dann auf diese Weise tatsächlich auch nur kleinere Erfolge erlebt – »ein Kind spielt mit mir«, »ich darf an einer Gruppe teilnehmen« – verstärkt dies sowohl den Impuls zur Anpassung als auch die angewandten Verhaltensweisen des »Maskings« bis zur Selbstverleugnung, während ausgleichende Gegenimpulse zur Selbstwahrnehmung, Selbstachtung sowie Selbstbehauptung oder Selbstpflege zurückgedrängt oder sogar innerpsychisch bekämpft und abgespalten werden.

> **Erscheinungsformen**
>
> Ein Kind erscheint in der KiTa oder in der Schule als gut integriert und unauffällig, bricht aber jedes Mal zusammen, wenn es die Institution verlässt – d. h. es weint und schreit während der Heimfahrt oder es implodiert, ist nur noch still oder es muss sofort schlafen, wenn es nach Hause kommt.
>
> Eine Jugendliche ist stets unauffällig, sozial und schulisch erfolgreich, bis sie vor Erschöpfung zusammenbricht, weint, die Schule verweigert und in einen anhaltenden psychischen und vegetativen Ausnahmezustand gerät, den sie sich selbst nicht erklären kann.
>
> Ein junger Mann (18 J.) hat es geschafft: Er besucht die Oberstufe des Gymnasiums, mit guten Aussichten, das Abitur zu schaffen, er hat Freunde in der Schule und auch außerhalb gefunden – aber ihn verlassen die Kräfte. Wochenlang kann er das Bett nicht verlassen. Er ist ausgebrannt und depressiv. Als ihm das Zwei-Welten-Modell erklärt wird, fragt er: »Was macht man denn, wenn man gar nicht mehr weiß, was das hier ist?« – und weist im Zwei-Welten-Modell auf die eigene Welt und den eigenen Kern.
>
> Ein Mann, Ende 50, meldet sich zur Diagnostik: Er sei seit 9 Monaten krankgeschrieben. »Eigentlich wollte ich noch durchhalten bis zur Rente. Aber ich kann nicht mehr. Ich bin zu erschöpft, kann mich nicht mehr konzentrieren.« Im Zuge des diagnostischen Gesprächs zeigen sich seine autistischen Besonderheiten ebenso wie seine sehr gut entwickelten sozialen Fertigkeiten – jedoch auch, wie viel Kraft ihn deren Ausführung seit seiner Kindheit gekostet hat. Trotz offenkundiger Erfolge in Familie und Beruf ist er an einem Punkt angelangt, da er sich die im beruflichen Kontext notwendige Aufrechterhaltung der Camouflage nicht mehr zutraut.

»Flucht nach vorne« oder mutiger »Blindflug« ohne Autopiloten

Eine weitere Möglichkeit, auch ohne Sozialen Autopiloten Kontakte zu anderen Menschen anzustreben, besteht darin, einfach immer wieder direkt auf sie zuzugehen. Dies kann, je nach Situation und individueller Strategie, mehr oder weniger erfolgreich sein. Entgegen weit verbreiteter Klischees oder auch Lehrmeinungen gibt es auch auf dem gesamten Autismus-Spektrum außerordentlich kontaktfreudige Menschen, die sich wider aller Erwartungen und trotz vieler durchaus schmerzlicher und zum Teil sogar traumatischer Misserfolge immer wieder aufs

Neue auf den Weg machen. Sie legen einen Mut, eine Ausdauer und eine Zuversicht an den Tag, denen ich immer wieder mit größter Hochachtung gegenüberstehe. Und tatsächlich gelingt es ihnen oftmals auf diesem Wege, trotz vieler Blessuren, doch ein für sie ausreichendes Maß an »Kontaktnahrung« für sich zu erlangen.

> **Erscheinungsformen**
>
> - Einige Betroffene eignen sich spezifische soziale Rollen an, die in bestimmten Kontexten gut funktionieren – wie z. B. als Partyclown. So berichtet ein Student, dass er für den Kontext von Partys oder Festivals eine gut funktionierende Rolle für sich entwickelt habe: »Seltsam benehmen kann ich mich super!« So könne er spielend und spielerisch Aufmerksamkeit auf sich ziehen und stoße bei den Mitmenschen zumindest in *dieser* Situation auf positive Resonanz. So entwickelt er eine Strategie und, wie er selbst sagt, eine Rolle, die jedoch nur in diesen begrenzten Kontexten funktioniert. Wie er in anderen Kontexten – beispielsweise an der Universität – auf positive, angemessene Weise auftreten, Kontakte knüpfen und pflegen kann, weiß er nicht. So lautet sein ausdrücklicher, therapeutischer Auftrag: »Ich brauche neue Rollen«.
> - Andere entscheiden sich grundsätzlich dafür, sich so zu zeigen wie sie sind – wie der Auszubildende, der Vorgesetzten und Kolleginnen gegenüber offen und transparent über seine Wahrnehmungsweise, seine Logik, seine Bedürfnisse und Grenzen spricht und sich in seinem ganzen Sein und Verhalten so zeigt, wie es für ihn, auch von der Dritten Ebene aus, in der jeweiligen Situation stimmig und ethisch richtig erscheint. Häufig wird diese Form der Authentizität und Transparenz von vielen Mitmenschen zunächst tatsächlich als herzerfrischend ehrlich und vertrauenserweckend aufgenommen und wertgeschätzt. Allerdings ist hier immer wieder damit zu rechnen, dass unversehens bei einigen von ihnen doch Irritationen ausgelöst oder ungewollt Grenzen überschritten werden, was zu plötzlichen Kontaktabbrüchen, Ablehnung oder gar zu Angriffen und Mobbing führen kann.

Humor

Menschen mit Autismus werden häufig als humorlos wahrgenommen. Dies liegt wohl vor allem daran, dass sie zum einen in sozialen Situationen oft sehr angespannt wirken. Der wesentliche Grund ist jedoch sicherlich, dass sie häufig mit dem Humor ihrer Mitmenschen nichts anfangen können. Sie können über die Witze der anderen oft nicht lachen – was sowohl sie selbst als auch die anderen irritiert.

Wie Freud bereits sehr differenziert beschrieben hat, entsteht ein Witz durch einen »Bruch« zwischen dem, was in einem Kontext (unbewusst) erwartet und vorweggenommen wurde und dem, was stattdessen kommt. Wenn jedoch der Kontext gar nicht so wahrgenommen wird, wie ihn die Mitmenschen wahrnehmen und keine Vorannahme getroffen werden kann, was nun »folgerichtig« kommen müsste, kann ein solcher Bruch zwischen Erwartung und tatsächlichem Verlauf nicht geschehen. Kurz gesagt: Ohne gemeinsamen Kontext ist ein Witz nicht witzig.

All dies heißt aber keinesfalls, dass Menschen nur aufgrund ihrer autistischen Grundstruktur keinen Humor entwickeln könnten. Ganz im Gegenteil ist ihr Humor in ganz eigener Weise meist sehr ausgeprägt. Er mag umgekehrt für das soziale Umfeld oft unverständlich oder sogar »daneben« erscheinen. Wer sich jedoch auf die Person und ihren Kontext einlässt, kann mit Menschen im AS ausgesprochen viel Spaß haben.

Im Übrigen kommt meiner Erfahrung nach ihr Humor meistens dem ursprünglichen Wortsinn und seiner auch heilsamen Wirkung oft wesentlich näher als das, was häufig als »lustig« propagiert wird, jedoch auf Kosten anderer Menschen geht. *Humor* hat schließlich dieselbe Wortwurzel wie *Humus*. Ein humorvoller Mensch ist sich seiner »Erdhaftigkeit«, seiner Vergänglichkeit, seinen Grenzen bewusst und findet mittels seines Humors eine Akzeptanz, eine Strategie und auch eine Leichtigkeit, damit umzugehen.

> **Erscheinungsformen**
>
> Bei meinen Klienten herrscht häufig zum einen eine kindlich-spielerische Variante vor, die sich an lustigen Worten, Ortsnamen, Wortspielen oder ähnlichem ergötzen kann; zum anderen, aufgrund der vielen Erfahrungen des Scheiterns und der Härten ihres Daseins, legen einige auch einen ausgeprägten, »staubtrockenen« Sarkasmus an den Tag, der ihnen – und auch anderen, die sich darauf einlassen können – den Umgang mit all der Schwere, die sie bewältigen müssen, erleichtert.

> **Zusammenfassung**
>
> Autismus bringt nicht nur besondere Probleme, sondern auch besondere Ressourcen mit sich. Diese zu erkennen und zu würdigen, ändert nicht nur den Blick auf Menschen im AS, sondern kann auch ihren eigenen auf sich selbst und auf die Welt verändern. Die besonderen Ressourcen können dann als Potentiale für die eigenen Entwicklung und Entfaltung erkannt und auch in »die Welt der anderen« eingebracht werden.
>
> Die besonderen Herausforderungen, denen sich Betroffene gegenübersehen, machen es allerdings notwendig, entsprechende Bewältigungsstrategien zu entwickeln, um zu überleben und in der Welt so gut es geht zurechtzukommen.
>
> Diese spezifischen Bewältigungsstrategien wirken nach außen oft auffällig oder gar dysfunktional. Im Kontext des autistischen Erlebens erfüllen sie jedoch wesentliche Funktionen zur Erlangung von Sicherheit, zum Selbstschutz, zur Selbstregulation und als Basis für die Gestaltung sozialer Begegnungen, Kontakte und Beziehungen. Für alle Beteiligten – für die Betroffenen selbst sowie für Mitmenschen in ihrem Umfeld – kann es erhellend und hilfreich sein, Hintergründe und Funktionalität der entwickelten Bewältigungsstrategien zu erken-

nen. So können die dabei erbrachten Bewältigungsleistungen gewürdigt sowie Strategien bei Bedarf modifiziert oder durch neue ersetzt werden.

1.6 Psycho-soziale Folgen des Anders-Seins

Das viel beschriebene »Anders-Sein« von Menschen im AS (vgl. u. a. Vogeley 2012), ob es nun von den Betroffenen selbst oder auch von ihren Mitmenschen wahrgenommen wird, bleibt nicht ohne Folgen. Es hat Auswirkungen darauf, ob und auf welche Weise zwischenmenschliche Begegnung stattfindet, auf Qualität und Verlauf des Miteinanders und darauf, ob Zugänge zu wesentlichen Lebensbereichen und angemessene Teilhabe möglich werden. In Summe hat es so entscheidenden Einfluss auf die Entwicklung der persönlichen und sozialen Identität des betroffenen Individuums. Ich möchte hier im Folgenden nur einige wesentliche Aspekte des Anders-Seins und seine möglichen Konsequenzen erläutern, um die vielfältigen Implikationen zu verdeutlichen, die allein aus dem Anders-Sein erwachsen können.

1.6.1 Befremden

Wenn eine Person sich anders verhält, als wir das aufgrund unseres eigenen Erlebens und unseres Erfahrungshintergrundes erwarten, dann kann das ein Gefühl des Befremdens auslösen. Dies gilt insbesondere, wenn die betreffende Person entgegen unserer Logik handelt oder wenn sie mit ihrem Verhalten explizite oder implizite soziale Regeln bricht. Die Person wirkt dann auf uns fremd – und damit auch in gewisser Weise weniger berechenbar als ein Mensch, der sich in erwarteter Weise verhält, dessen Verhalten wir also einordnen und mit dem wir uns problemlos identifizieren können: »So hätte ich das auch gemacht!« oder auch »Ja, das ist logisch!«

Je nachdem wie selbstsicher eine Person ist, wird sie mehr oder weniger beunruhigt auf das Gefühl des Befremdens reagieren. Ruht sie in sich selbst, wird sie auch ungewöhnliches und »befremdliches« Verhalten weitgehend tolerieren und es vielleicht sogar mit einigem Interesse beobachten können. Immerhin stecken in unerwarteten Verhaltensvarianten ja oft auch neue Möglichkeiten und Erkenntnisse, auf die man selbst nie gekommen wäre.

Löst das Befremden jedoch unmittelbar ein Gefühl der Beunruhigung oder gar Bedrohung aus, ist die Toleranzschwelle deutlich herabgesetzt. Der Mensch fühlt seine Sicherheit schwinden und wird damit unwillkürlich in einen Zustand erhöhter Anspannung und Wachsamkeit versetzt. Er bereitet sich auf eine möglicherweise notwendig werdende Flucht oder Abwehr vor.

Verschärft wird der Effekt des Befremdens in der Begegnung mit Menschen, die auf den ersten Blick gar nicht so »anders« und fremd erscheinen als man selbst, sondern aus derselben Kultur, ja sogar einer ähnlichen Subkultur zu stammen scheinen, die gleiche Sprache sprechen, sich der Situation angemessen kleiden usw. Hier können Abweichungen vom erwarteten Verhalten besonders irritierend wirken, da sie besonders unvorbereitet auftreten. Die Diskrepanz zwischen unwillkürlich erwartetem und vom Sozialen Autopiloten wahrgenommenen und interpretierten Verhalten wirkt hier besonders stark.

Können wir an äußeren Merkmalen festmachen, dass die befremdlich wirkende Person aus einem anderen Kulturkreis oder zumindest einer anderen Subkultur kommt, lassen sich unerwartete Verhaltensweisen leichter einordnen – »die Person ist halt nicht von hier…« – und entschuldigen – »die weiß es halt nicht besser…«. Unter günstigen – weil als sicher erlebten – Bedingungen kann ein initiales Unbehagen dann sogar in Freundlichkeit und Hilfsbereitschaft umschlagen: Man ist bereit, den »Fremden« gleichsam bei der Hand zu nehmen, als Gast zu betrachten und ihm die notwendigen Informationen zu geben, damit er sich möglichst unauffällig einfügen und verhalten kann.

Menschen mit Autismus erleben von klein auf in vielfältigster Weise Momente des Befremdens, wenn sie andere Menschen und deren Verhalten beobachten. Da die Wahrnehmungsweisen unterschiedlich sind, werden auch die Reaktionen auf Sinneseindrücke und Situationen natürlicherweise anders ausfallen, als es für das autistische Individuum vorhersehbar oder auch nur nachvollziehbar wäre. Mehr noch: Sehr viele Verhaltensweisen, gerade auch im sozialen Miteinander, wirken auf Menschen im AS unlogisch, unverständlich, wenn nicht sogar unehrlich und nach ihren Maßstäben unethisch.

Allerdings müssen sie feststellen, dass sich die Mitmenschen in dieser Art des Verhaltens nicht nur ähneln, sondern auch miteinander meist sehr einverstanden wirken. So überträgt sich das Gefühl des Befremdens aus der Beobachtung einer Person auf das gesamte soziale Umfeld. Nicht nur ein Mensch verhält sich befremdlich – und damit unberechenbar – sondern alle sind sich darin einig und wirken damit kollektiv befremdlich.

Die betroffene Person findet sich so immer aufs Neue allein unter Fremden wieder. Je nach Persönlichkeit wird dieses Erleben unterschiedlich verarbeitet: Einige Betroffene fühlen sich zwar mit ihrer Wahrnehmung und ihrer Sicht der Dinge im Recht, damit jedoch allein unter Menschen, die offenbar ihren Verstand nicht richtig benutzen. Viel häufiger jedoch wird der Schluss gezogen, da ja die anderen in der Mehrzahl und sich einig sind, dass sie im Recht sein müssen, klüger, besser – und man selbst aus unerfindlichen Gründen »zu blöd ist, um es zu begreifen« oder sich »richtig« zu verhalten.

Diese Schlussfolgerung wird oft dadurch begründet oder noch befeuert, dass entsprechende Kommentare von Seiten anderer, auch bedeutsamer Mitmenschen erfolgen. Eltern, Lehrkräfte, Mitschüler, Kollegen geben ihrerseits ihrem Befremden gegenüber der betroffenen Person Ausdruck, indem sie sie zurechtweisen, für dumm erklären oder ihr böse Absichten unterstellen »der macht das mit Absicht«, »die will ja nur Aufmerksamkeit«, »wenn er sich so dämlich verhält, muss er sich nicht wundern …«

Wie auch immer die Schlussfolgerung im Hinblick auf das eigene Sein in Relation zu dem der Mitmenschen ausfällt – was bleibt ist ein durchaus schmerzliches Erleben des Getrennt-Seins von den Mitmenschen durch das gegenseitige Befremden. Dessen Unerklärlichkeit wirkt insofern verschärfend, als die Situation ausweglos erscheint: »Wenn ich die Ursachen nicht kenne, weiß ich auch nicht, wie ich etwas ändern könnte.«

Da sie jedoch keine Alternative sehen, werden die allermeisten Betroffenen trotz und mit dem Gefühl des Befremdens sich immer wieder neu in soziale Situationen begeben – stets mit dem Bestreben zu lernen und es »irgendwann hinzukriegen, normal zu sein«.

1.6.2 Konflikte (innere und äußere)

Leider bleibt es in der Begegnung zwischen Menschen mit und ohne Autismus meist nicht nur bei einem Gefühl des gegenseitigen Befremdens. Aufgrund des unterschiedlichen Erlebens treffen sehr verschiedene Erfahrungen, Denkweisen und Wahrheiten aufeinander, die kaum miteinander kompatibel erscheinen. So kommt es schon in der Kindheit, jedoch auch später bis ins hohe Erwachsenenalter wiederholt zu offenen Konflikten, die für beide Seiten, Betroffene und Mitmenschen, unlösbar scheinen.

Solche Konflikte können zunächst im Verborgenen schwelen und in Form von innerer Anspannung auf einer oder auch auf beiden Seiten spürbar werden.

Nicht selten wird diese Spannung jedoch schließlich auch nach außen gebracht. Sie zeigt sich dann beispielsweise auf Seiten eines autistischen Kindes oder auch eines Erwachsenen in motorischer Unruhe und Fluchttendenzen oder in Form von aggressiven Ausbrüchen, die sich in verbalen Äußerungen oder Schreien entladen oder bis hin zu Gewalt gegen Dinge, tätlichen Übergriffen oder auch autoaggressivem und selbstverletzendem Verhalten reichen können.

Solange eine beteiligte Person trotz der gezeigten hohen Erregung selbst Ruhe bewahren und mit ihrer eigenen inneren Sicherheit regulierend wirken kann, lässt sich eine solche Entladung von Spannung oft auffangen und recht schnell wieder beruhigen.

Ist die Unsicherheit und daraus erwachsende Spannung allerdings auf beiden Seiten groß, kann die Situation eskalieren, so dass es zu psychischer oder auch körperlicher Gewalt kommt.

Trotz aller Heftigkeit solcher Konflikte und ihrer Entladungen besteht meist zumindest auf einer oder auch auf beiden Seiten der Wunsch nach Klärung und Entspannung. Ein Wunsch, der sich aller Erfahrung nach in sehr vielen Fällen sogar letztlich erfüllen lässt. Allerdings bedarf es hierfür in der Regel einer vermittelnden Intervention – sei es von einer der beteiligten Personen, die sich schneller selbst regulieren kann, sei es durch Dritte.

Dabei kann die Erkenntnis helfen, dass und auf welche Weise sich die Erfahrungswelten tatsächlich unterscheiden und dass keiner der Akteure sich diese Unterschiedlichkeit ausgedacht oder ausgesucht hat.

Je mehr beide Seiten bereit sind, von der Welt und Perspektive der anderen zu erfahren und ernst zu nehmen, desto eher werden nicht nur tatsächliche Gemeinsamkeiten erkennbar, auf die sich beide einigen können. Es wird auch besser möglich, die Unterschiedlichkeit zu akzeptieren und Lösungen zu finden, die für beide Seiten akzeptabel sind, weil sie sich in ihrem Sein und ihren Anliegen gesehen, respektiert und gewürdigt fühlen. Auf diese Weise kann beunruhigendem Befremden, Anspannung und konflikthafter Eskalation vorgebeugt und aktiv entgegengewirkt werden.

1.6.3 Bullying und Mobbing

Wesentlich schwieriger wird die Lage allerdings, wenn in einem System eine Atmosphäre herrscht, in der einzelne Individuen sich nicht nur »nicht gesehen« und angenommen, sondern abschätzig behandelt fühlen, wenn sie sich in ihrer Würde oder sogar in ihrer körperlichen Unversehrtheit oder ihrer Existenz bedroht fühlen. Schaffen es die Mitglieder einer solchen Gruppe nicht, sich miteinander zu solidarisieren, kann ein mehr oder weniger offener Kampf um die eigene Würde und Position in der Gruppe entbrennen.

Ein solches Gefühl der grundlegenden Bedrohung kann vor dem Hintergrund entsprechender Erfahrungen in der Ursprungsfamilie entstehen oder auch im jeweiligen Kontext – Schule, Ausbildung, Arbeit, Sportgruppe o. ä. – erstmals so erlebt werden. Wenn eine solchermaßen gekränkte Persönlichkeit nur die Möglichkeit für sich sieht, ihren eigenen Selbstwert (und letztlich ihr Überleben) dadurch zu sichern oder zu erhöhen, dass sie andere erniedrigt, ausgrenzt oder gar psychisch und physisch quält, kann es zu »Bullying« oder Mobbingverhalten gegen einzelne Personen und in der Folge zu einer entsprechenden Dynamik in der gesamten Gruppe kommen.

Dies geschieht, wenn das herabwürdigende und aggressive Verhalten eines Einzelnen von anderen Gruppenmitgliedern aktiv oder passiv akzeptiert, vielleicht sogar bewundert und verstärkt und letztlich auch übernommen wird – sei es aus Begeisterung oder aus Angst, selbst zum Opfer zu werden.

Zum Opfer – zumindest aber zum Objekt – einer solchen Dynamik kann potentiell jeder werden, bevorzugt jedoch eine Person, die aus der Norm der Gruppe heraussticht, die auffällt durch ihr Aussehen oder ihr Verhalten – sei es positiv oder negativ. Somit sind Menschen im AS hier besonders gefährdet, unversehens zur Zielscheibe von Bullying im Sinne von Hänseleien, Herabwürdigung und auch tätlicher Übergriffe zu werden. Sehr häufig kommt es letztlich auch zum Mobbing im eigentlichen Sinne, das heißt zu systematischer Ausgrenzung durch bedeutsame Teile oder ganze Gruppen. So oder so macht die betroffene Person die Erfahrung, wiederholt zum Opfer völlig unvorhersehbarer und unerklärlicher Aggression zu werden.

In Kombination mit den oben beschriebenen Auswirkungen des Anders-Seins, nämlich des Gefühls von Befremden und daraus von den Betroffenen selbst häufig abgeleiteter Minderwertigkeit, wirken solche sehr verbreiteten Mobbingerfahrungen besonders gravierend. Darüber hinaus wirken sie auch nachhaltig, da sie auch im Nachhinein kaum verstehbar werden und oft auch nicht ohne Weiteres durch neue, positive Erfahrungen wirksam relativiert und bewältigt werden können.

1.6.4 Manipulation und Ausbeutung

Eine ganz andere Gefahr für Menschen im AS, die oft kaum erkannt und erwähnt wird, ist die der Manipulation und Ausbeutung. Dabei ist sie bei näherer Betrachtung sogar recht naheliegend: Wenn ein Mensch sich natürlicherweise nach Kontakt und Zugehörigkeit zu seinen Mitmenschen sehnt, diese aber kaum aktiv und erfolgreich herstellen kann, wird er geneigt sein, jedes Angebot anzunehmen und dafür auch fast alles zu tun, was dafür nötig erscheint. Durchblickt er zudem die geltenden sozialen Regeln und Normen nicht, wird es für andere umso leichter, ihn zu manipulieren. Häufig werden Bedingungen oder Gegenleistungen für Kontakt und Zugehörigkeit gefordert, die weit über die Grenzen eines würdigen Miteinanders hinausgehen, die (für andere absehbare) massive Sanktionen von außen zeitigen oder sogar reale Gefahren für Leib und Leben des Betroffenen bedeuten können.

> Gegen Ende der 4. Klasse fuhr F. erstmals mit seiner kleinen Grundschulgruppe auf Klassenfahrt. Er schlief mit mehreren anderen Jungen im selben Zimmer und freute sich sehr, dass sie alle zusammen so viel Spaß hatten, ja, dass er selbst offenbar ihnen so viel Freude bereiten konnte. Wie sich herausstellte, hatten die Mitschüler ihrerseits herausgefunden, wie bereitwillig F. auf ihre Aufforderungen reagierte und erprobten diesen Effekt ausgiebig. Sie sprachen ihm alle möglichen Wörter und Redewendungen vor, die er nachsprechen sollte und wagten sich von Schimpfwörtern über deftige Fäkalausdrücke bis hin zu Obszönitäten vor, die F. seinerseits umso eifriger und lauter nachsprach, je mehr er sie lachen sah. Schließlich forderten sie F. auf, seine Hosen herunterzulassen, was dieser mit Begeisterung tat, glücklich über das endlich so erfolgreiche Miteinander.
>
> Als die Klasse wieder zurück in der Schule war, hatte sich F.s Verhalten sehr verändert: Im Unterricht hörte er nicht auf, Obszönitäten von sich zu geben, lauthals zu lachen und herumzualbern. Als eine Lehrerin ihn ernsthaft ermahnte, wurde er handgreiflich – alles Verhaltensweisen, die niemand je von ihm für möglich gehalten hätte. F. wiederum verstand nicht, warum er sein neues Verhalten, mit dem er nach seinem Eindruck so erfolgreich war und endlich Freunde gewonnen hatte, wieder unterlassen sollte. Es bedurfte einiger sorgfältig geführter Gespräche mit ihm und seinen Eltern, jedoch auch mit den Mitschülern, und eines engmaschigen Belohnungssystems, um sein Verhalten wieder in angemessener Weise zu regulieren.

> Ein Jugendlicher im Alter von 14 Jahren wurde angeklagt, weil er nachweislich den Dachboden eines Mehrfamilienhauses angezündet hatte. Keiner konnte sich erklären, wie ein so zurückhaltender und sanfter Junge eine solche Tat hatte begehen können – bis sich herausstellte, wie es dazu gekommen war: Er hatte eine Gruppe Gleichaltriger gefunden, die bereit waren, ihn aufzunehmen. Gemeinsam hatten sie diesen Dachboden entdeckt und dort Zeit verbracht. Die anderen Jungen hatten ihn dazu aufgefordert, einen Stapel Zeitungen anzuzünden, was er ohne zu zögern tat …

Die beschriebene Dynamik der unerfüllten Sehnsucht nach Resonanz und Zugehörigkeit macht Menschen im AS anfällig für Phänomene wie »False Narrative« und »Gaslighting«. Diese werden in den Kapiteln 2 und 3 noch genauer beleuchtet werden.

1.6.5 Auswirkungen auf die Entwicklung der persönlichen und sozialen Identität

Damit ein Kind eine eigene, sichere Identität entwickeln kann, bedarf es bestimmter Voraussetzungen. Zum einen benötigt es wie beschrieben möglichst von Beginn an ein verlässliches Gegenüber, mit dem es eine sichere Bindung eingehen kann, das es beobachten, in dem es sich wiederfinden und spiegeln kann. Es braucht also zunächst einmal ein bedeutsames Du, das vom Kind auch als eigene Entität, als Person wahrgenommen wird.

Sodann ist es notwendig, dass dieses Du das Kind sieht und mit ihm in Interaktion tritt, es in seinem Befinden und seinen Emotionen wahrnimmt, diese aufgreift und sie ihm widerspiegelt. Das Kind wiederum muss die Voraussetzungen dafür mitbringen, dieses Du, dessen Reaktionen und Spiegelungen als solche wahrzunehmen, das heißt zu erkennen: »Da bezieht sich jemand auf mich, ich bin gemeint und das Verhalten dieses Du hat mit mir, meinem Ich und meinen Aktionen und Äußerungen zu tun.«

Darüber hinaus benötigt das Individuum zur Entwicklung seiner Identität zeitlebens Möglichkeiten, sich in anderen Personen, deren Wahrnehmungen, Befinden und Verhalten wiederzufinden, sich mit ihnen identifizieren zu können. Es braucht die Erfahrung: »Da ist jemand, empfindet jemand, handelt jemand wie ich!«

Betrachten wir nun die Ausgangssituation und das Erleben von Menschen im AS, wird schnell deutlich, dass die genannten Voraussetzungen zur Entwicklung einer eigenen Identität auch bei besten äußeren Bedingungen nicht im notwendigen und wünschenswerten Maße gegeben sind. Denn selbst dann, wenn das betroffene Kind in ein Umfeld hineingeboren wird, das grundsätzlich beste Bedingungen bietet, in dem Menschen es annehmen, es wahrnehmen und sich um authentische Reaktion und Spiegelung bemühen, wird es für das Kind schwer, zunächst überhaupt einzelne Entitäten im Chaos auszumachen, diese als Personen zu erkennen und in eine reziproke Interaktion einzutreten, in der sowohl Erfahrungen der Unterschiedlichkeit wie auch der Spiegelung seiner selbst erfolgen können.

Jedoch selbst dann, wenn einzelne Personen als solche erfasst werden können, wird es durch die Unterschiedlichkeit der Reizverarbeitung und der Bedürfnisse, des Denkens und Verhaltens nur selten Momente der Spiegelung im Anderen erleben. Eine Identifikation mit Mitmenschen findet wenig oder kaum statt. Was stattdessen überwiegt, ist das Erleben von Unterschiedlichkeit und Befremden.

Vor diesem Hintergrund wird nachvollziehbar, dass die Identitätsentwicklung für die meisten Betroffenen eine besondere Herausforderung darstellt, warum sie häufig mit Verzögerung stattfindet und vielfach spezifischen Beeinträchtigungen unterliegt.

In der Folge fühlen sich sehr viele Menschen im AS in ihrer Identität sehr unsicher; einige kommen erst verspätet oder gar nicht dahin, von sich selbst als »Ich« zu sprechen, sondern weichen auf die dritte Person oder auf ein unspezifisches »man« aus. Sie fragen sich in sehr grundsätzlicher Weise, wer sie eigentlich sind, und tappen diesbezüglich oft zeitlebens im Dunkeln. Diese Tendenz begünstigt die oben beschriebene Bewältigungsstrategie der Schaffung eines elaborierten »Alter Ego«, um sich zumindest in der Welt der anderen bewegen zu können, ohne ständig anzuecken, und um zumindest äußerlich betrachtet so etwas wie Kontakt und Zugehörigkeit zu erreichen. Wirkliche Verbundenheit mit anderen Personen oder Gruppen zu empfinden, gelingt jedoch auf diese Weise kaum, denn: »Wenn jemand jetzt nett zu mir ist und sich scheinbar auf mich bezieht – wen meint er dann? Ich kann es nicht sein, denn ich bin ja gar nicht wirklich da.«

Die Gefahren, die solche Beeinträchtigungen in der Identitätsentwicklung und auch die Dynamik eines Selbstverlustes mit sich bringen, sind nicht zu unterschätzen. Sie reichen von Erschöpfung (»autistischer Burn-out«) über Depressionen und weitere psychische Störungen bis hin zu massiven psychosomatischen Beschwerden.

In jedem Falle jedoch ist eine grundlegende Unsicherheit bezüglich der eigenen Identität eine Quelle eines generalisierten Gefühls ständiger potentieller Bedrohung sowie eigener Unzulänglichkeit.

1.6.6 Selbstwert versus Selbstzweifel bis zum Selbsthass

Aus den oben genannten Gründen können selbst Personen, die gut integriert und sozial erfolgreich scheinen, von grundlegender Selbstunsicherheit und Selbstzweifeln massiv belastet sein und werden anfällig für einen geringen Selbstwert.

Für Außenstehende ist dies in der Regel kaum nachvollziehbar oder auch irritierend. Entsprechende Äußerungen werden häufig als neurotische Geltungssucht, als »fishing for compliments« oder gar als klare Anzeichen von Narzissmus fehlinterpretiert.

Tatsächlich aber wird im sicheren Kontext einer vertrauensvollen Psychotherapie meist die ganze Tragweite dieser grundlegenden Selbstunsicherheit deutlich. Wenn eine Person kaum je die Möglichkeit hatte, sich mit ihrem wahren Sein, ihren tatsächlichen Wahrnehmungen, Bedürfnissen und Grenzen, ihren Gedanken, Wahrheiten und Empfindungen zu zeigen und darin wahr- und ernstgenommen zu werden, wenn sie darüber hinaus kaum je einer anderen Person begegnet ist, mit der sie sich verbunden, in deren Sein und Ausdruck sie sich hätte spontan wiederfinden und durch die sie sich in ihrer Wahrnehmung hätte bestätigt fühlen können, dann lebt sie in einem Vakuum, das für andere kaum vorstellbar ist.

Kommen darüber hinaus noch die vielen Varianten gegenseitigen Befremdens, der Konflikte, Ablehnung und offenen Abwertung bis hin zu Ausgrenzung und Gewalt hinzu, scheint ein grundlegender Zweifel am eigenen Wert, ja an der eigenen Daseinsberechtigung nicht verwunderlich und eine natürliche Folge.

Dies wiederum bereitet den Boden für soziale und emotionale Abhängigkeiten sowie für gezielte Manipulation, Irreführung und Ausbeutung durch andere, wie sie oben in Ansätzen bereits beschrieben wurde.

Erstaunlicherweise und auch glücklicherweise wird jedoch auch immer wieder erkennbar, dass selbst bei solchermaßen zutiefst verunsicherten und schwerstbelasteten Persönlichkeiten ein unversehrter Kern vorhanden ist, der wie durch ein Wunder alle Widrigkeiten und Entbehrungen übersteht, nur darauf wartend, entdeckt, erreicht und gehegt zu werden und sich entfalten zu dürfen.

Dass solche, oft auch späten Entwicklungen möglich sind, stellt nicht nur die unbedingte Berechtigung für eine Autismus-spezifische Psychotherapie, sondern geradezu auch eine Verpflichtung dar, für entsprechende Besonderheiten sensibel zu sein und sich ihrer in ebenso fachkundiger wie menschlich zugewandter Weise anzunehmen.

1.7 Klischees, Vorurteile, Stigmatisierungen und ihre Folgen in sozialen und therapeutischen Kontexten

Erfreulicherweise ist in den vergangenen Jahren ein Trend hin zu mehr öffentlichem und fachlichem Interesse am Thema Autismus zu verzeichnen. Da entsprechende Angebote in der Lehre jedoch noch eher rar sind und zudem häufig noch veraltete Informationen und »Störungsbilder« an Studierende weitergegeben werden, wandelt sich das Bild vom Autismus gerade auch in Fachkreisen nur sehr langsam.

In der Folge ist unter Fachkräften der Medizin, Psychologie und Pädagogik bis dato noch ein eklatanter Mangel an fundiertem Wissen und Know-how zur Erkennung von Autismus und zum fachkundigen Umgang mit betroffenen Kindern, Jugendlichen und Erwachsenen zu verzeichnen (vgl. Lipinski et al. 2022). Stattdessen halten sich bei Diagnostikern und Behandlern hartnäckig bestimmte Klischees über »Autisten«, über deren Verhalten (»total auffällig«, »spricht nicht«, »keinerlei Blickkontakt«), Erscheinungsbild (»offenkundig behindert«, »tollpatschig«, »steif«) und Psyche (»gefühlskalt«, »hat kein Interesse an anderen Menschen«, »will keinen Kontakt«, »ist unempathisch und egoistisch«), die für tatsächlich Betroffene schwerwiegende Folgen haben. Einige davon möchte ich hier zumindest anreißen, da sie für das Thema dieses Buches von einer nicht zu unterschätzenden Relevanz sind.

1.7.1 Nicht erkannt

Aktuelle Schätzungen zur Prävalenz gegen davon aus, dass 1–2 % der Menschen im Autismus-Spektrum liegen. Doch selbst unter denjenigen Personen im Spektrum, die unter z. T. gravierenden, sekundären psychischen und psychosomatischen Beschwerden leiden, werden sehr viele nicht erkannt und erhalten daher die Diagnose nicht. Selbst bereits bestehende und gut fundierte Autismus-Diagnosen werden oft in Frage gestellt oder kurzerhand wieder abgesprochen.

Stattdessen werden für die Diagnostiker erkennbare – weil bekannte – Aspekte der jeweiligen Problematik sowie des Verhaltens von Patientinnen herausgegriffen und dementsprechend auch *nur diese* diagnostisch erfasst und interpretiert. Welche Aspekte aufgegriffen werden und wie sie in die Diagnosestellung Eingang finden, hängt von der jeweiligen Wahrnehmung und Interpretation und somit auch stark vom Kenntnisstand der diagnostizierenden Person ab.

Dabei können durchaus zutreffende Diagnosen *sekundärer* Störungen wie Depressionen, Angst- und Zwangsstörungen gestellt werden. Der Erfahrungshintergrund, aus dem heraus sich diese Störungen entwickelt haben, wird so jedoch nicht erfasst.

Gravierender sind die Folgen für die betroffene Person allerdings, wenn es aufgrund der Reduktion auf die wahrgenommenen Symptome zu *Fehlinterpretationen* der zugrundeliegenden Problematik oder zu Projektionen nichtzutreffender Befunde durch den Diagnostiker kommt.

Die Folgen der daraus resultierenden, unzureichenden oder gar fehlerhaften Diagnosen für den Verlauf der psychotherapeutischen und medizinischen Behandlung sowie für das psychische Befinden der Betroffenen sind nicht zu unterschätzen. Dies wird im Verlauf noch deutlicher werden.

Wie kommt es aber nun, dass so viele Menschen im AS nicht in ihrer Grundstruktur und Grundproblematik erkannt werden – und bei anderen dafür ein Verdacht auf Autismus ausgesprochen wird, bei denen dies nicht zutreffend ist?

Eine Ursache kann mangelndes Know-how sein: Wir können nur das erkennen, was wir kennen. Nur dafür haben wir Wahrnehmungskategorien gebildet und können anhand von Merkmalen in eine bestimmte Richtung assoziieren. Auch eine Diagnostikerin kann schließlich nur auf die Informationen und Eindrücke zurückgreifen, die sie gesammelt hat. Wenn sie in ihrer Ausbildung kein fundiertes Wissen zum klinischen Autismus und keine Erfahrungen mit Betroffenen sammeln konnte, oder wenn sie unzutreffende oder verzerrte Informationen bekommen hat, wird sich das in ihrer Diagnostik und in ihren Behandlungsbemühungen niederschlagen.

Je nach Erscheinungsbild und geschilderter Problematik ihres Klienten wird sie Wiedererkennungseffekte haben, hinsichtlich der ihr bekannten Störungsbilder und Dynamiken – und sich darauf beziehen.

So werden neben den akuten und relativ offensichtlichen Beschwerden wie Depressionen, Ängsten und Zwängen oder psychosomatischen Erkrankungen häufig Bordeline-Störungen und andere Persönlichkeitsstörungen diagnostiziert – vielfach bei Personen, die von solchen Störungen tatsächlich nicht betroffen sind.

Solche Irrtümer können vorkommen, zumal einige Verhaltensweisen von Menschen im AS zumindest *von außen betrachtet* ähnlich wirken können wie beispielsweise das Erscheinungsbild einer Borderline-Störung oder einer narzisstische Persönlichkeitsstörung, so z. B. der autistische Perfektionismus sowie die Neigung zum »digitalen« Denken und Fühlen (etwas ist entweder perfekt und wird als »sicher« und »in Ordnung« eingeordnet, oder etwas ist nicht perfekt, dann ist es vollkommen und unrettbar schlecht) oder ein Verhalten, das von anderen als unsensibel und egozentrisch erlebt wird.

Bei genauerer differentialdiagnostischer Betrachtung lässt sich jedoch in den allermeisten Fällen recht schnell klären, ob es sich bei diesen Verhaltensweisen tatsächlich um Symptome einer Persönlichkeitsstörung oder um äußere Anzeichen bzw. Bewältigungsstrategien einer Autismus-Spektrum-Störung (ASS) handelt. So wird beispielsweise eine Person mit hochfunktionalem Autismus bei eingehender psychoedukativer Information und gemeinsamer Exploration meist in der Lage sein, die fraglichen Verhaltensweisen aus ihrer Sicht zu analysieren und zu erklären. Auch wird sich das Verhalten sehr schnell und nachhaltig verändern, sobald sich die Person angenommen und sicher fühlt und sie versteht, dass es auf andere ungünstig wirkt.

Im Übrigen kann es tatsächlich vorkommen, dass eine Person mit autistischer Grundstruktur *zusätzlich* eine Persönlichkeitsstörung entwickelt. Auch hier wäre es jedoch nicht nur wünschenswert, sondern für eine wirksame Behandlung notwendig, den strukturellen Hintergrund der Gesamtproblematik mit zu erfassen und im therapeutischen Vorgehen zu berücksichtigen.

Und auch in anderer Hinsicht kommt es nicht selten zu besonders folgenschweren Verwechslungen: Sowohl die Schilderung von Wahrnehmungen extremer Hypersensitivität auf verschiedenen Sinneskanälen – »Ich höre, was die Nachbarn zwei Stockwerke über mir reden« oder »Ich kann das riechen, wenn da jemand im Auto vor mir Knoblauch gegessen hat« – als auch vielfältige dissoziative Symptome wie z. B. ein extremer Hyperfokus oder Erfahrungen von Depersonalisation und Derealisation können an eine psychotische Symptomatik erinnern und in der Folge leicht damit verwechselt werden.

Wird hier nicht sehr genau und differenziert exploriert, kommt es zu unzutreffenden Diagnosen von Schizophrenie oder schizoiden Störungen – und in der Folge zur Verschreibung oder Verabreichung einer dementsprechenden Medikation. Diese jedoch wirkt bei Menschen im AS sehr häufig in unerwarteter und höchst destruktiver Weise. Mir sind nicht wenige Betroffene bekannt, die erst durch die nicht angepasste oder tatsächlich nicht indizierte Medikation massive und z. T. nachhaltige gesundheitliche wie psychische Schäden davongetragen haben.

Ein weiteres Problem bei der Diagnostik ist gerade die starke Motivation der meisten Betroffenen, sich so gut sie es vermögen anzupassen. Gerade Betroffene mit hochfunktionalen Formen des Autismus setzen meist all ihre Kapazitäten dafür ein, nicht aufzufallen, sondern so normal wie möglich zu wirken. Was also die Diagnostikerin zu sehen bekommt, ist in aller Regel das »Alter Ego«, das an die Erwartungen des sozialen Umfeldes angepasst ist – schon allein, um angenommen und ernstgenommen zu werden. Je besser die Person angepasst ist – je mehr sie sich also Mühe gibt, sich dabei verleugnet und möglicherweise gerade dadurch psychisch erkrankt – desto weniger wird ein Außenstehender erahnen können, wie es hinter der Fassade und im alltäglichen Leben der betreffenden Person tatsächlich aussieht.

Auch ich maße mir nach über 30 Jahren Arbeit im Autismus-Bereich nicht an, sofort von außen erkennen zu können, ob der Kandidat oder die Kandidatin, die explizit zur diagnostischen Abklärung in meine Praxis kommen, tatsächlich im

Spektrum liegt oder nicht. Erst die gemeinsame Exploration anhand der offiziellen diagnostischen Kriterien unter Einbeziehung der »Innensicht« auf der Basis einer eingehenden Psychoedukation macht – all meiner Erfahrung nach – eine fundierte und differenzierte Diagnose einer autistischen Grundproblematik sowie der, oft daraus resultierenden, sekundären psychischen Störungen möglich.

1.7.2 Nicht verstanden

Unabhängig davon, ob eine Autismus-Diagnose gestellt oder zumindest eine bereits bestehende akzeptiert wird – die spezifischen Probleme der Kommunikation zwischen Menschen aus dem AS und ihren neurotypischen Mitmenschen bestehen auch zwischen Behandler und Klientin.

Erinnern wir uns: Während unter neurotypischen Menschen ein Großteil der Kommunikation – sowohl Codierung als auch Decodierung – nonverbal verläuft, ist bei Betroffenen sowohl der spontane, nonverbale Selbstausdruck als auch die Fähigkeit zur Dekodierung, also zur Deutung nonverbaler Signale des Gegenübers, deutlich eingeschränkt. Dies gilt selbst für Personen mit hochfunktionalem Autismus, wenngleich sie versuchen, durch hohe Konzentration und große mentale Anstrengung beides durch bewusste Steuerung des eigenen Ausdrucks sowie eine bewusste Deutung des Verhaltens der Anderen über die »Dritte Ebene« zu kompensieren.

Die oben beschriebenen, spezifischen Probleme bei der Formulierung und dem Verständnis verbaler Sprache erschweren hier zusätzlich das gegenseitige Verständnis.

Hinzu kommt, dass sich die Wahrnehmungs- und Erfahrungswelt Betroffener häufig in einer Weise unterscheidet, die es dem neurotypischen Behandler schwer machen, sich diese wirklich vorzustellen. Wo etwas nicht einfach nachvollziehbar oder vorstellbar ist, da neigen jedoch gerade neurotypische Menschen dazu, schnell und *unwillkürlich etwas zu konstruieren*, was ihrer eigenen Erfahrungswelt entspricht – um dann (mit der vom Sozialen Autopiloten stets generierten Sicherheit) davon auszugehen, dass sie die berichtende Person ausreichend verstanden haben. Die jeweilige Interpretation und Assoziation wird dabei allerdings selten rückgemeldet und solchermaßen überprüft. Erst im weiteren Verlauf wird für beide Seiten spürbar, dass »irgendwie etwas nicht passt«. Die Kommunikation geht nachhaltig aneinander vorbei und lässt vor allem die Klientin, oftmals aber auch beide Seiten verwirrt zurück.

So kommt es, dass Betroffene sich häufig selbst von denjenigen Therapeuten oder Ärztinnen »nicht wirklich gesehen« oder missverstanden fühlen, die ihre ASS-Diagnose akzeptieren, die diese zumindest nicht anzweifeln und bereit sind, sie als Patienten anzunehmen.

Wer als betroffene Person solche Missverständnisse und grundlegenden Kommunikationsschwierigkeiten aus unzähligen Erfahrungen von klein auf kennt und im Behandlungskontext erneut erlebt, geht in jede Sitzung und zu jedem Termin bereits mit erhöhter Anspannung und der Furcht vor weiteren folgenschweren Missverständnissen – oder auch vor dem sich selbst in *dieser* Situation wiederholenden Erleben des gegenseitigen, unüberwindlich scheinenden Befremdens mit ohnehin stets unabsehbaren Folgen, jedoch besonders in pädagogischen, medizinischen oder psychotherapeutischen Kontexten womöglich fatalen Konsequenzen.

Denn immerhin haben gerade solche Fachkräfte einen nicht zu unterschätzenden Einfluss. Das Bild, das sich ein Lehrer, eine Fachärztin oder ein Psychotherapeut von einer Person bildet, wird meistens in irgendeiner Form verschriftlicht und an andere weitergegeben, wo es nur selten einer weiteren Prüfung unterzogen wird. Ist einmal eine Diagnose gestellt, begleitet sie Patient oder Patientin oft ein Leben lang und prägt die Wahrnehmung späterer Behandler, Gutachter und anderer Autoritätspersonen. Auch dies ist eine vielfach bestätigte Erfahrung und eine große Befürchtung sehr vieler Jugendlicher und Erwachsener mit hochfunktionalem Autismus oder ihrer Angehörigen.

1.7.3 Nicht geglaubt

Zu den Problemen der Kommunikation kommt die oft tatsächlich gravierende Unterschiedlichkeit »zwischen den Welten« hinzu, die dazu führt, dass vieles, was Betroffene initial oder auf einer bereits gewachsenen Vertrauensbasis offenherzig aus ihrer Erfahrungswelt berichten, für die zuhörenden Behandler buchstäblich unglaublich klingt.

Zudem können gerade für die Einfühlsamen unter den psychotherapeutisch behandelnden Personen die sich auftuenden Abgründe tiefer, unüberwindlicher, verzweifelter Einsamkeit, von zutiefst traumatischen Erfahrungen und der erlebten Hoffnungslosigkeit unerträglich sein. So kann es unwillkürlich zu Abwehrreaktionen kommen, wie etwa: »das ist ja nun doch etwas übertrieben« oder »das kann ja so schwer nicht sein« und zu Relativierungen: »das wird schon wieder« oder »das kriegen Sie schon hin, Sie werden sehen«.

Die Klientin, die gerade versucht hat zu vermitteln, dass und warum es eben genau nicht so einfach für sie ist, bestimmte Probleme zu überwinden, erlebt in solchen Momenten eine Wiederholung ihres von Kindheit an sich durchziehenden Schmerzes: zu unterschiedlich oder gar »falsch« bzw. »zu blöd und unfähig« zu sein, um – wie alle anderen doch auch – mit ihren Herausforderungen und Problemen zurechtzukommen.

Solche Erfahrungen tragen nicht zu einer Bewältigung der grundlegenden Problematik und belastender Erfahrungen bei, sondern können diese verschärfen und im schlimmsten Falle in eine Retraumatisierung münden.

1.7.4 Über- und Unterforderung

Um zu helfen – und oft auch um die Hilflosigkeit des Behandlers zu überwinden – werden vielfach bewährte therapeutische Interventionen und Tools angewendet oder entsprechende Aufgaben gegeben, in der wohlgemeinten Absicht, dem Klienten neue, positive Erfahrungen zu eröffnen. Wird dabei jedoch nicht berücksichtigt, dass ihm notwendige Funktionen fehlen – wie beispielsweise der Soziale

Autopilot, Möglichkeiten zur »Gewöhnung« an bestimmte Reize, die Automatisierung von Handlungen und die Generalisierung von Erfahrungen von einer Situation auf andere – besteht ein sehr hohes Risiko, dass bei der Umsetzung dieser Aufgaben genau die erhofften positiven, stärkenden Erfahrungen *nicht* gemacht werden, sondern im Gegenteil sich die Erfahrungen des Scheiterns, der eigenen »Unfähigkeit« oder des grundlegenden Befremdens in der zwischenmenschlichen Begegnung wiederholen.

Dies kann bereits bei einfachen Übungen zur Selbstwahrnehmung und Entspannung beginnen – »Ich spür nichts, ich bin zu blöd« – und setzt sich fort in Vorschlägen zur aktiven Kontaktaufnahme zu Einzelnen oder Gruppen, ohne die jeweilige Situation zuvor intensiv auf ihre Eignung exploriert und die Klientin darauf grundlegend und individuell vorzubereiten zu haben (vgl. auch Riedel 2020) Insbesondere solche wohlmeinenden Interventionen und Aufgaben führen sehr häufig zu Wiederholungen alter, verletzender und entmutigender Erfahrungen und damit eher zur Verschärfung der Probleme und auch der Symptome, deren Bewältigung eigentlich angestrebt wurde.

Umgekehrt können Aufgaben gestellt werden, die den Entwicklungsstand und die Lebenserfahrung eines Erwachsenen mit hochfunktionalem Autismus nicht berücksichtigen und eher eine Unterforderung bedeuten. Dies kann nicht nur dazu führen, dass dieser sich langweilt und den Sinn der Intervention oder überhaupt der Behandlung in Zweifel zieht – worüber dann noch differenziert und auf Augenhöhe ein Austausch stattfinden könnte. Problematisch wird Unterforderung dann, wenn sie – einmal mehr – die Würde der Person verletzt, sie sich jedoch nicht traut, dies zu thematisieren.

Zusammenfassung und Fazit

Sehr viele Betroffene machen im Kontext von Psychotherapie und Psychiatrie Erfahrungen des Nicht-gesehen- , Nicht-verstanden-, Nicht-ernst-genommen-Werdens, der Über- und Unterforderung, halten jedoch lange Zeit aus und geben sich die größte Mühe, nach den Vorstellungen der Behandler zu funktionieren – stets in der Hoffnung: »Wenn ich dem Therapeuten vertraue, versuche *ihn zu verstehen* und dem zu folgen, was er vorschlägt oder verlangt, dann – und nur dann – habe ich eine Chance auf Besserung, auf Lösung und Erlösung aus meiner aussichtslosen Situation.«

Solange eine oder beide Seiten Anzeichen von Irritation nicht ernstnehmen oder davon ausgehen, dass es nur »mehr desselben« bedarf und sich dann alles zum Guten wendet – während die betroffene Person nur »mehr desselben« erlebt, im Sinne von Selbstverleugnung und Selbstverlust, Verstrickung im verzweifelten Doppelkonflikt und der Erfahrung, mit dem eigenen Erleben unverstanden und alleine zu bleiben, einschließlich der Selbstabwertung angesichts des Misslingens aller Bemühungen – so lange wird die Psychotherapie eher zur Stabilisierung der Problematik oder sogar zur Verschlimmerung der Symptome als zu einer nachhaltigen Bewältigung oder zumindest einer Besserung des Befindens beizutragen.

2 Trauma

Ähnlich wie der Bereich des klinischen Autismus ist auch der Bereich des psychischen Traumas sehr vielfältig und bedarf einer eingehenden und differenzierten Exploration, um wesentliche Aspekte, Zusammenhänge und Dynamiken zu verstehen und dieses Verständnis fruchtbar in Beratung und Therapie einbringen zu können.

Zum Verständnis der entscheidenden Aspekte hat es sich bewährt, zunächst einige *wesentliche Begriffe sowie systematische Einordnungen* aus dem Bereich der Traumaforschung und Traumatherapie zu beleuchten.

2.1 Trauma – Begriffsklärungen und Einordnungen

Ebenso wie beim Autismus-Begriff haben sich Bedeutung und Verständnis des Traumabegriffs in den vergangenen Jahrzehnten entwickelt und ausdifferenziert.

Zunächst bedient sich die Sprache der Medizin des griechischen Wortes *trauma* für »Wunde« oder »Verletzung« und wendet es zur Bezeichnung physischer Verletzungen, beispielsweise bei Knochenbrüchen, an.

Idee und Begriff des Traumas werden sodann von der Psychologie, insbesondere der Psychotherapie im Sinne einer *schweren seelischen Verletzung oder Erschütterung* mit daraus erwachsenden, nachhaltigen Folgen übernommen.

Dabei steht der Begriff sowohl für das auslösende Ereignis (»Dieses Ereignis war ein Trauma für die Patientin«) … als auch für die erlittene Verletzung mit allen Folgen (»Der Klient hat ein Trauma davongetragen«).

Lange Zeit bestand wenig differenzierte Kenntnis und auch Einigkeit darüber, was traumatische Erfahrungen und daraus resultierende Erlebensweisen charakterisiert und wie die vielfältigen Bewältigungsstrategien betroffener Personen beschaffen sein können – sowohl auf seelischer wie auch auf neuronaler und somatischer Ebene.

Mittlerweile liegen zunehmend fundierte und differenzierte Erkenntnisse darüber vor, welche Erfahrungen sich potentiell und unter welchen Bedingungen traumatisch auswirken können, was diese für das seelische Erleben Betroffener bedeuten, welche psychischen, neuronalen und somatischen Folgen daraus erwachsen und wie solche Erfahrungen verarbeitet und bewältigt werden können (vgl. Van der Kolk 2015, Reddemann et al. 2019, Porges 2017, Hüther 2012, Gysi 2021 u. v. a.)

Für unseren Kontext habe ich mich bemüht, hier einige wesentliche Aspekte und Begriffe herauszugreifen und zu erläutern.

2.1.1 Differenzierung von Traumabegriffen

Der Zuwachs und die zunehmende Differenzierung an Erkenntnissen hinsichtlich der Entstehung von Traumata und deren mögliche Auswirkungen spiegeln sich auch im Sprachgebrauch der Fachliteratur sowie in den Kriterien der offiziell gültigen diagnostischen Manuale, dem ICD und dem DSM wider.

Dabei wurde lange Zeit die Posttraumatische Belastungsstörung (PTBS) als einzige Kategorie berücksichtigt und beschrieben, wobei Ursprung und Dynamik auf *ein* traumatisches Ereignis, oder einige wenige, zurückgeführt werden.

In den vergangenen Jahren hat sich allerdings zunehmend die Erkenntnis durchgesetzt, dass nicht in jedem Fall *einzelne* Ereignisse als Ursache für Traumafolgestörungen ausgemacht werden können.

Vielmehr wuchs das Bewusstsein und die Sensibilität für die Auswirkungen früher Bindungsstörungen sowie akkumulierender Beziehungstraumata, die zusätzlich zu den von einer »klassischen« PTBS bekannten Traumafolgestörungen noch weitere, tiefgreifende, umfassende und meist komplexere psychische Symptome und sehr häufig auch psychosomatische Beeinträchtigungen bis hin zu chronischen Erkrankungen mit sich bringen. Diese wesentlich komplexeren Störungsbilder werden unter dem Begriff der komplexen Posttraumatische Belastungsstörung (kPTBS) zusammengefasst, wobei erlebte Symptome und Erscheinungsbilder durchaus vielfältig sein können.

2.1.2 Diagnostische Einteilung von Traumafolgestörungen

In den aktuellen diagnostischen Manualen hat sich die Einteilung von Störungsbildern in zwei große Bereiche durchgesetzt:

»Klassische« PTBS – ausgelöst durch ein oder mehrere traumatische Ereignisse (Schocktrauma)

Sowohl sogenannte *akzidentelle* (wie z. B. Unfälle oder Naturkatastrophen) als auch *interpersonelle* Erfahrungen, die einen Menschen zutiefst erschüttern, verletzen oder verstören bzw. die er in der Situation als lebensbedrohlich erlebt, können in eine Posttraumatische Belastungsstörung (im ICD 10 bislang als F43.1 codiert) resultieren. Ob und mit welcher Wahrscheinlichkeit eine Person durch ein solches Ereignis tatsächlich eine PTBS-Symptomatik entwickelt, wird von verschiedenen Faktoren beeinflusst, auf die wir später noch genauer eingehen werden. Entscheidend ist dabei, wie *das Autonome Nervensystem* (ANS) eine Situation erfasst (Porges 2017) und welche Reaktionen es daraufhin auslöst (▶ Kap. 2.2.2, Abschnitt zur Polyvagaltheorie).

Gut belegt ist mittlerweile u.a. ein Zusammenhang zwischen vorhergegangenen Belastungs- und Bedrohungserfahrungen, oder auch einem Mangel an sicherer Bindung in der Kindheit, und einer erhöhten Wahrscheinlichkeit, bei späteren, *potentiell* traumatischen Ereignissen eine PTBS davonzutragen.

Komplexe Posttraumatische Belastungsstörung (kPTBS) – Entstehung durch Bindungs- oder Beziehungstraumata

Eine komplexe PTBS (ICD 11: 6B41) entsteht durch anhaltende bzw. wiederholte Erfahrungen lebensbedrohlicher oder als lebensbedrohlich erlebter Situationen. Faktoren zur Entstehung einer kPTBS können eine *anhaltend* traumatisierende Situation insbesondere in der frühen Kindheit – beispielsweise durch Hospitalisierung, Verwahrlosung, Isolation – oder verschiedene Arten von *wiederholtem* bzw. *andauerndem* Missbrauch und Misshandlung im Kindes- oder Jugendalter sein. Allerdings kann unter bestimmten Bedingungen eine kPTBS auch im Erwachsenenalter entstehen, etwa durch fortlaufende Gewalterfahrungen im familiären oder Beziehungs-Kontext sowie durch Folter, anhaltende und unmittelbar lebensbedrohliche Kriegsereignisse o.ä. Auch ist eine *akkumulierende Wirkung* mehrerer als lebensbedrohlich erlebter Ereignisse belegt, die einzeln zunächst noch bewältigt werden, letztlich jedoch in Traumafolgestörungen resultieren können.

Bei einer spezifischen, fundierten Diagnostik von Traumafolgestörungen, insbesondere bei Dissoziationserleben, wird differenziert, ob es sich ursächlich um ein einmaliges oder kurzfristiges Erlebnis (Typ-I-Trauma), eine mehrfache bzw. langfristige Traumatisierung (Typ-II-Trauma) oder einen langanhaltenden Zustand des Aufgeliefert-Seins handelt, etwa bei organisierter oder ritualisierter Gewalt (Typ-III-Trauma) (vgl. Gysi 2021).

Im Folgenden sollen Ursachen, Dynamiken und Folgen unterschiedlicher traumatischer Erfahrungen genauer beschrieben werden.

Unser Fokus wird dabei auf Aspekten traumatischer Erfahrungen sowie jeweils daraus hervorgehender Traumafolgestörungen liegen, die in unserem spezifischen Kontext autistischer Erlebensweisen besonders relevant erscheinen. Dabei spielt für das weitere Verständnis von Gemeinsamkeiten und Wechselwirkungen zwischen ASS und Traumafolgestörungen das *Erleben der jeweils betroffenen Person* eine entscheidende Rolle.

2.2 Wie entsteht ein psychisches Trauma?

Der Traumabegriff wird heute vielfältig und zum Teil inflationär eingesetzt. Umso wichtiger erscheint es mir, ihn im klinischen Kontext differenzierter zu beleuchten. Zum Verständnis der Bedeutung des Traumabegriffs hat es sich bewährt, sich die Entstehung und die Dynamik psychischer Traumata anzusehen.

2.2.1 Unterscheidungen nach Entstehungskontext

Bei der Frage, wie ein Trauma entsteht, wird zunächst unterschieden zwischen *akzidentellen* und *interpersonellen* Ereignissen, die sich traumatisierend auswirken können:

- **Akzidentelles Trauma:**
  Wir sprechen von einem akzidentellen Trauma, wenn es durch ein plötzliches, überwältigendes Ereignis ausgelöst wird, dem die betroffene Person zu einem bestimmten Zeitpunkt ausgeliefert ist. Dies kann eine Naturkatastrophe sein, wie beispielsweise ein Lawinenabgang, eine Flut oder ein Vulkanausbruch, von denen eine lebensbedrohliche Gefahr ausgeht. Es kann jedoch auch ein anderes Unglück sein, wie etwa ein schwerer Verkehrsunfall, ein Zugunglück oder ein Flugzeugabsturz.
- **Interpersonelles bzw. »man-made« Trauma:**
  entsteht im *zwischenmenschlichen* Kontext, wobei hier wiederum zwischen einem *Schocktrauma*, also einem *einmaligen* Ereignis, wie etwa einem Überfall oder Terroranschlag, und verschiedenen Graden komplexerer Traumatisierungen im Sinne von *Bindungs- bzw. Beziehungstraumata* bis hin zur sogenannten strukturellen und systematischen Traumatisierungen unterschieden wird.

2.2.2 Entscheidende Faktoren für traumatisches Erleben

Als wesentliche Faktoren, die zu traumatischem Erleben und zur Entstehung von Traumafolgestörungen beitragen, werden folgende Bedingungen angenommen:

- Das Ereignis tritt plötzlich und unvorhergesehen ein.
- Es wird als hoch bedrohlich bis lebensbedrohlich erlebt.
- Es wird als überwältigend erlebt.
- Die Person fühlt sich dem Geschehen hilflos und schutzlos ausgeliefert: Sie kann sich selbst nicht schützen oder befreien und sie erfährt keinen Schutz durch andere.
- Das Erlebte kann nicht oder nur schwer kommuniziert werden.

Eine wesentliche Erkenntnis der Traumaforschung ist allerdings, dass nicht jedes Ereignis, das an sich wesentliche Kriterien für eine Traumatisierung erfüllt, tatsächlich von allen davon betroffenen Personen als traumatisch erlebt wird, so dass auch nicht jede von ihnen Traumafolgestörungen entwickelt.

Vielmehr zeigen sich bei verschiedenen Betroffenen derselben potentiell traumatischen Situation ganz unterschiedliche Reaktionsweisen und Verläufe und bei tatsächlich Traumatisierten eine Variationsbreite an Symptombildern.

> **Merke**
>
> Nicht jedes potentiell potenziell traumatische Erlebnis führt unbedingt zu einem bleibenden Trauma!
> Und: Nicht jedes Trauma löst dieselben Reaktionen und Folgesymptome aus.

Besonders hilfreich zum Verständnis von Traumaentstehung und -erleben sowie entsprechenden Folgeproblematiken hat sich die Polyvagaltheorie von Stephen W. Porges erwiesen. Es würde zu weit führen, diese hier in ihrer ganzen Tiefe und Fülle an Implikationen darstellen zu wollen. Dennoch möchte ich im Folgenden einige wesentlichen Erkenntnisse daraus darstellen, die für unsere Betrachtungen von Autismus und Trauma von Relevanz sind:

Exkurs: Die Polyvagaltheorie nach Stephen W. Porges

Bei seinen Forschungen zur Herzratenvariabilität stellte Porges Anfang der 1990er Jahre fest, dass das Autonome Nervensystem (ANS) wesentlich komplexer funktioniert als bis dahin angenommen, und welch wesentliche und vielfältige Rolle der Vagusnerv bei der autonomen Stressregulation spielt. Seine Beobachtungen und Erkenntnisse wurden von der Traumaforschung aufgegriffen und sind daraus heute kaum noch wegzudenken.

Die grundsätzliche und umfassende Aufgabe des ANS ist es demnach, das Überleben des Individuums zu sichern. Hierfür übernimmt es permanent und eigenständig (autonom) die Überprüfung und Einschätzung der Gesamtsituation auf Sicherheit oder Bedrohung. Porges hat für diese wesentliche Funktion des ANS den Begriff der *Neurozeption* geprägt. Diese geschieht unwillkürlich, d. h. völlig unabhängig von Kognition und Bewusstsein, also von der bewussten Wahrnehmung, Bewertung und Reflexion einer Situation.

»Sicher ist sicher« – Entspannung und soziales Engagement

Solange eine Situation vom ANS als *sicher* erfasst wird, ist es dem Organismus möglich, seinen vielfältigen Funktionen ungestört nachzugehen. Das Individuum kann sich in einer solchen Situation entspannen oder mit anderen in Interaktion treten. Porges spricht hier vom »sozialen Engagement«, das auf der Basis von Sicherheitsempfinden auf vielfältige Weise möglich ist – und umgekehrt eine sichere Basis der Verbundenheit mit anderen schafft.

Bedrohung und Defensivstrategien

Bei genauerer Exploration der Vagusfunktionen stellte Porges fest, dass Lebewesen im Laufe der Evolution verschiedene Defensivstrategien entwickelt haben.

Für Reptilien kann es eine sehr gute Schutzstrategie bedeuten, bei Gefahr die Funktionen des gesamten Organismus einschließlich Herzrate, Atmung und Stoffwechsel drastisch herunterzufahren und gleichsam zu *erstarren*, bis die Bedrohung vorüber ist (vgl. Porges 2017). Dieses ursprüngliche Defensivsystem der Reptilien sieht Porges auch in unserem Nervensystem nach wie vor angelegt – im Stammhirn und einem daran anknüpfenden Teil des Vagus-Systems.

Für Säugetiere wäre es jedoch gefährlich, den Organismus derart herunter zu regeln. Stattdessen wurden neue Defensivstrategien entwickelt. Eine davon ist die *Stressreaktion*.

Stressreaktion: Kampf oder Flucht

Die grundlegenden Stress- und Defensivreaktionen sind seit langem gut erforscht und werden – schon vor dem Aufkommen der Polyvagaltheorie – wie folgt beschrieben:

Erfasst das ANS *Anzeichen für Bedrohung*, werden (im Mittelhirn) Stresshormone ausgeschüttet und der gesamte Organismus für Flucht oder Kampf vorbereitet: Die Stresshormone sorgen dafür, dass das Individuum hellwach ist und seine Sinne besonders aufnahmefähig werden für relevante Sinnesreize, die auf Bedrohungen hinweisen könnten.

Zugleich werden die Energiereserven in den motorischen Muskelzellen mobilisiert, so dass in kürzester Zeit eine maximale Leistungsfähigkeit zur Verfügung steht. Damit kann das bedrohte Individuum so schnell wie möglich fliehen oder sich mit aller Kraft verteidigen. All dies wird vom ANS unter Beteiligung des Sympathikusnervs in Gang gesetzt.

Erfasst das ANS eine Situation also als bedrohlich, wird es – je nach eingeschätztem Grad der Gefahr – durch Ausschüttung von Stresshormonen die Erregung hochfahren und den Organismus auf Flucht oder Kampf einstellen.

Wieder in Sicherheit: Entspannung

Wenn eine Flucht gelungen und das Individuum in Sicherheit ist, setzt Entspannung ein (gesteuert vom parasympathischen System). Selbiges gilt, wenn es sich erfolgreich verteidigt hat und die Bedrohung – beispielsweise durch feindselige Artgenossen oder gefährliche Beutegreifer – überstanden ist.

So oder so: Nach erfolgreicher Aktivität setzt Entspannung ein. Das System kommt wieder ins Gleichgewicht, der Organismus kann sich wieder anderen vitalen Funktionen zuwenden.

Sicherheit durch soziale Verbundenheit

Dabei hilft es bei vielen Säugetierspezies, nicht allein zu sein, sondern sich mit anderen *sicher verbunden* zu fühlen: Gemeinsam kommen Gruppenmitglieder nach überstandener Bedrohung zur Ruhe, geben sich gegenseitig Geborgenheit durch

Nähe und Ausdruckssignale der Entspannung und Sicherheit, vor allem über Mimik und andere Aspekte der Körpersprache sowie über Stimmfarbe und Prosodie.

Anzeichen für Sicherheit im sozialen Miteinander

Säugetiere haben Möglichkeiten entwickelt, wie ein Individuum einem anderen signalisieren kann, dass ein Kontakt mit ihm oder eine gesamte Situation ungefährlich ist. Dies geschieht vornehmlich über spontane Mimik und Stimme. Nimmt ein Individuum bei einem anderen Zeichen der Ruhe, »Freundlichkeit« und damit der Sicherheit wahr, werden Anspannung und damit Impulse zu Flucht oder Angriff gehemmt. Beide Beteiligten können sich – auch in der Nähe des anderen – *sicher* fühlen; auch andere Beteiligte können die Sicherheitssignale ebenfalls wahrnehmen und sich beruhigen.

Diese Hemmung aktiver Defensivstrategien (Flucht oder Angriff) in Anwesenheit und Nähe eines anderen Individuums geht vom Vagusnerv aus, sofern das ANS die Situation als *sicher* erfasst (Neurozeption).

Sonderfall: Lebensbedrohung

Was jedoch, wenn im Moment der Bedrohung weder Flucht noch Angriff möglich sind? Wenn es keinen Ausweg gibt und die Bedrohung übermächtig ist? Wenn das Individuum allein ist, festgehalten oder in die Enge getrieben wird, unfähig, seine Situation durch eigene Kraft zu verbessern?

Es sind diese Situationen, die vom ANS als *lebensbedrohlich und ausweglos* erfasst werden. Und in einem solchen Moment greift es – so die These der Polyvagaltheorie – auch bei uns Säugetieren auf die uralte Defensivstrategie der Reptilien zurück: *Schreckstarre* bzw. »Totstellreflex«. Damit geht oft auch eine »Ohnmacht« im Sinne einer Bewusstlosigkeit einher. Porges verweist hier auf die Reaktion einer Maus in den Fängen einer Katze: Sie ist nicht tot, aber sie wirkt wie tot.

Für viele Beutegreifer wird ein totes bzw. unbewegliches Tier als Beute uninteressant, so dass von ihm abgelassen wird und es eine bessere Überlebenschance hat. So hat dieses letzte Option ebenfalls eine Funktion, bringt jedoch auch Nachteile mit sich.

Immobilität: Erzwungene Reglosigkeit und Schreckstarre

Ein wichtiger Aspekt dieser Sondersituation der *Lebensbedrohung* ist die *Immobilität* in der Bedrohung: Zum einen bewirkt eine *erzwungene Reglosigkeit* (festgehalten werden), dass Flucht oder Kampf unmöglich werden. Aktive, selbstwirksame Defensivstrategien sind damit also unterbunden. Es gibt keinen Ausweg aus eigener Kraft.

Dies ist ein entscheidender Auslöser für die Defensivreaktion des Vagus, der seinerseits Reglosigkeit, Erstarrung und Ohnmacht bzw. Dissoziation auslöst. Dabei werden die Funktionen des Gehirns insgesamt auf die »uralten« Funktionsbereiche heruntergefahren. Wesentliche Funktionen des Cortex setzen aus und vornehmlich Mittel-, Klein- und Stammhirn sorgen für das Überleben.

Eine Einordnung einzelner Sinneseindrücke zu einer Gesamtsituation sowie eine Wahrnehmung des Selbst sind in diesem Zustand ebenso unmöglich wie Reflexion, bewusste Entscheidung und Selbststeuerung (vgl. Van der Kolk 2015).

Problematisch dabei ist, dass es sehr schwer werden kann, aus eigener Kraft aus einem Zustand der Schreckstarre (im weitesten Sinne) wieder herauszufinden. Selbst wenn die tatsächliche, körperliche Erstarrung sich löst und scheinbar »wieder alles in Ordnung« ist, bleibt das Nervensystem und damit der gesamte Organismus in einem Grundzustand des Alarms und der Lebensbedrohung gefangen.

Dies gilt auch für weiter gefasste, psychische Varianten einer Schreckstarre: ein Gefühl anhaltender Bedrohung, des Ausgeliefert-Seins und der Handlungsunfähigkeit. Solange das ANS die aktuelle Situation als potentiell lebensbedrohlich einordnet, verbleibt die betroffene Person im Zustand der psychischen Erstarrung. Sie dissoziiert, findet nicht mehr in einen Zustand von Sicherheit zurück, erfasst keine Signale von Verbundenheit mehr, kann selbst keine entsprechenden Signale an andere Personen aussenden und sich nicht mehr adäquat an neue Situation anpassen. Auf andere Menschen wirkt sie dadurch jedoch seltsam und damit verunsichernd. Sie reagieren mit Rückzug oder mit Aggression. So entsteht ein Teufelskreis.

Zusammenfassung

Der Vagusnerv, der vielfältige Ausläufer im Körper hat (daher der Begriff »*Po-ly*vagaltheorie«) spielt eine wesentliche Rolle bei der Erfassung von Sicherheit oder Bedrohung von Situationen, bei der Hemmung von Defensivreaktionen wie Flucht oder Angriff und der gegenseitigen Regulation unter Individuen, als auch beim Auslösen einer »letzten Maßnahme« zum Überleben, der »Schreckstarre« und alle ihrer psychischen Varianten und Folgen.

Für das Verständnis von Traumaerleben und Traumafolgen sind diese Erkenntnisse entscheidend. Denn es hat sich herausgestellt, dass ein Trauma mit den entsprechenden Folgebeeinträchtigungen insbesondere dann entsteht, wenn eine Situation vom ANS der betroffenen Person als *lebensbedrohlich und ausweglos* erfasst wird und dementsprechende Defensivstrategien ausgelöst werden.

Umgekehrt deuten sowohl Erfahrungsberichte als auch Beobachtungen der Traumaforschung darauf hin, dass die Bewältigung eines Traumas dann begünstigt oder überhaupt erst möglich wird, wenn ein Individuum in der potentiell traumatischen Situation – oder bei deren erlebten Re-Aktivierung – sich als in irgendeiner Form *aktiv und selbstwirksam* erleben kann – sei es durch Flucht, Angriff oder zumindest aktives Wappnen gegen die Bedrohung.

Dabei kann u. a. auch eine Reaktivierung der Cortex-Funktionen und eines Verständnisses dessen, was passiert ist, eine nicht unwesentliche Rolle spielen.

Zugleich wird durch die Polyvagaltheorie nochmals auf neuro-psychologischer Basis deutlich, welch zentrale Bedeutung das Erleben von *Sicherheit in Verbundenheit* mit anderen für das Überleben, die Entwicklung und das Befinden von uns Menschen hat. Ein solches Erleben sicherer Verbundenheit kann auch in bedrohlichen Situationen dafür sorgen, dass eine emotionale Regulation – und Co-Regulation – gelingt. Und es ist die Basis dafür, dass tatsächlich erlittene Traumata nach und nach bewältigt werden können.

Drei grundlegende Reaktionsweisen auf Bedrohung

Bessel Van der Kolk (2015, S. 99 ff) leitet auf Basis der Polyvagaltheorie drei grundlegende menschliche Reaktionsweisen auf bedrohliche Situationen ab:

1. Soziales Engagement
2. Kampf oder Flucht
3. Erstarren oder Kollabieren

Entscheidend ist demnach, als wie sicher eine Situation eingeschätzt wird. Je nach empfundener Sicherheit oder Bedrohung wird eine dieser Reaktionsweisen vom autonomen Nervensystem initiiert. Fühlt sich eine Person bedroht, versucht sie zunächst, Kontakt zu Mitmenschen aufzunehmen, um Schutz oder Beruhigung zu finden. Schlagen diese Versuche fehl, oder ist im Moment der akuten Bedrohung niemand erreichbar, greift das System auf »primitivere« Überlebensstrategien von Flucht oder Kampf zurück: der Mensch versucht zu fliehen oder den Angreifer abzuwehren bzw. auszuschalten. Sind auch Flucht oder Abwehr nicht möglich, beispielsweise weil der Betroffene festgehalten wird oder anderweitig in seiner Bewegung eingeschränkt ist, »versucht unser Organismus, sich zu retten, indem er ›abschaltet‹ und so wenig Energie wie möglich verbraucht. Wir befinden uns dann in einem Zustand der *Erstarrung* oder des *Kollabierens*.« (ebd.)

2.2.3 Individuelles Erleben potentiell traumatischer Ereignisse

Lassen Sie uns einmal unterschiedliche Erlebens- und Reaktionsweisen auf ein potentiell traumatisches Ereignis anhand eines Beispiels nachvollziehen, um die Wirkungsweisen verschiedener Faktoren bei der Entstehung von Traumata anschaulicher zu machen.

Beispiel: Lawinenabgang

Als ein Beispiel für ein *potentiell traumatisches Ereignis*, das die oben genannten Kriterien für ein Schocktrauma erfüllt, möchte ich hier ein Lawinenunglück annehmen, bei dem mehrere Personen, jedoch jeweils jede für sich, von einer abgehenden Schneelawine verschüttet werden.

Später werden alle Verschütteten körperlich weitgehend unversehrt geborgen. Es herrscht allgemeine Erleichterung. Erst nach und nach stellt sich heraus, dass die Geborgenen die Erfahrung der Verschüttung ganz unterschiedlich erlebt und verkraftet haben – obwohl sie doch alle eine ganz ähnliche Situation erlebt und lebendig überstanden haben.

Es gibt diejenigen, die sich nach dem ersten Schrecken in ihrer misslichen und potentiell durchaus gefährlichen Lage schnell und gut selbst beruhigen konnten (Selbstregulation), sich pragmatisch so gut wie möglich in dem sie umgebenden Schnee eingerichtet haben, während sie felsenfest daran glaubten, dass Rettung unterwegs sei und sie nur die Zeit bis zur baldigen Bergung bestmöglich überbrücken und überstehen müssten. Ihnen half ein Erleben von Selbstwirksamkeit – »Ich weiß, was in so einer Lage zu tun ist« und ihr Glauben – sei es an höhere Mächte oder an menschliche Hilfsbereitschaft und die Möglichkeiten der modernen Bergungstechnik. Was die durchlebten, war vielleicht Schreck, Kälte, Entbehrung und ein Gefühl des Risikos. All dies ließ sich jedoch durch Zuversicht, Vertrauen – in die eigene Kraft und Zähigkeit wie auch in die Hilfsbereitschaft und Kompetenz anderer Menschen – und auch ein gewisses Maß an Selbstwirksamkeit ausreichend gut regulieren.

Es gibt jedoch auch diejenigen, die, überrollt von der Lawine und überwältigt von dem Erleben der Machtlosigkeit gegenüber der Naturgewalt zutiefst erschüttert und zudem gefangen in ungewollter Immobilität, in einen Zustand der Schreckstarre versetzt wurden. Sie erlebten sich als hilflos und schutzlos ausgeliefert. Ihr autonomes Nervensystem und damit ihr gesamter Organismus verfiel in einen Überlebensmodus: Körper und Psyche griffen auf Strategien zurück, die in Momenten höchster Gefahr das Überleben sichern sollen: Sie verfielen in eine Schreckstarre und dissoziierten, d. h. sie verloren entweder ganz das Bewusstsein oder erlebten die Situation so, als seien es nicht sie selbst, die gerade allein unter einer Schneedecke lagen, sondern eine andere Person (Depersonalisationserleben); oder sie waren in das Erleben einer anderen Wirklichkeit versetzt, so dass sie überzeugt waren, das Erlebte sei nicht real (Derealisationserleben) bzw. sie erlebten andere, schöne und sichere Realitäten, die ihnen halfen, die Situation zu überstehen.

Nach ihrer Bergung wirken diese Personen verändert. Auch wenn sie scheinbar in der sicheren Realität wieder angekommen und zunächst darüber erleichtert sind, zeigen manche von ihnen eine verringerte oder auch stark erhöhte Spannung und Aktivität. Sie leiden unter unterschiedlichen Symptomen, die den Traumafolgestörungen zugeordnet sind, wie etwa Schreckhaftigkeit, Nervosität, Reizbarkeit, Schlaflosigkeit und Alpträume.

Die Gedanken einiger kreisen ständig um das Erlebnis, ob sie wollen oder nicht; andere versuchen, ihren Alltag wieder aufzunehmen, werden jedoch immer wieder unverhofft von der Erinnerung erfasst und durchleben die Momente der Verzweiflung und Todesangst unter dem Schnee erneut, so als geschehe all das gerade im Jetzt und Hier (Flashbacks). Sie leiden also unter Traumafolgestörungen.

Allerdings halten diese Beschwerden nicht bei allen Betroffenen gleich lange an. Es zeigt sich, dass die Personen, die auf die eine oder andere Weise ihr Erlebnis *erzählen* oder es anderweitig *ausdrücken* können und die in ihrem Umfeld auf *Interesse, Verständnis und ehrliche Anteilnahme* stoßen, das Trauma besser überwinden, also das erschreckende Erlebnis nach und nach bewältigen und in ihre Geschichte integrieren können.

Auch gibt es diejenigen, die zunächst gar nicht so stark betroffen wirken. Sie zeigen eher wenig Gefühlsregung oder sie erinnern das Ereignis nicht – es ist wie ausgeblendet (Amnesie). Allerdings wirken sie insgesamt verändert, zeigen kaum noch Gefühlsregungen und »sind nicht mehr die Gleichen wie zuvor«.

Einigen wiederum hat es die Sprache verschlagen, so dass sie nicht in der Lage sind, das Erlebte mit anderen zu teilen oder es auf irgendeine andere Weise auszudrücken. Häufig sind es diese Personen, denen keine Kommunikation über das Ereignis möglich ist, die am nachhaltigsten unter den Folgen des traumatischen Ereignisses leiden.

An diesem Beispiel wird deutlich, wie unterschiedlich Erlebensweisen und Reaktionen unter dem Eindruck des gleichen Ereignisses sein können.
Vor allem jedoch zeigt sich, welch entscheidende Bedeutung sowohl der Resilienz einer Person als auch ihrer Fähigkeit *und* Möglichkeit zur Kommunikation zukommt, also zum Mitteilen des Erlebten sowie der Erfahrung des Verstanden-Werdens, wenn es um die Bewältigung schockierender Ereignisse oder traumatischer Erfahrungen geht.

2.2.4 Krise und Resilienz

Um Entstehung und Dynamik von Traumaerleben zu verstehen, hat es sich als hilfreich erwiesen, zwischen *Krise* und *Trauma* zu unterscheiden. Ich habe an anderer Stelle bereits eingehender die Definition des Begriffs und die Bedeutung von Krisen im Verlauf der psychischen Entwicklung dargestellt (Wilczek 2019). Daher möchte ich hier nur in aller Kürze die für uns hier wesentlichen Aspekte herausgreifen.

Begriffsklärung Krise

Krise bedeutet im ursprünglichen Wortsinn den Höhepunkt, aber auch den *entscheidenden Wendepunkt* einer hoch spannungsvollen und bedrohlichen Situation oder Entwicklung. Das bedeutet: Im Moment der Krise entscheidet sich, ob es eine Wendung zum Besseren gibt.

Gibt es keine Wende hin zum Besseren, sprechen wir nicht von einer Krise, sondern von einer *Katastrophe. Diese* kann als traumatisch erlebt werden. Wird der Moment der Krise aber überstanden und die Situation verbessert sich, lässt das Erleben von Bedrohung sowie die Anspannung nach und die betroffene Person fühlt sich in Sicherheit. Zugleich ist sie um *wesentliche Erfahrungen* reicher:

- »Es geht vorbei«: Eine Herausforderung kann bewältigt und auch eine Bedrohung kann überstanden werden.

- »Ich hab's geschafft und überstanden.« Je selbstwirksamer die Person zur Bewältigung beigetragen hat, desto mehr Selbstsicherheit kann sie aus dem Erlebnis ziehen.
- Und/oder: Es gibt Unterstützung von außen. »Ich bin nicht allein und kann auf mein sicheres soziales Netz vertrauen.«

Aus Sicht der Entwicklungspsychologie kann so selbst ein krisenhaftes und dabei zunächst bedrohliches Erlebnis zu Entwicklung und Wachstum des Individuums beitragen.

Nur, wenn die Herausforderungen der krisenhaften Situation die Fähigkeiten und Potentiale des Individuums überfordern, wird das als katastrophal erlebt und führt zu Stagnation oder Regression und schlimmstenfalls zum Trauma.

Begriffsklärung Resilienz

Der Resilienzbegriff wird heute in verschiedenen Kontexten gebraucht und auch kontrovers diskutiert. Gerade im Bereich der Psychologie besteht die Gefahr, dass Begriff und Idee sich vom ursprünglichen Sinnzusammenhang zunehmend entfernen sowie auch missbräuchlich eingesetzt werden: So steht der Begriff zunehmend für die Idee, dass Menschen nur mit möglichst viel Resilienz ausgestattet sein sollten – am besten durch Abhärtung und viel Anforderung »gestählt« – um dann mit jeglicher Herausforderung und Belastung fertig werden zu können. Daraus ergibt sich vielfach der Umkehrschluss, dass Anforderungen beliebig gesteigert werden könnten und die ausreichend »Resilienten« damit zurechtkämen, während diejenigen, die darunter zusammenbrechen, schlicht nicht ausreichend resilient seien.

Um solchen – m. E. missbräuchlichen – Deutungen des Begriffs entgegenzuwirken, möchte ich hier an Ursprung und Idee der Resilienz im Kontext der Psychologie und Traumaforschung erinnern.

Das Wort Resilienz basiert auf dem Lateinischen *resilire* für »zurückspringen« oder »abprallen«.

Ein sehr schönes Bild zur Idee der Resilienz ist die Fähigkeit eines Halms, sich, nachdem er niedergedrückt wurde, wieder aufzurichten.

Allerdings weist Boris Cyrulnik, Neuropsychiater und Resilienzforscher, darauf hin, dass Metaphern aus der Materialforschung im Bereich der psychischen Resilienz unzureichend sind: Dort bedeutet Resilienz die Fähigkeit eines Materials, nach Belastung wieder in ihre ursprüngliche Form und Konsistenz zurückzukehren, so als wäre nichts geschehen. In der Psychologie ist das jedoch nicht so: Gelingt eine Traumabewältigung, findet ein Mensch zwar auf neue Weise wieder ins Leben zurück. Das Leben und auch die Person selbst werden jedoch nicht mehr dieselben sein.

Als passendes Bild schlägt Cyrulnik daher ein Bild aus der Agrarwirtschaft vor: Bauern bezeichnen einen Boden als resilient, wenn er sich nach einer zerstörerischen Katastrophe – etwa einer Flut oder Feuer – wieder erholt. Es werden jedoch nicht dieselben Bodenorganismen wie vorher im Boden sein; sie und die Bodenbeschaffenheit werden neu entstehen und anders sein als zuvor.

Menschen erleben und verarbeiten Ereignisse sehr unterschiedlich. Eine wesentliche Erkenntnis der Traumaforschung liegt darin, dass nicht jedes potentiell traumatische Ereignis auch tatsächlich ein Trauma verursacht und entsprechende Folgestörungen mit sich bringt.

Tatsächlich kann, wie wir oben beim Beispiel des Lawinenunglücks nachvollzogen haben, ein und dasselbe Ereignis für eine Person als lebensbedrohlich und zutiefst traumatisch erlebt werden, während eine andere die gleiche Situation gut und gefasst übersteht oder nach einem ersten Schrecken, trotz einschneidenden Erlebens in der Situation, die Erfahrung bald und nachhaltig bewältigt.

Es lohnt sich daher, genauer hinzuschauen, welche Faktoren eine Rolle spielen, damit ein Erlebnis als traumatisch erlebt wird und folgenschwere Auswirkungen hat – und welche Faktoren einer solche Entwicklung entgegenwirken oder bei der Bewältigung schockierender und lebensbedrohlicher Erfahrungen wirksam sein können.

Entscheidende Faktoren von Resilienz

Resilienz- und Traumaforschung haben ergeben, dass es verschiedenen Faktoren gibt, die zur Entwicklung von psychischer Resilienz beitragen können. Einige wesentliche dieser Faktoren lassen sich anhand der folgenden Fragestellungen explorieren:

- Kann auf frühere Erfahrungen von Sicherheit, Verbundenheit, Schutz und Selbstwirksamkeit zurückgegriffen werden?
- Fühlt sich die Person auch in der bedrohlichen Situation noch mit anderen verbunden?
- Sind in der Vergangenheit schon bedrohliche oder erschütternde Situationen er- und überlebt worden – und wird daraus der Optimismus abgeleitet, auch die aktuelle Bedrohung zu überstehen?
- Hat die Person Hoffnung auf Rettung, Schutz und Besserung der Situation?
- Hat sie den Eindruck zu verstehen, was mit ihr geschieht oder geschehen ist?
- Besteht ein Gefühl von Selbstwirksamkeit aufgrund eigener Ressourcen und Möglichkeiten, auf die Situation einzuwirken?
- Kann auch noch in der Situation ein Erleben von Sinnhaftigkeit aufrechterhalten werden?
- Gibt es während der traumatischen Situation oder danach die Möglichkeit, das Erlebte auszudrücken, darüber zu kommunizieren, verstanden und ernst genommen zu werden?

Je nachdem, ob und wie viele dieser Fragen mit ja beantwortet werden können, steigen die Chancen, auch extrem bedrohliche Situationen psychisch weitgehend unbeschadet zu überstehen oder die potentiell traumatischen Erlebnisse im Nachhinein gut und nachhaltig zu bewältigen.

Schon allein hieraus lässt sich erahnen, welch große Rolle sichere soziale Bindungen und Erfahrungen der Vertrautheit, der Verlässlichkeit und des gegenseitigen Verständnisses für die Entwicklung und Stärke von Resilienz spielen – und was geschehen mag, wenn solche Erfahrungen nicht gesammelt oder wenn diese grundlegend erschüttert werden.

2.2.5 Interpersonelles Trauma

Wenden wir uns nun dem Bereich des interpersonellen Traumas zu. Unter diesem Begriff werden alle traumatisierenden Erlebnisse im Bereich zwischenmenschlicher Beziehungen und Erfahrungen gefasst. Und dies ist, wie wir sehen werden, ein weites Feld.

Ehe wir jedoch konkret unterschiedliche Varianten interpersoneller Traumata beleuchten, möchte ich hier zunächst einige Begriffe in diesem Zusammenhang genauer anschauen, die in diesem Kontext eine wesentliche Rolle spielen: Schmerz, Verletzung und Würde.

Schmerz

So sehr wir Schmerz fürchten und meiden, ein Leben ohne Schmerzempfinden ist lebensgefährlich. Denn Schmerz hat die lebenswichtige Funktion, uns darauf aufmerksam zu machen, dass – und wo – etwas nicht in Ordnung ist.

Mehr noch: Schmerz gibt einer – zunächst neutralen – Information eine Bedeutung und Dringlichkeit, die uns drängt oder gar reflexhaft zwingt, dem Problem Beachtung zu schenken und möglichst unmittelbar zu handeln, so dass Bedrohungen für Leib und Leben entgegengewirkt werden kann. Dies gilt sowohl für körperlichen als auch für psychischen Schmerz.

Körperlicher Schmerz

Schauen wir uns zunächst zwei Beispiele für körperlichen Schmerz bzw. seine Abwesenheit an, wird seine unverzichtbare Funktion deutlich:

> **Beispiel**
>
> Ich trete im Garten in einen Dorn. Dieser dringt durch die Haut in meine Fußsohle ein. Sensorische Nervenzellen registrieren die Verletzung der Haut und das Eindringen des Fremdkörpers und schicken diese Informationen über Nervenbahnen ins Gehirn. Diese Informationen sind dabei noch neutral. Der Vorgang an sich tut insofern also noch nicht weh. Erst wenn die Informationen vom ANS als bedeutsam und potentiell bedrohlich eingeordnet werden, gibt es einen »Alarm« und ich spüre Schmerz.
>
> Je nachdem, wie stark der Schmerzimpuls ist, werde ich mehr oder weniger ruckartig den Fuß heben; bleibt dann noch ein Schmerz bestehen oder wieder-

holt er sich bei jedem Auftreten, werde ich mich seiner Quelle an meiner Fußsohle zuwenden: Ich werde den Fuß heben, um nachzusehen oder ich werde mich setzen, um die Wunde genauer zu untersuchen. Steckt der Dorn noch im Fleisch, werde ich ihn vorsichtig herausziehen. Ich werde die Wunde säubern und versorgen, das heißt ich werde sie schützen und schonen, bis wieder »alles in Ordnung«, also die Wunde verheilt ist und keine Gefahr der Verschlimmerung, beispielsweise durch Infektion, mehr besteht.

Gegenbeispiel

Es kommt immer wieder vor, dass Menschen im Autismus-Spektrum ein herabgesetztes Schmerzempfinden haben. So erzählte mir der Vater eines Jungen, dass dieser eines Morgens zu ihm kam und ihn bat, sich doch einmal sein Bein anzuschauen: »Da gehen so rote Streifen hoch«. Der Vater sah die Streifen, ging ihrer Ursache nach und entdeckte, dass sein Sohn offenbar schon eine Weile einige Warzen unter der Fußsohle hatte, die sich entzündet hatten. Der Junge hatte – mangels Schmerzempfinden – nichts davon mitbekommen. Erst durch die *sichtbaren* Anzeichen der entstandenen Entzündung war er darauf aufmerksam geworden. Glücklicherweise fand er das Phänomen der roten Streifen bemerkenswert genug, um sich damit an seinen Vater zu wenden, zu dem er eine vertrauensvolle Beziehung hatte. So konnte ärztliche Hilfe hinzugezogen und Schlimmeres verhindert werden.

Was an diesen Beispielen neben der lebenserhaltenden Alarmfunktion des Schmerzes deutlich wird, ist die Funktionsweise unseres Nervensystems: Es ist das Autonome Nervensystem (ANS), das eigenständig gleichsam die *Interpretation* aufgenommener Informationen vornimmt und ihre Bedeutung hinsichtlich Sicherheit oder Gefahr für das Individuum einschätzt. Dafür gleicht es die wahrgenommenen Informationen mit gespeicherten, assoziierten Erfahrungen ab und initiiert je nach Assoziation entsprechende Reaktionen des Organismus.

Dies ermöglicht zum einen, blitzschnell auf eine potenzielle Gefahr zu reagieren. Umgekehrt kann das ANS auch dazulernen: Stellt sich ein bestimmter, zunächst als gefährlich interpretierter Reiz wiederholt als »harmlos« heraus, kann ein Gewöhnungseffekt eintreten: Hier besteht keine Gefahr.

Das ANS lernt permanent dazu, was für das Individuum ungefährlich oder tatsächlich bedrohlich ist. So ist es beispielsweise möglich, dass Menschen, die häufig oder grundsätzlich barfuß unterwegs sind, an ihren Fußsohlen unempfindlicher auf Unebenheiten, wie etwa kleine Steinchen, reagieren. Dies liegt nicht nur an der Hornhaut, die den Fuß mechanisch schützt, sondern auch an den vielfältigen, gespeicherten Erfahrungen des Nervensystems, welche Reize auf tatsächliche Verletzungsgefahren hinweisen, so dass ein Alarm angezeigt ist, und welche »neutral« sind.

Psychischer Schmerz

Wie sich vor einigen Jahren herausstellte, funktioniert psychischer Schmerz in derselben Weise wie physischer Schmerz: Wird eine Situation bzw. Information vom ANS als bedrohlich interpretiert, wird das Schmerzzentrum aktiviert. Die Person empfindet psychischen Schmerz (Wilczek 2023, Kross 2011).

Welche Situationen werden nun als potentiell bedrohlich interpretiert und können psychischen Schmerz auslösen? Tatsächlich ist unser ANS in dieser Hinsicht sehr sensibel. Bereits ein Mangel an Aufmerksamkeit, Interesse und Resonanz seitens einer bedeutsamen Person kann als Bedrohung für die Sicherheit erfasst werden und Grund für einen »Alarm« sein. Kurz gesagt: *Es tut weh*, nicht gesehen oder nicht beachtet zu werden.

Porges und sein Forschungsteam haben diesbezüglich festgestellt, »... dass emotionale Misshandlungen und Vernachlässigungen ebenso verheerend wirken können wie körperliche Misshandlungen und sexueller Missbrauch« (Porges 2017, S. 107).

Noch deutlicher können die Effekte sein, wenn eine bedeutsame Gruppe eine Person ablehnt oder ausschließt. Entdeckt wurde diese Funktion des psychischen Schmerzes bei einem Experiment: Versuchspersonen wurden in einem MRT Filmszenen vorgespielt, in denen ein Jugendlicher bei einem Ballspiel mitspielen möchte, aber von den anderen Spielern abgelehnt und abgewiesen wird. In der Bildgebung war deutlich zu sehen, dass allein beim Zuschauen, wie eine Person von einer Gruppe abgelehnt wird, das »Schmerzzentrum« stark zu feuern begann. Es bedurfte also nicht einmal einer konkreten Erfahrung mit einer bekannten und persönlich bedeutsamen Gruppe, um bei Ablehnung und Ausschluss starken psychischen Schmerz zu empfinden – es genügte hierfür eine Filmaufnahme, mit der sich die Person identifizieren konnte (vgl. Hüther 2007).

Verletzungen

Körperliche Verletzungen

Nicht jeder Schmerz bedeutet gleich eine Verletzung – auch dies gilt sowohl für körperlichen wie seelischen Schmerz. Trete ich barfuß auf ein Steinchen, kann das in dem Moment ordentlich weh tun, zieht jedoch keinerlei Verletzung oder Gefährdung nach sich. Und auch, wenn ich mir den Kopf stoße und sich eine Beule bildet, ist diese zwar noch eine Weile bei Berührung schmerzhaft – »Vorsicht, hier bitte noch nicht drücken, sensible Baustelle!« – aber nicht weiter bedrohlich. Immerhin hat der Schmerz vornehmlich die Funktion, einen deutlichen Hinweis zu geben, unsere Aufmerksamkeit auf das Problem zu lenken oder uns zu einer Schutz- oder Vermeidungsreaktion zu veranlassen. Wie gefährlich eine Situation *tatsächlich* ist und was sich daraus entwickelt, steht in dem Moment nicht fest.

Eine tatsächliche, gravierendere Verletzung – etwa eine größere Fleischwunde, eine schwere Verbrennung oder ein Knochenbruch – stellt für den Organismus eine größere Herausforderung dar. Er braucht Zeit und Energie, um den entstandenen

Schaden so bald und so gut wie möglich wieder zu beheben. Es müssen neue Zellen gebildet werden, so dass Haut, Muskelgewebe, Nerven und Knochen wieder heilen und möglichst ihre volle Funktionsfähigkeit wiedererlangen.

Ein schwer verletztes Tier zieht sich daher oft an eine möglichst geschützte Stelle zurück, fastet und gibt seinem Körper die Ruhe und Zeit, die er zur Regeneration braucht. Lassen die Schmerzen nach, wird es wieder aktiv. Dabei ist es interessant zu beobachten, dass innerhalb einer sozialen Gruppe von Tieren andere Gruppenmitglieder oft den Schutz und die Versorgung des verletzten mit sicherstellen. Und mehr noch: Sie bieten ihm Nähe und Geborgenheit an und lecken gegebenenfalls auch seine Wunden. All dies unterstützt die Heilung. Das verletzte Tier kann sich trotz seines Handicaps und seiner Schwäche in der Verbundenheit mit den anderen *sicher* fühlen. Es hat keinen zusätzlichen Stress durch ein Gefühl, ganz allein möglichen Angriffen und Gefahren ausgeliefert zu sein. Die Bindungen in der Gruppe schützen es und stärken seine Selbstheilungskräfte. Sein Körper kann auf diese Weise alle Ressourcen in die Regeneration stecken.

Psychische Verletzungen

Ähnlich sieht es mit psychischen Verletzungen aus. Wir haben an den obigen Beispielen zum psychischen Schmerz gesehen, dass bereits Missachtung durch eine bedeutsame Person weh tut, ebenso wie ein misslungener Versuch, sich an einem gemeinsamen Spiel mit anderen zu beteiligen und so Teil der Gemeinschaft zu werden.

Umso schlimmer sind Erfahrungen einer expliziten *Abwertung* der eigenen Person: Sie kann vom ANS als Hinweis darauf interpretiert werden, dass zumindest diese Beziehung und damit auch eine bis dahin verlässliche Quelle von Sicherheit in Verbundenheit grundsätzlich in Frage steht.

Darüber hinaus besteht die Gefahr, dass auch andere sich der abwertenden Haltung anschließen. Man »verliert das Gesicht« und hat womöglich noch nicht einmal die Möglichkeit, durch das Knüpfen neuer Beziehungen wieder Sicherheit in Verbundenheit herzustellen. Je stärker und deutlicher eine Abwertung und je mehr Personen diese mitbekommen, desto bedrohlicher wird es für das Individuum. Der psychische Schmerz setzt hier einen deutlichen Alarm.

Werden Hinweise auf Irritation, auf den Verlust von Ansehen und Wohlwollen oder gar auf Ablehnung und entstehende Aggression gegenüber der eigenen Person rechtzeitig erkannt, kann darauf reagiert und die Bedrohung des Beziehungsverlustes vielleicht noch abgewendet werden: Es besteht die Möglichkeit, sein Verhalten zu ändern, damit die Irritation aufzulösen und den Kontakt wieder herzustellen. Die Person kann beschwichtigen »Entschuldigung, das war nicht so gemeint. Das war ein Missverständnis, kommt nicht wieder vor!« – oder sie kann sich notfalls unterwerfen, um das Problem zu lösen und die eigene Zugehörigkeit zu einer bedeutsamen Person oder Gruppe zu erhalten – »Du hast ja recht! Ich mach es wieder gut!« oder »Ich hab ja verstanden und geb' mir jetzt mehr Mühe …!«

Gelingt es auf diese Weise, eine bedeutsame Beziehung oder Gruppenzugehörigkeit zu »retten« oder wiederherzustellen, kann diese dadurch wieder stabil und sogar gefestigt erlebt werden. Die Verletzung kann »heilen«, der psychische »Alarm« lässt nach, der Schmerz ist überstanden.

Es mag eine Narbe von einer solchen Verletzung übrigbleiben und damit die Erinnerung daran, was zur Gefährdung der Beziehung oder zum (Fast-)Ausschluss aus einer Gruppe geführt hat. Aber eine solche verheilte Verletzung hindert für sich genommen nicht am Leben und schränkt die eigene psychische Vitalität und Beweglichkeit noch nicht wirklich ein. Die Verletzung, so alarmierend und erschütternd sie zunächst war, hinterlässt also kein bleibendes Trauma.

Hier zu unterscheiden, halte ich für sinnvoll und notwendig, um zum einen einem inflationären Gebrauch des Begriffs »psychisches Trauma« vorzubeugen und damit zum anderen auch *tatsächliche* Traumatisierungen ernst zu nehmen.

Exkurs: Die menschliche Würde und ihre Verletzlichkeit

Die Menschenrechtskonvention ebenso wie unsere Verfassung beginnen jeweils mit der Feststellung – und der damit verbundenen Forderung:
Die Würde des Menschen ist unantastbar.

Diese Voranstellung der Würde vor allen anderen postulierten Grundrechten weist auf die grundlegende und umfassende Bedeutung der menschlichen Würde hin.

Sie betont, dass völlig unabhängig davon, wer eine Person ist, wie alt sie ist, wo sie herkommt und in welcher Lebenssituation sie sich befindet, ihre Würde im Kern besteht. Zugleich besteht die Forderung darin, dass diese nicht angetastet werden darf.

Interessanterweise sprechen wir von Würde meinem Eindruck nach vor allem dann, wenn sie verletzt wurde. Was aber »tastet die Würde an«? Was kann sie verletzen?

Dies ist neben einer philosophischen und rechtlichen Frage vor allem auch eine psychologische. (Und jeder dieser Aspekte könnte Bücher füllen.)

In unserem Kontext möchte ich mich jedoch auf den Zusammenhang von Würde und psychischen Schmerzen, Verletzungen und Traumata beschränken – und mich dabei auf allgemein menschliche Erfahrungen beziehen.

Eine Person kann sich in ihrer Würde gekränkt fühlen, ...
... wenn sie nicht gesehen, nicht wahrgenommen wird. Sie ist dann »Luft« für andere, bedeutungslos und damit auch in Anwesenheit von Menschen allein. Diese Form des Alleinseins kann bedrohlicher und verstörender sein als das tatsächliche Alleinsein, in dem immerhin noch Hoffnung auf Kontakt und Verbundenheit mit nicht anwesenden Menschen aufrechterhalten werden kann.

... wenn sie nicht als Mensch, als Person wahr- und ernstgenommen wird. Tony Attwood hat einmal in einem Seminar über Bullying und Mobbing zu bedenken gegeben, dass eine Situation spätestens in dem Moment problematisch wird, wenn einer Person ihr Mensch-Sein abgesprochen wird. Das geschieht bereits, wenn sie herabwürdigend als Tier, als Parasit, als »Eisklotz« bezeichnet oder mit anderen Begriffen belegt und darauf reduziert wird. Denn in dem Moment gelten die *Menschen*rechte für sie nicht mehr. Sie ist damit quasi vogelfrei und man kann mit ihr machen, was man will.

… wenn sie *falsch* gesehen, nicht verstanden oder missverstanden wird. Hinzu kommen dann schnell Projektionen: Jemand hat sich ein bestimmtes Bild von der Person gemacht bzw. eigene Vorstellungen auf sie projiziert. Es kann dann sehr schwer sein, eine solche Projektion wieder loszuwerden. Vor allem jedoch wird die Person nicht als die gesehen, die sie tatsächlich ist – was einem »Nicht-Wahrgenommen-Werden« gleichkommt. Zudem werden daraufhin meist auch falsche Erwartungen an sie gestellt – negative wie positive. Oder es werden Unterstellung daraus abgeleitet.

… wenn ihr Absichten oder Handlungen unterstellt werden, die sie nicht vorhat bzw. nicht getan hat.

… wenn sie nicht differenziert, in ihrer menschlichen Vielfältigkeit wahrgenommen, sondern auf bestimmte Aspekte reduziert wird – Geschlecht, Hautfarbe, Alter, Nationalität, Religion – oder auf eine Diagnosezuschreibung.

Aus all dem lässt sich ableiten, dass die Menschenwürde gewahrt bleibt, wenn eine Person als Mensch gesehen wird, als vielfältige Persönlichkeit, mit eigener Geschichte und vielen Optionen im Denken, Handeln und Sein – und sie mit ihren menschlichen Grundbedürfnissen, von denen das grundlegendste *Sicherheit* ist, respektiert wird.

Unterschiede zwischen physischen und körperlichen Verletzungen

Bei aller Ähnlichkeit zwischen physischen und psychischen Verletzungen sind bei ihrer Betrachtung doch auch einige Unterschiede zu beachten, die nicht unerwähnt bleiben sollen.

Eine psychische Verletzung ist im Gegensatz zu den meisten körperlichen unsichtbar. Das bedeutet, dass andere Menschen von außen nicht ohne Weiteres und auch nicht zweifelsfrei erkennen können, wenn eine Person verletzt wurde. Dementsprechend werden sie eine solche Verletzung möglicherweise übersehen, sie weniger ernst nehmen oder schneller wieder vergessen. Bedürfnisse der verletzten Person nach adäquater Unterstützung lassen sich meist nicht so eindeutig erkennen und Mitgefühl setzt nicht so unmittelbar ein wie bei einer sichtbaren körperlichen Verletzung.

Aus ähnlichen Gründen sind auch der tatsächliche Schmerz und das Ausmaß einer psychischen Verletzung schwer vermittelbar. Denn hier kann keine Wunde gezeigt werden. Und wie tief ein Erlebnis eine Person tatsächlich erschüttert, ist für andere oft schwer zu ermessen. Schließlich hängt dies u. a. auch von Vorerfahrungen des Gegenübers ab. So werden andere häufig dazu neigen, die Schwere der Verletzung zu unterschätzen und sie kleinzureden – was die Situation für die betroffene Person nicht besser sondern schlimmer macht.

2.2 Wie entsteht ein psychisches Trauma?

Jedoch selbst wenn eine Person das Glück hat, Verständnis und Mitgefühl durch eine Bezugsperson oder eine Bezugsgruppe zu erfahren – eine psychische Verletzung ist meist schwerer konkret behandelbar und behebbar als eine körperliche. Pflaster für die Seele gibt es allenfalls im metaphorischen Sinne; eine seelische Wunde durch Verlust oder Angriff lässt sich nicht einfach wieder zunähen, damit sie besser heilt.

So lässt sich feststellen, dass psychische Verletzungen und die damit verbundenen Schmerzen und Beschwerden oft deutlich länger anhalten als es bei körperlichen Verletzungen und Schmerzen der Fall ist. Besteht zudem nicht die Möglichkeit, sie durch Erfahrungen von sicherer und verlässlicher Verbundenheit nach und nach auszuheilen, können seelische Verletzungen und Erschütterungen bis ans Lebensende immer und immer wieder durchlebt werden und die Person in all ihren Bezügen stark beeinträchtigen. In einem solchen Fall wird aus einer Verletzung – oder einer Folge von Verletzungen – ein Trauma.

Unterscheidung zwischen einer psychischen Verletzung und einem Trauma

Eine psychische Verletzung kann im Moment des Erlebens sehr schmerzhaft und erschütternd sein. Das ist ein Zeichen dafür, wie bedeutsam die Situation und die Beziehungen zu den beteiligten Personen für die betroffene sind und als wie bedrohlich die Gefährdung dieser bedeutsamen Beziehungen wahrgenommen wird. Da braucht es meist eine Weile, bis dieser psychische Schmerz nachlässt – ein Zeichen dafür, dass das ANS trotz der erlittenen Verletzung oder danach die Situation wieder als sicher einstuft und den Alarm herunterfährt.

Dennoch hinterlässt nicht jede psychische Erschütterung oder Verletzung für sich genommen ein psychisches Trauma. Hier verhält es sich ähnlich wie bei den körperlichen Verletzungen, die heilen und dann nicht mehr weh tun, wenn das Gewebe wieder stabil und damit eine potentielle Bedrohung vorüber ist.

Traumatisch wird es, wenn die Bedrohung so groß und die psychische Erschütterung so massiv ist, dass das ANS die Situation als lebensbedrohlich erfasst und auf die »uralten« Defensivreaktionen des Vagus zurückgreift: Schreckstarre und Herunterfahren bestimmter Hirnfunktionen. Ein solches Traumaerleben lässt nicht von selbst nach, auch wiedererlangte Sicherheit und Zeichen der Verbundenheit mit anderen können nicht mehr wahrgenommen werden. Die traumatisierte Person verbleibt im Zustand des Traumas.

Und wir werden später sehen, dass auch *wiederholte* psychische Verletzung und ein anhaltendes Erleben von Bedrohung, ohne jede Möglichkeit, Schutz und Sicherheit zu erfahren, nach und nach zu einem bleibenden Trauma führen kann, das eine *Heilung aus sich heraus* erschweren bis unmöglich machen kann.

Potentielle Ursachen für interpersonelle Traumata

Gerade im Bereich der Interpersonellen Traumata spielen unterschiedliche Entstehungsweisen und -zeiträume eine wesentliche Rolle. So kann ein interpersonelles oder »man-made« Trauma durch *ein einzelnes* Erlebnis ausgelöst werden und damit wie ein Schocktrauma wirken, beispielsweise ein plötzlicher gewaltsamer Überfall oder ein sexueller Übergriff.

Zudem werden auch gravierende Ereignisse wie der *plötzliche Verlust* einer bedeutsamen Person oder eine unvermittelte Trennung in den Bereich der potentiellen interpersonellen Traumata gefasst.

Traumatisch kann hier jedes Ereignis wirken, welches die betroffene Person psychisch zutiefst erschüttert, so dass »fortan nichts mehr so sein wird, wie bisher« (Hüther 2012).

Zu den potentiell traumatisierenden Erfahrungen im interpersonellen Bereich zählen folgende Varianten:

Trauma durch Verlust einer bedeutsamen Person z. B. durch Unfall oder eine schwere Erkrankung, durch Tod oder Trennung

Beim Verlust einer bedeutsamen Person wird eine vertraute, Sicherheit gebende Verbindung unterbrochen. Je bedeutsamer die verlorene Person für das Gefühl der Sicherheit in Verbundenheit war, desto heftiger die psychische Erschütterung. Gerade für ein Kind ist die Bedeutung vertrauter Bezugspersonen besonders grundlegend und umfassend. Umso einschneidender wird deren Verlust erlebt.

Plötzlicher Kontaktabbruch u./o. Verrat seitens einer bedeutsamen Person

Ähnlich erschütternd wirkt sich der Bruch einer vertrauensvollen, Sicherheit gebenden Beziehung durch Kontaktabbruch, plötzliche Ablehnung oder Verrat aus. Es macht einen Unterschied, ob sich ein Fremder oder eine vertraute Person plötzlich gegen uns wendet. Auch dies gilt ganz besonders in der Kindheit: Eben wurde die Mutter noch als Schutz und Sicherheit bietend wahrgenommen und im nächsten Moment bricht nicht nur diese verlässliche Quelle der Sicherheit weg, sondern sie wird womöglich selbst eine Quelle der psychischen oder gar körperlichen Bedrohung und Verletzung durch Aggression, Abwertung oder körperliche Übergriffe – oder alles miteinander. Geschieht dies immer wieder, kann das Kind nicht mehr einschätzen, ob die Verbindung zur Mutter sicher ist und ob diese überhaupt Sicherheit bietet.

Selbiges gilt zeitlebens für den Verrat durch Freundinnen, Partner und Verbündete. Wir brauchen das Gefühl verlässlicher Verbindungen, um uns sicher fühlen zu können und von dieser Basis aus zu handeln oder auch zur Ruhe zu kommen. Bricht uns ein solcher wesentlicher Rückhalt weg, wird sowohl Handlung als auch Ruhe und Entspannung erschwert bis unmöglich. Und selbst, wenn der erste Schock überwunden ist, kann es nach einschneidenden Erfahrungen von Kontaktabbrüchen und Verrat fortan schwerfallen, wieder Vertrauen zu anderen Personen aufzubauen, oder überhaupt Gefühle der Freude, Zuneigung und Verbundenheit zuzulassen. Es bleiben quasi Narben zurück, die vor wiederholter Verletzung schützen sollen, jedoch auch neue, Sicherheit bietende Verbindungen verhindern können.

Bindungstrauma aufgrund mangelnder Angebote sicherer Bindung insbesondere während der frühkindlichen Entwicklung

Ein Bindungstrauma kann durch Hospitalisierung oder auch aufgrund von Vernachlässigung und Verwahrlosung ausgelöst werden. Wir werden uns später noch den genaueren Entstehungsbedingungen von Bindungstraumata zuwenden.

Erfahrungen psychischer und körperlicher Gewalt, einschließlich sexueller Übergriffe oder sexualisierter Gewalt, insbesondere im Kindesalter

Jede Form von Gewalt übt Macht aus – und kann für den Betroffenen *übermächtig* werden. Geht sie noch dazu von Bezugspersonen aus, zu denen er in Abhängigkeit steht – Erziehungsberechtigte und ältere Angehörige, pädagogische Fachkräfte, Sporttrainer, Geistliche o. ä. – wird es besonders schwierig, Gewalt etwas entgegenzusetzen oder ihr zu entkommen. Aber auch Gewalt von Gleichaltrigen oder jüngeren Kindern, von Freundinnen oder Partnern kann traumatisch wirken, wenn sie als überwältigend und die Situation als ausweglos erlebt wird.

Anhaltende Entwürdigung und Ausbeutung

Wir haben uns bereits die Bedeutung und der Verletzlichkeit der menschlichen Würde vergegenwärtigt. Wird die Würde einer Person verletzt, kann dies schmerzen und es kann eine Weile brauchen, bis die Verletzung verheilt. Kommt es jedoch immer wieder zu Abwertungen einer Person, wird sie wiederholt entwürdigt und die Übermacht der Peiniger etwa auch noch zu ihrer Ausbeutung missbraucht, wird aus einer Verletzung ein bedrohlicher Dauerzustand. Die Person fühlt sich überwältigt und empfindet die Situation als aussichtslos. So kommt eine Heilung kaum mehr zustande. Das ANS kommt aus dem Alarmzustand nicht mehr heraus. Es entsteht ein Trauma. Dies kann in jedem Lebensalter geschehen

Bullying und Mobbing:

Beim sogenannten Bullying sucht sich eine Person oder auch eine kleine Gruppe ein »Opfer« aus und beginnt, es wiederholt zu ärgern, zu entwürdigen und zu quälen. Dies kann vornehmlich verbal geschehen, beinhaltet jedoch meist auch mehr oder weniger physische Gewalt gegen das Opfer oder gegen sein Eigentum. Tony Attwood hat dem Problem es Bullying immer wieder größere Einheiten in seinen Seminaren und auch ein ganzes Kapitel seines Buches gewidmet (Attwood 2008, S. 123 ff). Als wesentliche Aspekte definiert er

- ein Ungleichgewicht der Macht,
- die Absicht, einem anderen zu schaden (physisch oder emotional)
- eine leidende Zielperson.

Dabei unterscheidet er offene und subtilere Formen des Bullyings. Als häufigste führt er offene und direkte Formen an:

- verbale oder körperliche Konfrontationen und Einschüchterungen
- Verletzung oder Zerstörung von Eigentum
- herabwürdigende Gesten und Kommentare

Subtiler sind:

- dem Kind wird ganz offensichtlich etwas weggenommen und es wird gequält, wenn es versucht, den Gegenstand wiederzubekommen
- üble Nachrede und Gerüchte (verbal oder auch im Internet)
- demütigende Kommentare
- systematische Ausgrenzung; z. B. wird ein Kind im Sport immer zuletzt in die Mannschaft gewählt, es wird nirgends zu einer Party eingeladen, darf auch auf Anfrage nicht mitspielen; es wird Zusammenarbeit in Arbeitsgruppen verweigert

Aus Bullying – das oft erst noch spielerisch-provokant beginnt und erst allmählich ernst wird – kann *Mobbing* im eigentlichen Sinne entstehen: Nach und nach wendet sich die ganze Bezugsgruppe oder wesentliche Teile davon gegen die eine Person; der Rest der Gruppe feuert an oder sieht zu ohne einzugreifen. Dies kann ganz offen als massives, gewaltsames Bullying geschehen. Sehr häufig jedoch verläuft es wesentlich subtiler in Form von kollektivem Ignorieren der Person, Nicht-Beteiligung an Gruppenaktivitäten oder andere Formen des Ausschlusses aus einer bedeutsamen Gruppe oder Gemeinschaft; hinzu kommt häufig die Verleumdung gegenüber bedeutsamen Bezugspersonen (Lehrer, Eltern, Vorgesetzte) oder bewusste Irreführung der Person.

Gaslighting und Ghosting

Eine besonders subtile, jedoch sehr wirkungsvolle Form, eine Person ihrer Sicherheit zu berauben und sie zunehmend sozial zu isolieren, ist das »Gaslighting« (so genannt nach dem Theaterstück namens »Gas Light« von Patrick Hamilton und dessen Verfilmung). Beim Gaslighting wird eine Person wiederholt durch Vorspiegelung falscher Tatsachen, Verleugnung realer Gegebenheiten und Manipulation mittels falscher Erzählungen gezielt in die Irre geführt – so dass die Person letztlich an ihrer eigenen Wahrnehmung bzw. an ihrem Verstand zweifelt.

Zu einer solchen Irreführung können »induced false narratives« verwendet werden: Es werden dem Opfer Geschichten erzählt und Dinge weisgemacht, die nicht wahr sind. Eine Realitätsprüfung oder auch die Bestätigung der eigenen – richtigen – Wahrnehmung oder Erinnerung des Opfers wird unmöglich gemacht, indem alle anderen Beteiligten das falsche Narrativ bestätigen und sich über »die falsche Wahrnehmung« des Opfers erregen, amüsieren oder besorgt zeigen.

Ein Beispiel aus der Jugendliteratur (»Hanni und Nanni« von Enid Blyton): Eine Klasse beschließt, sich an einer älteren Lehrerin zu »rächen«, über die sich die Schülerinnen geärgert haben. Sie vereinbaren, gemeinschaftlich reale Gegenstände im Blickfeld der Lehrerin zu ignorieren und sich dann sehr besorgt zu zeigen, dass diese offenbar etwas sieht, was gar nicht da ist. Diese Strategie wird von der ganzen Gruppe konsequent und buchstäblich gnadenlos durchgezogen – bis die Lehrerin, zutiefst erschüttert und verunsichert, die Unterrichtsstunde vorzeitig abbricht. Die Kinder haben sie so weit gebracht, dass sie an ihrer eigenen Sinneswahrnehmung und damit an ihrer mentalen Gesundheit zweifelt. Zunächst sehen sie dies als Erfolg. Als jedoch die Lehrerin am folgenden Tag noch immer nicht wieder zum Unterricht erschienen ist, machen sie sich tatsächlich Sorgen, zu weit gegangen zu sein und lösen die Situation auf.

In dieser Episode ist eine noch vergleichsweise leichte Form der gezielten Irreführung und Verwirrung einer Person beschrieben worden, die jedoch von den Protagonistinnen unbeabsichtigt starke Auswirkungen auf das Opfer dieses »Streiches« haben. Diese sehen ein, dass sie zu weit gegangen sind und lösen die Wirkung schließlich durch eine Klarstellung und Entschuldigung auf. Deutlich wird hier, wie sehr wir von der Bestätigung unserer Wahrnehmungen abhängig sind, um letztlich auch uns selbst und unseren eigenen Sinnen trauen zu können.

Was geschieht aber, wenn systematische Irreführungen und falsche Narrative von bedeutsamen Bezugspersonen und -gruppen über eine lange Zeit wiederholt und aufrechterhalten werden – und die betroffene Person erst später im Rückblick, womöglich ganz plötzlich, erkennt?

Eine solche Erkenntnis, *von einer Vertrauensperson bewusst und gezielt* in die Irre geführt worden zu sein, bei der man sich geborgen und sicher gefühlt hatte, ist in besonderer Weise erschütternd und hinterlässt in aller Regel tiefe Spuren. Denn in einer solchen Situation kommt zur Erkenntnis des eigenen Irrtums noch die erschütternde Erkenntnis des Verrats und des damit verbundenen Vertrauensbruchs hinzu. Dies wirft dann die grundlegende Frage auf, wem noch vertraut werden kann, wenn man weder bedeutsamen Bezugspersonen noch seiner eigenen Wahrnehmung und Erkenntnis trauen kann. In diesem Sinne wird sowohl die äußere wie die innere Sicherheit gleichermaßen erschüttert.

So beschreiben es beispielsweise Frauen, die »geghostet« wurden. Das heißt, sie wurden von Männern angesprochen oder kontaktiert, ihnen wurde Liebe geschworen; es wird ein Treffen vereinbart, die geghostete Person findet sich ein, findet jedoch niemanden vor und wird dann womöglich noch durch Nachrichten von dem erhofften neuen Partner verhöhnt.

Noch wesentlich gravierender sind allerdings die Auswirkungen, wenn Gaslighting bereits während der Kindheit und Jugend stattfindet und das von einem oder sogar mehreren Angehörigen. Natürlicherweise sucht ein Kind bei seinen Eltern nicht nur Sicherheit, sondern auch Orientierung. Jahre oder Jahrzehnte später erkennen zu müssen, von den eigenen Eltern getäuscht und mit falschen Narrativen in die Irre geführt worden zu sein kann einer gestandenen, erwachsenen Person, die sich bis dahin noch zurechtgefunden hat, fast buchstäblich den Boden unter den Füßen wegbrechen lassen. Eine solche Erschütterung der Grundfesten, auf denen das gesamte Weltbild und auch das eigene Selbstbild aufgebaut wurde, wirkt in aller Regel zutiefst traumatisierend. Zugleich liegt darin eine Chance zur Befreiung aus dem Einfluss und dem Machtbereich der Familie oder bedeutsamen Gruppe. Dies ist beispielsweise häufig bei Menschen der Fall, die in einer Sekte herangewachsen sind und beim Verlassen des Elternhauses zunehmend Zweifel an den dort herrschenden Doktrinen entwickeln. Allerdings kann es Jahre dauern, bis nach und nach die falschen Narrative als solche aufgedeckt und durch neue, eigene Erkenntnisse und Erfahrungen und daraus erwachsende eigene, stimmige Narrative ersetzt werden können.

> Eine Klientin erkennt nach Jahrzehnten, dass sie von Kindheit an von ihrer Mutter mit falschen Narrativen indoktriniert wurde. Diese unwahren Geschichten und stark abwertenden Deutungen zu anderen Personen und ihrer eigenen Person dienten allem Anschein nach dazu, das Selbstbild der Tochter und das Bild anderer Personen zu verzerren und sich selbst als Mutter positiv bzw. als Opfer darzustellen. Rückblickend wird als Motivation dahinter deutlich, sie als Tochter zutiefst zu verunsichern und von der Mutter abhängig, ja, sie gefügig zu machen und jeglichen eigenen Impuls zu unterdrücken – was glücklicherweise nicht in der gewünschten Gründlichkeit geglückt ist. Dennoch reichte der Einfluss der Mutter weit in das Erwachsenenalter der Klientin hinein. Die Erkenntnis über die weitreichenden Folgen dieser hochgradig manipulativen »false narratives« ist für die Klientin zutiefst erschütternd; sie ermöglicht jedoch schließlich einen aktiven, selbstwirksamen Umgang damit, die allmähliche Lösung aus dem Einflussbereich der Mutter und die Entwicklung einer neuen, stimmigen Identität – einschließlich einer Wiederherstellung von Würde und Selbstwert.

Isolation

Menschen brauchen Kontakt. Isolation macht früher oder später krank – psychisch und letztlich auch körperlich. Dies entspricht nicht nur der unmittelbaren menschlichen Erfahrung, sondern lässt sich auch vor dem Hintergrund psychologischer und neurophysiologischer Erkenntnisse nachvollziehen. Porges fasst die Notwendigkeit sozialer Interaktion und Verbundenheit so zusammen:

- »... dass Menschen als Säugetiere andere Säugetiere bzw. Menschen brauchen, weil die Interaktion mit ihnen ihr Überleben sichert. Entscheidend ist dabei die Fähigkeit zur reziproken Interaktion, zu gemeinsamer Regulation des physiologischen Zustandes, und die Fähigkeit, Beziehungen aufzubauen, in denen die Beteiligten sich sicher fühlen können.
- ... Es geht darum, dass adäquate soziale Interaktionen die gleichen neuronalen Verbindungen nutzen, die auch Gesundheit, Entwicklung und Genesung fördern.« (Porges 2007, S. 67 ff.)

Werden einem Individuum die Möglichkeiten zur sozialen Interaktion genommen, wirkt sich dies unmittelbar auf sein Erleben von Sicherheit und in der Folge auf seinen Stoffwechsel und seine auch körperliche Gesundheit aus.
Van der Kolk formuliert die Dringlichkeit von Kontakt und Bindung so:

> »Das Bedürfnis nach Bindungserlebnissen lässt nie nach. ... Alles ist dem unerträglichen Gefühl der Bedeutungslosigkeit vorzuziehen.« (Van der Kolk 2015)

Bindungstrauma oder Beziehungstrauma und kPTBS

Eine besondere Bedeutung kommt *frühen Bindungstraumata* sowie *anhaltender psychischer, körperlicher sowie sexueller Gewalt* über einen langen Zeitraum hinweg zu. Sie bilden in der Regel die Ursachen für komplexe Posttraumatische Belastungsstörungen (kPTBS).

Auch akkumulierende Erfahrungen des Ausgeliefertseins sowie seelischer Verletzung oder Erschütterung wirken sich in besonderer Weise traumatisch aus, vor allem dann, wenn sie in oder ab der frühen Kindheit erlebt werden. Sie können in ein *Bindungs- bzw. Beziehungstrauma* münden und unterschiedliche Formen und Grade einer kPTPS nach sich ziehen.

Zu den interpersonellen Faktoren, die vor allem akkumulativ traumatisch wirken und in eine kPTBS münden können, gehören u.a. mangelnde Bindungs*möglichkeiten*, Verwahrlosung, wiederholte oder anhaltende Erfahrungen psychischen und sexuellen Missbrauchs und Gewalt in der Kindheit.

Jedoch auch anhaltendes Mobbing und Erfahrungen der sozialen Isolation, also ein wiederholtes oder dauerhaftes Erleben des Getrennt-Seins von einer bedeutsamen Gruppe oder generell das Ausgeschlossen-Sein aus der Gemeinschaft wirken sich traumatisierend aus.

Die weitreichende Problematik »desorientierter« Bindungen

Bessel van der Kolk berichtet über die Forschungen verschiedener Kolleginnen zum Thema frühe Bindung und Bindungsstörungen. Für seine eigenen Forschungen zur Entstehung von Traumafolgestörungen stellte sich besonders die Erkenntnis über die Variante der »desorientierten Bindung« als besonders relevant heraus:

> »Vor etwa 20 Jahren identifizierten Mary Main und ihre Kollegen von der University of California ... eine Gruppe von Kindern (ca. 15 Prozent aller von ihnen untersuchten), die nicht in der Lage zu sein schienen herauszufinden, wie sie mit ihren primären Bezugspersonen am besten umgingen. Wie sich herausstellte, bestand das entscheidende Problem darin, dass die Bezugspersonen selbst bei den Kindern Schmerz oder sogar Entsetzen hervorriefen.
>
> Kinder in einer solchen Situation haben niemanden, an den sie sich wenden können, und sehen sich mit einem unlösbaren Dilemma konfrontiert: Einerseits brauchen sie ihre Mütter, um überleben zu können, und andererseits rufen diese bei den Kindern Furcht hervor. Sie ›können sich weder annähern ... noch ihre Aufmerksamkeit umorientieren, noch fliehen.‹ ... Weil sie sich nicht entscheiden können, ob sie die Nähe ihrer Eltern suchen oder diese meiden wollen, bewegen sie stereotyp Hände und Knie, wirken wie in Trance, erstarren mit erhobenen Armen ...
>
> Main nennt dieses Bindungsmuster ›desorientierte Bindung‹. Man kann es auch als ›Furcht ohne jede Aussicht auf eine Auflösung‹ (fright without solution) charakterisieren.« (Van der Kolk 2015, S.142 ff.)

Schauen wir uns die Beschreibung des Verhaltens dieser Kinder sowie dessen Entstehung an, so liegt die Assoziation zu Kindern im AS sehr nahe – auch wenn die Ursachen für ihr Erleben von gleichzeitiger Bedürftigkeit und Anziehung einerseits und »Entsetzen« und Furcht vor ihren Bezugspersonen andererseits unterschiedliche, strukturell bedingte Ursachen hat, ist eine ähnliche Wirkung im Erleben und

Verhalten leicht nachvollziehbar. Wir werden später auf Parallelen und Unterschiede zwischen frühen Bindungstraumata und Autismus eingehen.

Bindungstraumata erhöhen tendenziell das Risiko auf weitere Traumatisierungen

Verschiedene Autoren (vgl. Van der Kolk 2015, Gysi 2021) weisen auf die Beobachtung sowie Studienergebnisse hin, die belegen, dass erlittene Bindungstraumata die Wahrscheinlichkeit auf weitere Traumatisierungen – sowohl akzidentelle wie auch interpersonelle Schocktraumata – erhöhen.

Erklärungsansätze legen nahe, dass zum einen chronisch traumatisierende Erfahrungen in der Kindheit und Jugend Einfluss auf die Persönlichkeitsentwicklung haben, so dass Betroffene in ihrem *Ausdrucksverhalten* häufig auffällig sind und so leichter zum Opfer für Entwürdigung, Ausbeutung oder Gewalt werden (Van der Kolk 2015). Zum anderen wird ihr Gespür für wahrgenommene oder tatsächliche Gefahren häufig nachhaltig verzerrt, so dass reale Risiken unterschätzt oder gar Gefahrensituationen unwillkürlich inszeniert werden, um vielleicht diesmal eine Lösung zu finden, zu entkommen oder sich zu wehren.

Vor allem jedoch wirken sich mangelnde Erfahrungen vertrauensvoller und sicherer sozialer Bindungen auf die Vulnerabilität bzw. die Resilienz von Personen aus. Menschen, die nie erlebt haben, dass sie sich auf andere Menschen verlassen können, dass sie von ihnen wahrgenommen und angenommen, verstanden, versorgt und beschützt werden, können in bedrohlichen Situationen nicht auf entsprechende Erfahrungen und dadurch gewachsene Überzeugungen zurückgreifen.

Auch haben sie kaum erlebt, dass ihnen zugehört wird und sie in ihrem Erleben ernst genommen werden, weshalb sie selten auf die Idee kommen, sich anderen Menschen anzuvertrauen, ihre Erlebnisse mitzuteilen – worin die Chance läge, diese damit zu integrieren und zu bewältigen.

Interpersonelle Traumata im Kontext einer medizinischen Behandlung oder in der Psychotherapie

An dieser Stelle sei darauf hingewiesen, dass es auch in medizinischen und psychotherapeutischen Behandlungskontexten zu traumatischen Erfahrungen kommen kann.

Der psychotherapeutisch Berufskodex beschäftigt sich hier vornehmlich mit Fällen sexueller Übergriffe, emotionaler oder auch materieller Ausbeutung von Patientinnen und Patienten, die per Definition zur behandelnden Person (Fachärztin, Therapeut) in einem (emotionalen) Abhängigkeitsverhältnis stehen.

Jedoch kann es auch außerhalb dieser klaren, ethischen und explizit formulierten Grenzen immer wieder zu mittelbaren oder auch subtileren, dadurch jedoch nicht minder gravierenden Traumatisierungen in medizinischen oder therapeutischen Kontexten kommen. Einige Varianten, die mir in meiner langjährigen Arbeit wiederholt berichtet wurden, sollen hier exemplarisch genannt werden:

- *Trauma durch Fehldiagnosen*, welche die Identität der Person grundlegend in Frage stellen und, einmal gestellt, dem Patienten im Sinne eines Stigmas »anhaften«. Das heißt: Auch wenn später eine neue, nach dem Empfinden des/der Betroffenen stimmigere Diagnose gestellt wird, bleibt dies ohne Einfluss i. S. einer Korrektur, Revision oder Ergänzung der ursprünglichen Diagnose(n). Stattdessen werden diese von Behandler zu Behandler weitergegeben und haben einen grundlegenden Einfluss darauf, wie der Patient von einer neuen, ihn behandelnden Person oder einem Gutachter *wahrgenommen* wird, wie seine Symptome und sein Verhalten *gedeutet* werden und auf welche Weise er weiter *behandelt* wird – menschlich, therapeutisch wie medizinisch.
So erhalten beispielsweise nicht wenige, gerade weibliche Personen mit autistischer Grundproblematik bei sehr guter Fähigkeit zu Kompensation und »Masking« im Laufe ihres Jugend- oder Erwachsenenalters die Diagnose »Borderline-Störung« (wie auch Tebartz van Elst 2015 in einem Vortrag auf einer Tagung in Neumünster aus seiner klinischen Erfahrung berichtete). Anderen wird etwa Narzissmus oder eine andere Persönlichkeitsstörung attestiert. Dies beeinflusst erheblich, wie eine Person von weiteren Behandlern – und im stationären Kontext auch vom Pflegepersonal und Mitpatienten – wahrgenommen, wie ihre Aussagen und Handlungen interpretiert und wie die Behandlungsansätze gestaltet werden.

> Eine Frau, Mitte 30, mit massiven Essstörungen hat die Diagnose Borderline-Syndrom erhalten. Ihr wird dringend eine störungsspezifische stationäre Behandlung in einer Spezialklinik empfohlen. Da sie für sich keine Alternative sieht, willigt sie ein und begibt sich zu mehreren längeren Therapiephasen in die Klinik. Sie berichtet später, nachdem sie die Behandlung schließlich abgebrochen hat, wie dort »alles als Indiz für Borderline genommen wurde« beginnend bei ihrer schwarzen Kleidung. Ein stereotypes Reiben an der Schläfe, das sich später als Stimming-Strategie entpuppte, wurde als »selbstverletzendes Verhalten« interpretiert und zu unterbinden versucht. Vor allem jedoch wurde jede Aussage, etwas nicht zu verstehen oder nicht zu können als »Borderline-typische Verweigerung« gedeutet und entsprechend sanktioniert. In der späteren behutsamen, Autismus-sensiblen Behandlung braucht es eine ganze Weile, ehe sie den Mut findet, Angebote anzunehmen und frei, in ihrem Tempo und auf ihre Weise auszuprobieren. Um ihr Zögern zu erklären, berichtet sie von Fehlinterpretationen und Sanktionen der Vorbehandler und anderer Helferinnen, die ihr sehr zugesetzt haben.

- *Trauma durch medikamentöse Behandlungen* mit massiven und destruktiven Nebenwirkungen wie z. B. Bewusstseinstrübung, anhaltender Verlust der Bewegungs-, Ausdrucks- und Sprachfähigkeit oder der Konzentrations- und Denkfähigkeit, nachhaltige Veränderungen der Persönlichkeit, massive Gewichtszunahme und Essstörungen
- *Stationäre »Internierung«* ohne regelmäßige Prüfung der Notwendigkeit und Angemessenheit der Maßnahme, basierend auf oder unter Angabe von für die Pa-

tientin nicht nachvollziehbaren Diagnosen oder anderen Gründen. Zugleich werden Einlassungen sowie Berichte über körperliche Beschwerden ignoriert oder als Simulationen und Manipulationsversuche be- bzw. entwertet.
- *Körperliche Fixierung* im psychiatrischen Kontext
- *Interpersonelle Traumata* im Verhältnis zwischen Behandler und Patientin durch Entwürdigung, Abwehr, Ignoranz und/oder Lächerlich-machen der Geschichte bzw. des Erlebens und Leidens des Patienten
- *Plötzlicher Kontaktabbruch* ohne Begründung seitens des Behandlers

Als Behandlerinnen fällt es uns häufig schwer, Berichte über solche Erfahrungen anzuhören, zu glauben und ernst zu nehmen; stellen sie doch scheinbar den eigenen Berufsstand und Berufsethos infrage.

Natürlich sollte davon ausgegangen werden, dass solche Ereignisse nicht die Regel sind und dass sie, wenn sie auftreten, in den meisten Fällen weder beabsichtigt sind noch von der behandelnden Person überhaupt in ihrer Wirkung wahrgenommen werden. Dennoch oder gerade deshalb käme es m. E. einer sträflichen Ignorierung glaubhafter Berichte seitens unterschiedlichster Klientinnen sowie deren Angehörigen gleich, diesen Bereich der Traumatisierung unbenannt und außer Betracht zu lassen. Zudem können entsprechende Berichte uns essentiell wichtige Hinweise für die adäquate Behandlung, insbesondere für die Gestaltung der therapeutischen Interaktion geben – sowohl im Einzelfall als auch im Allgemeinen.

Hierauf werde ich im letzten, praktischen Teil noch einmal zurückkommen.

2.3 Kommunikation als ein kritischer Faktor bei der Entstehung und Bewältigung von Traumafolgestörungen

Wie bereits angedeutet, stellt die Möglichkeit zur *Kommunikation*, d. h. zum *Ausdruck* des Erlebten und des *erkennbaren Verstanden-Werdens*, einschließlich einer spürbaren emotionalen Resonanz, einen entscheidenden Faktor dafür dar, inwieweit ein potentiell traumatisches Ereignis sich tatsächlich gravierend und nachhaltig auf die Psyche auswirkt, ob es heil überstanden oder zumindest nachhaltig bewältigt werden kann.

2.3.1 Faktoren, die Kommunikation erschweren oder unmöglich machen

Es lohnt sich der Frage nachzugehen, welche Faktoren die Möglichkeiten zur Kommunikation einschränken oder diese gar ganz unterbinden können. Dazu sollen hier einige Beispiele zusammentragen werden, die im Kontext traumatischer Ereignisse eine bedeutsame Rolle spielen können.

Wenn es schwer ist, einen Ausdruck für das Erlebte zu finden, insbesondere verbal

Ein erschreckendes Erlebnis kann uns buchstäblich »die Sprache verschlagen«. Dies lässt sich sogar neurobiologisch belegen und erklären.

> »Das Broca-Areal ist eines der Sprachzentren des Gehirns ... Funktioniert das Broca-Areal nicht richtig, können wir unsere Gedanken und Gefühle nicht in Worte fassen. Unsere Scans zeigten, dass bei Flash-backs jedesmal das Broca-Areal abgeschaltet worden war.
> ... Alle Traumata sind präverbal. ... Opfer von Überfällen und Unfällen sitzen oft starr und stumm in der Notaufnahme; traumatisierte Kinder ›verlieren ihre Stimme‹ und weigern sich zu sprechen. ... Noch Jahre nach einem traumatischen Erlebnis fällt es den Betroffenen oft sehr schwer, anderen Menschen über ihre Erlebnisse zu berichten. Ihr Körper empfindet zwar immer wieder Entsetzen, Wut und Hilflosigkeit, und auch der Impuls, zu kämpfen oder zu fliehen, stellt sich Mal um Mal ein, aber es ist ihnen fast unmöglich, diese Gefühle verbal auszudrücken. (Van der Kolk 2015, S. 57 ff)

Aber auch ein andauernder Zustand des Leides, der Verzweiflung und der Machtlosigkeit gegenüber dem erlebten Elend können dazu führen, dass er die Ausdrucksfähigkeit derjenigen übersteigt, die ihn erleben oder auch derer, die ihn beobachten. Dass es solche Erfahrungen gibt, spiegelt sich interessanterweise auch in unserer Sprache wider: Wir sprechen dann von »sprachlosem Entsetzen« oder »unsagbarem Elend«.

Wenn man (noch) keinen sprachlichen Ausdruck zur Verfügung hat.

Widerfahren einem Kind traumatische Erlebnisse, ehe überhaupt seine verbale Ausdrucksfähigkeit entwickelt ist, hat es keinerlei Möglichkeit, das Erlebte sprachlich zu fassen und mit anderen zu teilen. Sicherlich ist dies nicht der einzige Faktor, der frühkindliche Traumatisierungen besonders folgenschwer und in ihrer Wirkung besonders nachhaltig macht. Jedoch gibt es einige Hinweise darauf, dass traumatisches Erleben vor Entwicklung einer Ausdrucksmöglichkeit sich besonders gravierend auswirken.

Zugleich zeigt sich immer wieder in unterschiedlichen Kontexten, dass auch frühkindliche Traumata bewältigt werden können, sobald eine Ausdrucksmöglichkeit dafür gefunden wird, die auf Sprache verzichten kann, sei es in der Bewegung, im Spiel oder in bildender bzw. darstellender Kunst.

Exkurs

Überaus beeindruckend war für mich in meiner tanztherapeutischen Ausbildung die Arbeit des Kollegen Steven Harvey, der in unserer Ausbildung mehrfach als Gastdozent auftrat. Steven hatte sich auf die Arbeit mit schwer traumatisierten Kindern spezialisiert. Diese lebten zum Teil in Familien, in denen sie fortlaufend massiv missbraucht und misshandelt wurden. In seiner Praxis hielten Steven und eine Kollegin neben Puppen und anderen Spielsachen aller Art auch große Kissen, Matratzen sowie übergroße Stofftiere bereit. Oft waren die Kinder kaum präsent, erschienen stumm und mit leerem Blick. Es brauchte eine Weile, bis sie überhaupt begannen, mit ihrer Umwelt zu interagieren bzw. in Aktion zu gehen.

Wenn sie begannen zu spielen, so spielten sie oft mit Puppen das nach, was sie zu Hause erlebt hatten. Auch kam es häufig vor, dass ein Kind sich selbst unter riesigen Kissen oder Teddybären begrub und dort verharrte – bis der Therapeut ihm die Hand reichte und ihm half, sich nach und nach von seiner überwältigenden Last zu befreien. Nicht selten kam es vor, dass das Kind nach einer solchen Sitzung berichtete, es habe diesmal »alles erzählt« – obwohl während der gesamten Stunde nicht ein Wort gesprochen worden war.

Wenn das Opfer sich selbst als schuldig erlebt oder sich für das Erlebte schämt

Hinzu kommt häufig der Faktor eines Schuldgefühls auf Seiten der Betroffenen, insbesondere der Opfer von Gewalt: Gerade Kinder neigen dazu, die Ursache für traumatische Geschehnisse auf sich selbst zu attribuieren.

Da es sich nicht erklären kann, warum sich eine geliebte und versorgende Person in bedrohlicher und verletzender Weise gegen es wendet, sucht das Kind die Ursache bei sich selbst: »Ich muss etwas Schlimmes/Falsches gemacht haben, wenn ich so behandelt werde« oder auch »Wäre ich nicht dumm und schlecht, würde Mutter mich liebhaben können, nicht immer so wütend werden und mich nicht schlagen«.

Letztlich ziehen viele Kinder die eigene Schuld und Ursächlichkeit einer unfassbaren Grundlosigkeit des Erlebten und einer Willkür seitens der Bezugspersonen vor, die zum einen bedeuten würde, dass sich das Erlebte jederzeit ohne Grund und Vorwarnung wiederholen kann und vor allem, dass das Opfer selbst nicht den geringsten Einfluss auf das Geschehen hätte. Bei einer Attribution von Schuld auf sich selbst bleibt zumindest ein Fünkchen Hoffnung darauf, das Geschehen mit beeinflussen zu können – »Wenn ich alles richtig mache, wird es nicht so schlimm«.

Zudem kann auch eine – wenngleich letztlich destruktive – Form von Verbundenheit erlebt werden. »Ich kenne Onkel X und erfasse seinen Zustand rechtzeitig gut genug, um zu wissen, wann es soweit ist und kann mich dann entsprechend wappnen.« – oder auch: »Ich finde heraus, wie ich einen Übergriff auslösen kann. Dann entscheide *ich* über den Zeitpunkt, werde nicht überrumpelt und habe danach erstmal wieder Ruhe.«

Verstärkt wird eine solche Tendenz zur Selbstattribution, wenn das Kind von seinem Umfeld den Eindruck vermittelt bekommt, sich häufig unpassend zu verhalten bzw. alleine durch seine Anwesenheit oder gar durch seine Existenz zu stören oder anderen zu schaden.

Aber selbst, wenn es sich sonst erwünscht und aufgehoben fühlt, kann ein Kind durchaus die Schuld bei sich suchen, wenn sich eine geliebte Person gegen es wendet oder wenn es psychisch oder sexuell missbraucht wird. Wird ihm dazu noch ausdrücklich eine *Verantwortung für alle Konsequenzen des Geschehens* in Form eines Tabus auferlegt, wird es kaum den Mut aufbringen, dieses zu brechen.

Wenn es ein Tabu gibt, über das Erlebte zu sprechen (Angst vor Bestrafung oder noch größerer Katastrophe)

Gerade bei interpersonellen Traumatisierungen besteht sehr häufig ein Tabu, über die Geschehnisse zu kommunizieren. Bei gewaltvollen, ganz besonders aber bei sexuellen Übergriffen gegenüber Kindern werden solche Tabus aufgestellt und können von den Betroffenen aus verschiedenen Gründen kaum hinterfragt oder gebrochen werden. Zu groß ist die Angst vor angedrohten Konsequenzen oder Katastrophen, sobald Dritte von den Vorkommnissen erfahren würden – sei es die Drohung, das Kind müsse »ins Heim«, wenn andere von den Geschehnissen erfahren oder auch, dass die Täterperson dann »ins Gefängnis« muss, wenn das Kind etwas verrät. In beiden Fällen wird dem Kind die Verantwortung dafür zugesprochen, wenn das Verhalten der Täterperson bekannt und entsprechende Maßnahmen zum Schutz des Kindes und/oder zur Bestrafung getroffen werden.

Oft werden im Kontext eines Tabus allerdings nur diffuse Andeutungen gemacht, dass »etwas ganz Schlimmes passiert«, sollte das Kind »irgendjemandem etwas verraten«, wodurch das Gefühl einer grundsätzlichen, allumfassenden Bedrohung hervorgerufen wird. Diese kann dann umso schwerer gefasst und damit auch nur schwer widerlegt und aufgelöst werden.

Wenn die betroffene Person existenziell auf den/die Täterpersonen angewiesen oder in irgendeiner Weise von ihnen abhängig ist (Angst vor Verlust bedeutsamer Personen o. Gruppenzugehörigkeit)

Besteht eine bedeutsame Bindung oder eine andere Form der Abhängigkeit zwischen dem Opfer und der/den Täterperson/en, wie etwa die eines Kindes von nahen Angehörigen oder von Vertrauens- oder Autoritätspersonen im unmittelbaren Umfeld (Erzieher, Lehrerinnen, Sporttrainerinnen, Jugendleiter), muss es befürchten, dass diese Bindung oder auch eine Gruppenzugehörigkeit durch eine Kommunikation des Erlebten zerstört wird, etwa dass das Kind aus der Familie oder der bedeutsamen Gruppe (Schule, Sportverein, Jugendgruppe) herausgenommen wird oder auch, dass die Täterperson das System verlassen muss (Flucht, Verhaftung).

Wenn einem keiner glaubt bzw. keiner das Erlebte nachvollziehen kann.

Jedoch selbst wenn eine betroffene Person den Versuch unternimmt, das Erlebte mitzuteilen, heißt dies nicht in jedem Fall, dass eine Kommunikation tatsächlich gelingt und damit eine Bewältigung des schockierenden Ereignisses möglich wird. Zu einer *gelingenden* und in diesem Sinne *wirksamen Kommunikation* gehört auch, dass ihr Inhalt erkennbar beim Empfänger *ankommt*. Das heißt:

- Inhalt und Bedeutung werden vom Empfänger verstanden.
- Er »nimmt« dem Sender das Mitgeteilte auch »ab«; d.h. er glaubt ihm bzw. nimmt ihn ernst mit dem, was da ausgedrückt wurde.
- Er resoniert auf das, was der Berichtende kommuniziert bzw. ausdrückt.
- Die Resonanz des Empfängers ist für den Berichtenden erkennbar.

Hier kann es an verschiedenen Stellen zu Schwierigkeiten kommen und die Kommunikation beeinträchtigt werden oder scheitern:

- Der Empfänger hört zwar, dass die betroffene Person etwas mitteilt oder sieht einen Ausdruck für dessen Erleben in Form eines Bildes oder Spiels, erkennt jedoch den Inhalt bzw. dessen Sinngehalt nicht und geht daher nicht darauf ein. Die *Kommunikation geht ins Leere.*
- Die empfangende Person versteht zwar den Inhalt der Kommunikation, ist jedoch nicht in der Lage, das Beschriebene nachzuvollziehen; es wird zwar zur Kenntnis genommen, löst jedoch *keine emotionale Resonanz* aus. Der Inhalt der Kommunikation kommt zwar an, geht jedoch *emotional ins Leere.*
- Die empfangende Person nimmt Inhalt und Bedeutung der Kommunikation wahr und reagiert darauf auch emotional – z.B. mit Entsetzen oder Empörung – *spricht der berichtenden Person jedoch ihre Glaubwürdigkeit ab:* »Das kann überhaupt nicht wahr sein! Warum lügst Du?« Die Kommunikation erreicht hier zwar ihren Empfänger und löst etwas aus, wird jedoch abgewehrt und auf die betroffene Person zurückgeworfen. In einer solchen Situation kommen zum Scheitern der Kommunikation also noch Unterstellungen und Schuldzuweisungen hinzu, wodurch zusätzlich die Würde, das Vertrauen sowie das Selbstvertrauen der Person verletzt werden.
- Die empfangende Person versteht, was mitgeteilt wird und resoniert darauf. Dies wird aber für die berichtende Person nicht erkennbar – weil die Resonanz nicht gezeigt oder aktiv überspielt wird. Oder weil die berichtende Person die Anzeichen für die Resonanz nicht erkennen kann.

2.3.2 Auswirkungen gescheiterter Kommunikation

In jedem der beschriebenen Fälle bleibt die betroffene Person mit ihrem Erleben allein und damit auf sich gestellt. So kann sie durch das Mitteilen keine Entlastung erfahren – denn das schreckliche Erleben wird ihr »nicht abgenommen«.

Sie hat weder die Möglichkeit, das Ereignis für sich nach und nach durch den eigenen Ausdruck und im Wechselspiel mit einem verständnisvollen Gegenüber *einzuordnen* und *zu integrieren*, noch kann sie mit entlastenden und beschützenden Konsequenzen rechnen.

So bleibt sie in ihrem Erleben dem traumatischen Ereignis, den Erinnerungen daran und der daraus resultierenden Bedrohung weiterhin schutzlos ausgeliefert.

Die Erfahrung mangelnder Resonanz seitens der Adressaten oder gar des Vorwurfs der Lüge und Selbstdarstellung wird von vielen Opfern von Gewalt, Missbrauch oder Vernachlässigung berichtet – einschließlich der Wirkung, die dieses

Scheitern mit sich bringt: Wer sich – oft nach langem Leiden, Zögern und Ringen – schließlich dazu überwindet, gegenüber einer Person des Vertrauens von seinen traumatischen Erlebnissen zu berichten und dann wahrnimmt, dass diese Versuche der Kommunikation ins Leere gehen, wird durch diese Erfahrung re-traumatisiert und seine Traumafolge-Symptomatik sogar nochmals verschärft.

Ein junges Mädchen wendet sich nach Jahren des massiven psychischen, körperlichen und auch sexualisierten Missbrauchs durch ein Elternteil in seiner Verzweiflung direkt an das Jugendamt und bittet um Hilfe. Es hofft, aus der Familie heraus und in Obhut genommen zu werden. Doch es wird ihm weder geglaubt noch geholfen. Das Erleben des Ausgeliefert-Seins selbst *nach* einer direkten Kommunikation mit potentiellen Helfern – was sehr viel Mut bedarf – verschärft die Traumatisierung massiv. Nicht nur, weil eine Hoffnung wegbricht und das Mädchen noch mehr als zuvor auf sich selbst geworfen ist, sondern weil auf diese Weise häufig Resignation einsetzt und auch eine Tendenz zur Selbstattribution verstärkt wird: »Wenn die mir nicht mal helfen, dann kann das, was ich erlebe, nicht so schlimm sein. Und wahrscheinlich hab ich es dann verdient.«

2.3.3 Die Wirksamkeit gelingender Kommunikation des Traumaerlebens

Umgekehrt berichten Opfer von Traumatisierungen, wie bedeutsam und oft sogar heilsam für sie die Erfahrung war, endlich nicht nur einen Ausdruck für das Erlebte zu finden – sei es verbal oder nonverbal z. B. in der Kunst – sondern auch erleben zu dürfen, dass andere Menschen dadurch berührt werden und sie ihnen glauben, das Berichtete so erlebt zu haben.

Boris Cyrulnik berichtet über Kinder, die aufgrund von Traumatisierungen Bindungsstörungen entwickelt haben:

> … »Wenn man sie unterstützt, umsorgt und ihnen hilft, sich auszudrücken und das Erlebte zu verstehen und ihm einen Sinn zu geben, werden Resilienzprozesse ausgelöst.« (Cyrulnik in Sternstunde Philosophie, SFR am 12.08.2023)

Für ihn selbst, der als Kind die Schrecken der Shoah überlebt hat, war der Moment entscheidend, als er, vierzig Jahre nach dem Krieg, über seine Erlebnisse berichten konnte – als er erstmals angehört und ihm seine Berichte geglaubt und ernst genommen wurden.

Der Effekt der Erfahrung »Da nimmt mir jemand meine Wahrheit ab« ist daher nicht zu unterschätzen – eine Erkenntnis, die für die Therapie von Traumafolgestörungen von zentraler Bedeutung ist.

Darüber hinaus kann es wichtig sein, dass aus dem Wahr- und Ernstnehmen auch Konsequenzen und konkrete Handlungen zum aktuellen Schutz und zur Wiederherstellung von Würde resultieren. Dies ist im Kontext einer Psychotherapie nicht immer möglich und sinnvoll. Jedoch hilft es vielen Betroffenen bereits, wenn entsprechende Impulse erkennbar und Überlegungen für mögliche Handlungsschritte mit ihnen gemeinsam erwogen werden.

K. hat seine Asperger-Diagnose erst vor Kurzem erhalten und fand sie für sich erhellend, so dass er sie gut annehmen konnte. Die Therapeutin fragt ihn in der nächsten Sitzung, wie es ihm gehe. Er bestätigt, dass es ihm gut gehe, nur in der Schule gebe es nach wie vor Probleme, was ihn wundere. Als ihm erläutert wird, dass er zwar nun über sich besser Bescheid wisse, die Leute in der Schule – Lehrerinnen und Mitschüler – aber noch nicht, ist er erstaunt. Den Vorschlag, gemeinsam ein Klassengespräch zu führen, greift er freudig und hoffnungsvoll auf. Das Gespräch verläuft sehr konstruktiv und zeigt positive Auswirkungen hin zu mehr gegenseitigem Verständnis, so dass K. einige Zeit später, als nochmals Probleme auftreten, von sich aus um ein weiteres solches Gespräch zur Klärung bittet.

2.4 Auswirkungen traumatischer Erfahrungen auf die Psyche und das sozio-emotionale Erleben

Bei der Beschreibung und Einordnung von Traumafolgestörungen im Sinne einer klassischen PTBS werden drei Bereiche unterschieden:

- Intrusion – Wiedererleben
- Konstriktion – Vermeidung
- Hyperarousal – Vegetative Übererregung

Hier sollen zunächst diese drei Begriffe und ihre Bedeutung im Traumakontext geklärt werden.

2.4.1 Intrusion

ursprüngliche Wortbedeutung: Einbruch, jemand/etwas verschafft sich unerlaubt und unerwünscht Zugang

In der Folge eines traumatischen Erlebnisses sind darunter folgende Phänomene bzw. Symptome zusammengefasst:

Quälende Gedanken: Ungewollt drängen sich Gedanken an das traumatische Erlebnis auf und zwingen die betroffene Person dazu, sich ständig damit zu beschäftigen. Ihre Gedanken kreisen fast ununterbrochen um das Ereignis und alle damit assoziierten Themen und Fragestellungen:
Wie konnte das passieren? Wie ist es dazu gekommen? Welche Gründe hatte XY, mich anzugreifen/mich zu missbrauchen/den Kontakt zu mir plötzlich abzubrechen …? Hätte ich es rechtzeitig kommen sehen können? Hätte ich es verhindern können? Welche Rolle und welche Schuld kommen mir zu? War das Ereignis eine Strafe für mich – durch den/die

Täter, durch Gott, das Schicksal? Wird so etwas mir oder anderen wieder passieren? Muss ich nicht dafür sorgen, dass sich so etwas nie wiederholt, z. B. dass die Täterperson bestraft oder abgeschreckt wird oder dass sie sich nachhaltig ändert, so dass von ihr keine Gefahr mehr ausgeht? Oder auch: Kann ich nach allem noch irgendjemandem oder irgendetwas trauen? Warum hat der liebe Gott das zugelassen? Warum wurde ich nicht beschützt, der/die Täter oder Mitverantwortlichen nicht bestraft? ...

Emotionen: Sich aufdrängende, quälende Erinnerungen treten bei vielen Betroffenen weniger als verbalisierbare Gedanken, sondern in Form emotionaler Erinnerungen auf, die weder durch konkrete Bilder noch Worte greifbar oder benennbar werden. Die Person findet sich unversehens immer wieder oder auch permanent in der Gefühlswelt der traumatischen Situation wieder. Sie kann diese nicht als »vergangen« einordnen. Daher nimmt sie sich selbst nicht im Jetzt und Hier – und damit in realer Sicherheit – wahr. »Gefühlt« verbleibt sie in der Situation und im Erleben des Schreckens gefangen.

Albträume, die Elemente oder Aspekte des Ereignisses beinhalten: Diese können auch als Tagträume auftreten. Selbst wenn die im Traum durchlebten Szenen sich scheinbar teilweise oder völlig von der Traumaszene unterscheiden, können die durchlebten *Emotionen* in identischer Weise neu durchlebt werden: *bedroht, gejagt, ausgeliefert, beschuldigt, verraten, schuldbeladen, orientierungslos, sprachlos, machtlos, gelähmt/erstarrt ...*

Flashbacks als besonders massive Form der Intrusion: Ausgelöst durch bestimmte Schlüsselreize (Bilder, Geräusche, Gerüche etc.) kann auch Jahre oder Jahrzehnte nach dem traumatischen Ereignis plötzlich das traumatische Erleben reaktiviert werden, so dass es mit allen Sinneseindrücken und Emotionen *erneut durchlebt* wird. In diesem Zustand ist die betroffene Person ganz in dem re-aktualisierten Erleben gefangen und verliert den Kontakt zur aktuellen (sicheren) Realität. Sie kann dann auch durch andere Personen und konkrete Außenreize nicht oder nur schwer erreicht werden.

2.4.2 Konstriktion

ursprüngliche Wortbedeutung: Verengung, geht zurück auf lat.: *constringere* für Zusammenschnüren

In der Folge eines traumatischen Erlebnisses sind darunter folgende Phänomene bzw. Symptome zusammengefasst:

- Die Vermeidung von Situationen, die im weitesten Sinne an das traumatische Ereignis bzw. die traumatisierende Situation erinnern und daher als bedrohlich empfunden werden.
- Der Versuch, eine Wiederholung der Traumasituation zu vermeiden, indem in Gedanken alle Eventualitäten durchgegangen werden. Dabei wird vorsorglich

stets mit dem Schlimmsten gerechnet, um bei einem erneuten bedrohlichen Ereignis »diesmal« vorbereitet zu sein. Nach außen – und freilich auch auf die Person selbst – wirkt dies wie angespannter Dauer-Pessimismus.
- Dissoziation (i. S. Entkoppelung bzw. Abspaltung) in verschiedenen Varianten:
  - Phänomene der Derealisation – »Das hier geschieht gar nicht wirklich« oder
  - Depersonalisation – »Das hier geschieht jemand anderen als mir«
  - Erleben von Sinneseindrücken, die als nicht real erkannt werden – »Ich höre die Stimme meiner Mutter, weiß aber, dass sie nicht anwesend ist«, »ich sehe etwas, wovon ich weiß, dass es nicht real ist« – Es handelt sich hier also um Halluzinationen, bei denen die Unterscheidung zur Realität jedoch erkannt wird (im Unterschied zur Psychose).
  - Trennung/Abspaltung des Erlebens von der Realität des traumatischen Ereignisses – beispielsweise schaut die betroffene Person wie von außen dem traumatischen Geschehen zu
  - bis hin zur Spaltung/Fragmentierung der Persönlichkeit in verschiedene Anteile (Dissoziative Identitätsstörungen)
- Emotionale Taubheit, bei der unbewusst Gefühle generell unterdrückt bzw. abgespalten werden – das betrifft dann auch positive Gefühle wie Freude, Liebe, Zuversicht.
- Verdrängung und Amnesien, sodass bestimmte Momente oder ganze Lebensphasen nicht erinnert werden können, auch wenn die Person dies möchte.
- Unfähigkeit das traumatische Ereignis zu kommunizieren bzw. entsprechende Gefühle auszudrücken.

2.4.3 Hyperarousal/vegetative Übererregung

Traumatische Erlebnisse wirken sich nicht nur auf die Psyche einer betroffenen Person aus, sondern auch auf ihren ganzen Organismus.

Wie uns die Polyvagaltheorie deutlich vor Augen führt, ist unser autonomes Nervensystem stets darauf ausgerichtet, unser Überleben zu sichern, indem es jede Situation auf ihre Sicherheit oder mögliche Gefahren hin prüft, Sinneseindrücke eigenständig deutet (Neurozeption, vgl. Porges 2017) und jeweils unmittelbar adäquate Reaktionen auslöst.

Neben psychischen Reaktionen und Bewältigungsstrategien sind in Folge eines Traumas daher auch somatische und psychosomatische Symptome charakteristisch.

Zu den Symptomen der vegetativen Übererregung zählen:

- Allgemeines Hyperarousal: ständig erhöhte Erregung des vegetativen Nervensystems, häufig ohne die Möglichkeit zur Entspannung
- körperliche Stressreaktionen wie Herzrasen, Atemnot oder Hyperventilation, Zittern, Übelkeit, Durchfälle, Schwindel, Schmerzen etc.
- ständige extreme Wachheit (»Hypervigilanz«)
- erhöhte Reizoffenheit auf verschiedenen Sinneskanälen
- Schreckhaftigkeit, also heftiges Erschrecken durch oft marginale Reize

- Schlafstörungen wie Ein- und Durchschlafstörungen, (zu) frühes Erwachen
- Konzentrations- und Gedächtnisprobleme

2.4.4 Zusätzliche Traumafolgen bei einer kPTBS

Bei einer *komplexen* PTBS infolge früher oder anhaltender Traumatisierungen kommen zu den drei Symptombereichen der klassischen PTBS – Intrusion, Konstriktion, vegetative Übererregung – noch weitere hinzu, die so inzwischen auch in den diagnostischen Manualen als differentialdiagnostische Kriterien aufgeführt werden (vgl. Reddemann & Wöller 2019, Hecker & Maerker 2015):

a) **Affekt:** anhaltende und tiefgreifende Probleme der Emotionsregulierung, erhöhte Reizbarkeit, Durchbrüche von Aggression und Gewalt sowie umgekehrt eine Verflachung der Affekte
b) **Negatives Selbstkonzept:** Überzeugung, minderwertig, unterlegen oder wertlos zu sein sowie (oft generalisierte) Gefühle von Schuld und Scham
c) **Probleme der interpersonellen Beziehungsgestaltung:** Schwierigkeiten, Beziehungen aufzubauen und aufrecht zu erhalten

Darüber hinaus geben laut Reddemann Betroffene einer kPTBS vermehrt weitere Symptome an, insbesondere Depressionen, Angstsymptome, Dissoziationen, Schlafstörungen, Somatisierungsstörungen, zwischenmenschliche Irritierbarkeit und Aggressivität (vgl. Reddemann & Wöller 2017). Die ganze Bandbreite an Folgeerscheinungen bei komplex traumatisierten Kindern, Jugendlichen und Erwachsenen wird auch von Bessel Van der Kolk (2015) eindrucksvoll beschrieben.

2.4.5 Traumaspuren im Körper und im Körpererleben

Van der Kolk und andere Autoren (z. B. Levine 1999) weisen darauf hin, dass traumatisches Erleben sich nicht nur in der Psyche, sondern auch physisch einprägt und dass es sich damit auf Körperfunktionen und das physische Erleben betroffener Personen auswirkt. Dies kann individuell sehr unterschiedlich aussehen, was die Rückführung und Zuordnung entsprechender Symptomatiken auf Traumaerfahrungen erschwert.

Ist jedoch eine Traumatisierung erst einmal identifiziert, lassen sich nicht nur körperliche und psychosomatische Symptome damit in Verbindung bringen – oft liegt in einer solchen Erkenntnis von Zusammenhängen auch umgekehrt ein Schlüssel zur Linderung oder gar Heilung körperlicher oder körperbezogener Leiden.

Zu den somatischen und psychosomatischen Beschwerden und Erkrankungen, die häufiger im Zusammenhang mit Traumafolgestörungen beobachtet werden, gehören u. a.:

- Herz-Kreislauferkrankungen, Bluthochdruck
- Schmerzsyndrome

- Allergien und Unverträglichkeiten
- Essstörungen

2.5 Die zentrale Funktion des Autonomen Nervensystems: (Trauma-)Symptome als Überlebens- und Bewältigungsstrategien

Wie bei allen anderen Lebewesen können wir auch bei Menschen davon ausgehen, dass ihr gesamtes System darauf ausgerichtet ist, das eigene, individuelle Überleben und das der eigenen Spezies zu sichern. Dies gilt auch und ganz besonders für Reaktionen des Organismus und der Psyche auf Situationen, die als lebensbedrohlich oder als lebenserhaltend wahrgenommen werden.

Eine zentrale Rolle hierbei spielt des Autonome Nervensystem (ANS) und, nach der Polyvagaltheorie von Stephen Porges, das System des Vagus-Nervs.

2.5.1 Die Funktionen des Autonomen Nervensystems

Das Autonome Nervensystem (ANS) leitet seinen Namen aus seiner eigenständigen, vom menschlichen Bewusstsein unabhängigen Funktionsweise ab:

Eigenständig nimmt es innere und äußere Signale wahr und prüft und deutet sie hinsichtlich der Frage, ob sie auf die Sicherheit des Individuums in der Situation, auf mögliche Gefahr oder gar eine existentielle Bedrohung hindeuten.

Aufgrund seiner autonomen Wahrnehmungen und Deutungen bzw. seiner spontanen *Erfassung* der Situation – der *Neurozeption* (Porges 2017) – initiiert und steuert das ANS sowohl die existentiellen Funktionen des Organismus, wie Herz-Kreislauf-System, Atmung, Stoffwechsel, Muskeltonus etc., als auch die emotionalen Reaktionen wie Stress, Angst oder Schock.

Aber auch Gefühle der Geborgenheit, der sicheren Verbundenheit mit anderen Individuen oder Gemeinschaften, der Freude und der Sympathie bis hin zur sexuellen Anziehung werden zentral und autonom aufgrund von Wahrnehmungen und Deutungen generiert und das Verhalten dementsprechend koordiniert.

Ebenso eigenständig steuert das ANS basale Formen des Selbstausdrucks wie der Mimik (beispielsweise Spannung oder Entspannung der Muskulatur um die Augen, der Stirn und der Kiefergelenke), der Körperhaltung (beispielsweise der Schultern) sowie der Stimmbänder, so dass die Stimme automatisch unterschiedlich klingt, je nachdem ob eine Person sich sicher fühlt, sie verunsichert ist, unter Anspannung steht oder Angst hat.

Umgekehrt reagieren Menschen untereinander auf genau solche basalen Ausdrucksformen: Das ANS nimmt kleinste Veränderungen der Mimik, insbesondere der Augenringmuskulatur, der Körperhaltung und -spannung und der Stimmfärbung wahr.

Diese deutet es wiederum hinsichtlich der Sicherheit der Situation aufgrund des erfassten Zustandes und der Intentionen des Gegenübers, der Bindung untereinander oder möglicher Gefahren.

Werden Anzeichen für eine Bedrohung wahrgenommen – sei es, dass andere Personen Zeichen von Angst zeigen oder sei es, dass von ihnen selbst eine erkennbare (Be-)Drohung ausgeht – reagiert das ANS mit einer Stressreaktion: Stresshormone werden ausgeschüttet, fluten den gesamten Organismus, machen ihn innerhalb von Bruchteilen von Sekunden hellwach und hochgradig leistungsbereit, so dass der Mensch in der Lage ist, sich mit aller Kraft gegen einen Angreifer zu wehren oder so schnell er kann zu fliehen.

Ist weder Flucht noch Kampf möglich, wird die Situation als *lebensbedrohlich* eingeschätzt und es kommt zur Reaktion der sogenannten Schreckstarre, die bis zu einer Ohnmacht gehen kann.

Vielfach wird von Betroffenen allerdings von einem Zustand berichtet, in dem sie wohl bei Bewusstsein waren, jedoch bewegungsunfähig und nicht in der Lage, sich über die Stimme zu äußern.

2.5.2 Über die Funktionalität von Stressreaktionen

Die Funktionalität der beschriebenen Reaktionen lässt sich relativ leicht nachvollziehen, wenn wir uns eine Situation aus dem Leben unserer frühen Vorfahren als Beispiel vor Augen führen:

> Eine Gruppe Urmenschen ist unterwegs und hält nach einem geeigneten Unterschlupf Ausschau, wo sie für einige Zeit ihr Lager aufschlagen könnten. Sie entdecken an einem Abhang eine Höhle und beschließen, diese in Augenschein zu nehmen. Die Höhle erscheint zunächst einladend und geeignet, da sie vor Wind und Wetter Schutz bietet und auch für möglich Fressfeinde nicht sofort einsehbar ist. Die Gruppe geht hinein, um sie genauer zu explorieren und schickt sich an, sich niederzulassen, als aus den Tiefen der Höhle plötzlich ein Höhlenbär auftaucht, der ganz offensichtlich aufgebracht und in Angriffsstimmung ist, was an seiner hoch aufgerichteten Körperhaltung und seinem lauten, tiefen Grollen unschwer erkennbar ist.
>
> Von einem Moment auf den anderen wechselt die Situation von einer der Sicherheit, Geborgenheit und Entspannung in eine hochgradig bedrohliche. Die Menschen fliehen, so schnell sie können – und fast allen gelingt die Flucht, dank der autonomen Stressreaktion ihrer Organismen: Alle Energiereserven in ihren Muskeln werden dank der Stresshormone sofort zugänglich und können zum schnellen Spurt aus der Höhle bis in eine ausreichende Distanz und auch vom einen oder anderen zum Erklimmen eines sicheren Baumes genutzt werden. Dort, nach gelungener Flucht in Sicherheit, entspannen sie sich.

> Einer jedoch hat es nicht rechtzeitig geschafft zu fliehen. Er ist beim Verlassen der Höhle gestrauchelt, liegt mit schmerzendem Bein am Boden und sieht und spürt den Bären direkt über sich. Die Situation erscheint fast aussichtslos und er fällt in eine Schreckstarre – eine Reaktion, die auch als »Todstellreflex« bekannt ist. Der Bär seinerseits hält ihn tatsächlich für tot und verliert das Interesse. Er lässt von ihm ab und trollt sich.
>
> Es wird eine Weile dauern, bis sich der Zustand der Schreckstarre löst und der Verletzte sich wieder rühren kann. Er rappelt sich hoch, macht sich auf die Suche nach seiner Gruppe und spürt große Erleichterung, als er einen nach dem anderen antrifft und von ihnen freudig begrüßt wird. Er wird ihnen von seinen Erfahrungen berichten, möglicherweise die Situation im Tanz nachspielen und sie so nach und nach verarbeiten.
>
> Jedoch wird er, und auch die anderen, dieses Erlebnis nicht vergessen, es wird sich tief in ihr Gedächtnis einbrennen und vermutlich auch an die nächsten Generationen weitergegeben werden.

Die unmittelbaren Stressreaktionen, die Flucht, Kampf oder als letzte Notfunktion eine Schreckstarre ermöglichen bzw. auslösen, sind vor diesem Hintergrund hinsichtlich ihrer Überlebensfunktionen sinnfällig. Interessant ist jedoch auch zu sehen, welche Folgen sich aus einem solchen Stresserleben ergeben und welche Überlebensfunktionen daraus abgeleitet werden können. Schauen wir hierfür nochmals auf unsere Gruppe von Urmenschen:

> In Folge des Erlebnisses mit dem Höhlenbären werden die Mitglieder der Gruppe noch eine Weile mit dieser einschneidenden Erfahrung beschäftigt sein – jedes für sich und miteinander. Sie werden sich darüber austauschen, möglicherweise alle noch mehr oder weniger angespannt sein, wenn sie sich wieder auf den Weg machen. Vor allem aber werden sie bei der nächsten Höhle, die sie entdecken, fortan anders herangehen als zuvor:
>
> Sie werden sich einer Höhle in einem Zustand erhöhter Spannung und Alarmbereitschaft nähern – einige ängstlicher, andere gefasster, je nach individueller Persönlichkeit (denn die Neigung zu mehr oder weniger Ängstlichkeit ist nachweislich individuell verschieden).
>
> Möglicherweise werden sie sich zusätzlich wappnen, indem sie sich vorsichtshalber mit Knüppeln bewaffnen, so dass sie sich eines möglichen Angriffs erwehren könnten, diesmal also vorbereitet sind.
>
> Vielleicht werden einige von ihnen vorab schon einmal für den Fall der Fälle die besten Fluchtwege und Sicherheit bietende Bäume in der Umgebung erkunden, ehe sie sich in die Nähe der Höhle begeben.
>
> Ihre Sinne werden hellwach und aufnahmebereit sein, um kleinste Hinweise auf die Anwesenheit eines Bären oder anderen Angreifers frühzeitig wahrzunehmen, seien es Spuren von Tatzen, Losung oder Beutereste, Geräusche oder Gerüche, die darauf hinweisen könnten, dass die Höhle bereits bewohnt ist.

> Darüber hinaus werden sich die Mitglieder der Gruppe unwillkürlich auch gegenseitig sehr genau wahrnehmen und kleinste Anzeichen von Schreck und Furcht, jedoch auch Entspannung und Ruhe registrieren. Spannung und Entspannung der anderen wird unmittelbar erfasst und übertragen, so dass sich die individuellen Alarmsysteme gegenseitig beeinflussen und ergänzen. Auf diese Weise ist die Gruppe als Ganzes noch besser gesichert.
>   Alle diese Vorkehrungen, die zu einem guten Teil von ihren autonomen Nervensystemen initiiert und gesteuert sind, tragen dazu bei, dass die Individuen in der Gruppe und die Gruppe als Ganzes bessere Überlebenschancen haben.

So lässt sich sagen, dass nicht nur die unmittelbaren Stressreaktionen, die das ANS beim Individuum auslöst, überlebenswichtige Funktionen haben. Selbiges gilt auch für bestimmte *Folgen* bedrohlicher Erlebnisse hinsichtlich der Veränderungen in Gedächtnis und Verhalten des Einzelnen und der Gruppe.

Schauen wir uns vor diesem Hintergrund noch einmal die Veränderungen im Erleben und Verhalten an, die wir zuvor als Symptome einer Traumafolgestörung definiert haben:

Symptome der Intrusion und ihre ursprüngliche Funktionalität

Intrusive Gedanken und Erinnerungen

Wer ein hochgradig bedrohliches Erlebnis hatte, leidet meist darunter, dass dieses Erlebnis ihn einfach nicht loslässt. Erinnerungen daran drängen sich immer wieder auf – einschließlich quälender Fragen nach dem Wie und Warum. Das macht es schwer, aus dem Zustand von Stress, Angst und anderen belastenden Emotionen herauszufinden. Viele Betroffene fragen sich, was das soll, warum »das nicht aufhört« und wie sie das Erlebte »loswerden« können.

Betrachten wir dieses Sich-Aufdrängen von Erinnerungen und Fragen als einen *Suchprozess*, der darauf abzielt zu verstehen, was geschehen ist, worin die Bedrohung bestand, was zu der Situation geführt hat und welche Anzeichen es dafür möglicherweise zuvor gegeben hat. Aus dieser Perspektive ergibt sich nicht nur der Sinn dieses Symptoms i. S. einer Bewältigungsstrategie, sondern auch ein Ansatz zur Bewältigung: Unser Nervensystem und unsere Psyche zielen darauf ab, Ursachen und Zusammenhänge des Geschehens zumindest im Nachhinein zu erfassen, um diese Gefahr künftig vermeiden oder ihr gezielt begegnen zu können. Je mehr Unklarheiten und offene Fragen noch bestehen bleiben, desto mehr herrschen Gefühle von Macht- und Hilflosigkeit vor. Erkenntnis, Verstehen und Wissen können hingegen ein Erleben von Sicherheit durch Kontrolle vermitteln.

Albträume

Gehen wir davon aus, dass Träumen zumindest unter anderem eine Verarbeitungsfunktion der Psyche darstellt, so deuten Albträume von traumatischen Erlebnissen zum einen darauf hin, dass »etwas noch nicht verarbeitet ist« und noch nach Bewältigung drängt, zum anderen darauf, dass die Psyche bzw. das Unbewusste bereits mit der Be- und Verarbeitung beschäftigt ist. Unbewusste Prozesse verlaufen anders als bewusste und kommen oft zu anderen, meist sogar nachhaltigeren Ergebnissen. Werden Bilder und Emotionen von Albträumen wahr- und ernstgenommen als Ausdruck sowohl von Erfahrungen als auch der Suche nach Lösungen, so können sie insbesondere im therapeutischen Kontext utilisiert werden – als Indikator und als Quelle bedeutsamer Informationen der Psyche.

Flashbacks

Plötzlich einschießende Erinnerungen durch Schlüsselreize und das dadurch ausgelöste Wiedererleben des Traumas »wie im Hier und Jetzt« sind aufgrund ihrer Unberechenbarkeit und ihrer überwältigenden Wirkung besonders gefürchtet. Ihre Funktion zum Überleben eines Individuums besteht vermutlich darin, dieses bei kleinsten Anzeichen einer bekannten Bedrohung unmittelbar in einen »Überlebensmodus« zu versetzen. Eine bewusste Prüfung der auslösenden Reize, der Situation und der Notwendigkeit der basalen Überlebensstrategien ist in so einem Moment weder möglich noch vorgesehen. Denn sollte der tief eingeprägte und nun wieder auftretende Schlüsselreiz tatsächlich auf eine existentielle Bedrohung hinweisen, so geht es hier um eine *schnellstmögliche* Reaktion. Nicht umsonst übernimmt das ANS hier das Kommando, da es schlicht schneller funktioniert als eine bewusste Analyse und Reflexion im Frontalen Kortex.

Immerhin können auch Flashbacks utilisiert werden: Sie können als wesentliche Hinweise dafür dienen, dass es offenbar traumatische Erfahrungen gegeben hat, die noch nicht verarbeitet sind und deren Bewältigung dringend entsprechender Unterstützung und Begleitung bedarf.

Symptome der Konstriktion und ihre ursprüngliche Funktionalität

Vermeidung von Situationen

Mit am augenfälligsten erscheint die Funktion der Vermeidungshaltung gegenüber Situationen, die der ursprünglichen Traumasituation ähneln oder mit ihr in einem Kontext stehen. Das System des Betroffenen hat gelernt und sich tief eingeprägt, was zu einer lebensbedrohlichen Situation führen kann, und vermeidet diese fortan – zum Teil unwillkürlich, zum Teil auch bewusst.

Akribisches Vorausplanen und in Gedanken alle Eventualitäten durchgehen

Ebenfalls zur Vermeidung weiterer lebensbedrohlicher Erlebnisse dient die Vorausschau und der Versuch, nicht nur mental, sondern wo möglich auch aktiv die maximale Kontrolle über jegliche Situation zu erlangen und zu behalten.

Dissoziation in ihren verschiedenen Varianten

Dissoziationen, insbesondere alle Formen der Abspaltung aktueller oder vergangener Erfahrungen können als Schutzmaßnahmen der Psyche verstanden werden. Sie bewahren davor, vom Geschehen und auch von Schmerz und Angst überwältigt zu werden. Hat die Psyche einmal eine solche Schutzmaßnahme in dem Sinne erfolgreich ergriffen, dass die betroffene Person ein potentiell lebensbedrohliches Ereignis überstanden hat, ist die Wahrscheinlichkeit hoch, dass sich das System dieser Strategie spontan wieder bedienen wird, wenn sie Hinweise auf drohende Gefahr wahrnimmt.

Emotionale Taubheit, Verdrängung und Amnesien

Sie alle dienen zum Schutz der Psyche vor einem Erleben ständiger Bedrohung und ermöglichen zunächst einmal das Überleben sowie die Bewältigung alltäglicher Aufgaben und Funktionen.

Allerdings muss für diese Schutzfunktionen viel psychische Energie aufgewendet werden. Sie eigenen sich daher nicht als Dauermechanismen: Früher oder später drängen die nicht bewältigten Erlebnisse darauf, verarbeitet und gelöst zu werden. Dies kann allerdings bedeuten, dass diese, samt den dazugehörigen Emotionen, plötzlich oder nach und nach reaktualisiert werden. So können auch in einer an sich sicheren Situation für die Person (und das soziale Umfeld) unerklärliche Bedrohungsgefühle auftreten, die sich u. a. als Angststörungen oder im Versuch der Bewältigung auch als Zwangsstörungen manifestieren können.

Unfähigkeit, das traumatische Ereignis zu kommunizieren

Mögliche Gründe für die Unmöglichkeit der Kommunikation traumatischer Erfahrungen sind bereits eingehend betrachtet worden. Teilweise erklärt sie sich aus den unmittelbaren Reaktionen des Gehirns in der Traumasituation: Die Funktion des Sprachzentrums (Broca-Areal) setzt aus (Van der Kolk 2015).

Jedoch sollte in manchen Kontexten auch hier eine gewisse Schutzfunktion nicht außer Acht gelassen werden. Die Erfahrung oder auch nur Befürchtung, für das, was man an Erlebnissen berichten und beschreiben würde, für verrückt gehalten, abgewertet oder verurteilt, zumindest aber damit nicht ernst genommen zu werden sowie auch eine damit verbundene Scham spielen bei sehr vielen traumatisierten Menschen – ob nun neurotypisch oder zusätzlich autistisch – eine nicht zu unterschätzende Rolle. Insofern schützt das individuelle System sich auch unwillkürlich vor weiteren schmerzhaften und traumatischen Erfahrungen des trennenden Befremdens, des Nicht-ernst-genommen-Werdens, der Ablehnung und Entwürdigung.

Vegetative Übererregung und ihre ursprüngliche Funktionalität

Hyperarousal

Die ständig erhöhte Erregung des vegetativen Nervensystems lässt sich vor unserem bisherigen Hintergrund als Vorsichtsmaßnahmen des Autonomen Nervensystems verstehen, jeden Augenblick auf das Schlimmste vorbereitet zu sein und mit Überlebensstrategien reagieren zu können.

Problematisch ist dies in den meisten aktuellen Kontexten zum einen dadurch, dass starke *körperliche Stressreaktionen* wie Herzrasen, Zittern, Übelkeit, Schmerzen, Schwindel etc. zusätzliche Gefühle der Hilflosigkeit und des Ausgeliefert-Seins generieren oder verstärken können.

Schwierig wird es vor allem dann, wenn der Organismus mangels ausreichender Regenerations- und Entspannungsphasen eben jene Fähigkeiten einbüßt, die sowohl zur Aufnahme und Erhaltung sicherer Bindungen – und damit empfundner Regulation und Sicherheit – als auch im Falle einer Bedrohung zum Kampf oder für eine Flucht notwendig wäre.

Interessant ist, dass bei Traumaerleben die Hirnareale, die für die Einordnung von Erlebnissen in eine Zeitlinie – Vergangenheit, Gegenwart und Zukunft – zuständig sind, aussetzen (insbesondere der Hippocampus). So lassen sich anhaltende Stressreaktionen als im Ursprung funktionale Reaktion auf die – anhaltend als akut wahrgenommene – Gefahrensituation verstehen. Mit anderen Worten: Der Organismus wird erst dann – mithilfe des Vagus und seiner Funktionen – seine Stressfunktionen herunterfahren, wenn auch das ANS »erkennt«, dass die Gefahr vorüber und überstanden ist.

Aus dieser Erkenntnis ergeben sich Ziele und Methoden der Traumatherapie: Interventionen, die an wesentlichen Körperfunktionen und Bewegungen ansetzen und so dem ANS signalisieren, dass im Jetzt und Hier Sicherheit für das Individuum verlässlich gegeben ist, können bewirken, dass auch anhaltende vegetative Stresszustände reduziert und somit Funktionsweisen der Entspannung und Ruhe zugelassen werden können.

Selbiges gilt in der Folge auch für die Funktionalität einer *ständigen extremen Wachheit* (»Hypervigilanz«) und einer *erhöhten Reizoffenheit* auf verschiedenen Sinneskanälen, die wiederum eine außergewöhnliche *Schreckhaftigkeit* zur Folge haben kann: Kann der Stresspegel gesenkt und ein Grundgefühl von Sicherheit in Selbstwirksamkeit und Verbundenheit generiert werden, gehen entsprechende Formen der Übererregung zurück.

Schlafstörungen

Solange ANS und Psyche davon ausgehen, dass die traumatische Bedrohung noch nicht vorbei ist, wird die Alarmbereitschaft des gesamten Systems folgerichtig auch während der vorgesehenen Schlafenszeit und des eigentlichen Schlafes aufrechterhalten. Schließlich wird jeden Augenblick mit einer lebensbedrohlichen Gefahr gerechnet. In einem solchen Alarmzustand ist es nur schwer möglich, sich dem

Schlaf zu überlassen bzw. ausreichend die für die Regeneration notwendigen Tiefschlafphasen zu erreichen. Als Funktion eines eher »flachen« Schlafes kann hier sicherlich eine auch im Schlaf aufrechterhaltene Wachsamkeit und Alarmbereitschaft angenommen werden.

Zugleich spielen gerade die »flacheren« REM-Schlafphasen (Rapid-Eye-Movement) für die Verarbeitung von Erlebnissen eine bedeutsame Rolle, so dass auch hier ein verstärkter *Suchprozess* im Sinne von Bewältigungsversuchen vermutet werden kann. Vornehmlich in dieser Phase findet Träumen statt, welches wiederum eine entscheidende Rolle bei der psychischen Verarbeitung von Erlebnissen einnimmt.

Konzentrations- und Gedächtnisprobleme

Häufig beschriebene Schwierigkeiten bei der Konzentration und Merkfähigkeit werden zum einen im Zusammenhang mit einer erhöhten Vigilanz und Reizoffenheit nachvollziehbar: Ein Nervensystem das ständig auf »Hab acht« ist und auf jedes Anzeichen für Gefahr sofort reagieren möchte, hat buchstäblich wenig Kapazität, sich auf andere Themen zu konzentrieren und wird sehr leicht durch unterschiedlichste Außenreize abgelenkt.

Dabei werden Informationen nach ihrer unmittelbaren Relevanz für das Überleben herausgefiltert und gespeichert. Im hier angenommenen Zustand konstanter, hoher Bedrohung verschiebt sich damit der Fokus auf Reize, die auf Gefahr hindeuten können – und das ganz konkret: Laut Polyvagaltheorie sorgt der Vagusnerv u. a. dafür, dass das Gehör vornehmlich besonders hohe und besonders tiefe Frequenzen wahrnimmt und ihnen Aufmerksamkeit geschenkt wird (Porges 2017) Andere Informationen werden hingegen kaum noch aufgenommen und noch weniger gespeichert.

2.5.3 Die große Gemeinsamkeit menschlicher Bewältigungsstrategien

Wir dürfen davon ausgehen, dass die hier beschriebenen Bewältigungsstrategien bedrohlicher und traumatischer Erfahrungen grundsätzlich bei allen Menschen gleichermaßen zu beobachten sind. Der menschliche Organismus hat – unabhängig von der neuronalen Entwicklung – grundlegende Bedürfnisse, um überleben zu können und auch grundsätzlich ähnliche Funktionsweisen und Möglichkeiten, diese existentiellen Bedürfnisse zu befriedigen und sich vor Bedrohungen zu schützen.

Dass sich Menschen mit neurodivergenter Entwicklung und Wahrnehmungsweise in ihrem Erleben und Verhalten unterscheiden, liegt nicht daran, dass sie einer anderen Spezies angehören oder von einem anderen Planeten stammen – auch, wenn es sich für einige von ihnen durchaus glaubhaft so anfühlt. Der Unterschied liegt in der erhöhten Vulnerabilität durch die besondere Wahrnehmung und in der größeren Notwendigkeit, schon frühzeitig für die eigene Regulation und Sicherheit zu sorgen.

Dabei wird jedoch auf die gleichen Bewältigungsstrategien des ANS bzw. der Psyche zurückgegriffen – nur eben je nach individueller Disposition und äußerer Konditionen früher, häufiger und intensiver als die meisten ihrer neurotypischen Mitmenschen dies nötig haben.

Die Erkenntnis der grundlegenden Gemeinsamkeit sowohl der Bedürfnisse als auch der zur Verfügung stehenden und primär funktionalen Bewältigungsstrategien stellt für viele Betroffene im AS eine große Erleichterung dar und gibt ihnen Hoffnung auf Erfahrungen der Gemeinsamkeit sowie auf die Möglichkeit eines wachsenden gegenseitigen Verständnisses zwischen ihnen und ihren neurotypischen Mitmenschen.

2.5.4 Funktionalität und Dysfunktionalität von Bewältigungsstrategien im Lebensverlauf

Inwieweit eine Strategie funktional ist, so dass die Befriedigung der ihr zugrundliegenden Bedürfnisse damit erreicht wird, kann nur im Kontext innerer und äußerer Systeme gesehen werden.

Die inneren Gegebenheiten einer Person, ihre Bedürfnisse, Interessen und Fähigkeiten verändern sich im Laufe ihrer Entwicklung, so wie auch die äußeren Konditionen und Beziehungen und die gegenseitigen Erwartungen sich immer wieder wandeln. So sind zunächst sinnvolle und bewährte Strategien nicht unbedingt nachhaltig funktional. Sie müssen immer aufs Neue auf ihre Funktionalität hin überprüft und modifiziert werden. Im Idealfall geschieht dies ganz unwillkürlich von selbst, indem sich Individuen den sie umgebenden Systemen anpassen; oftmals bedarf es jedoch Momente der Herausforderung, die ins Bewusstsein gelangen, ehe bewusst nach neuen Perspektiven und Handlungsoptionen geschaut und selbstwirksam wie verantwortlich darüber entschieden werden kann.

Dabei orientieren sich Menschen auch an den Verhaltensweisen, den Lösungen und Strategien ihrer Mitmenschen – neurotypische eher unwillkürlich per Sozialem Autopiloten, solche mit Autismus bewusst, von der Dritten Ebene aus.

Umso größer ist die Irritation immer dann, wenn andere Menschen sich unerklärlich verhalten, wenn sie festhalten an oder zurückfallen in Verhaltensweisen, die nicht mehr ihrem Alter und damit der vorausgesetzten Entwicklung oder schlicht nicht der eigenen Logik entsprechen. Dabei sollten wir uns stets vergegenwärtigen, dass Menschen unter bestimmten Bedingungen unwillkürlich in alte Verhaltensmuster zurückfallen.

Insbesondere, wenn eine Situation nicht bewältigbar erscheint, kann eine spontane Altersregression stattfinden und es wird auf Bewältigungsstrategien zurückgegriffen, die in der Kindheit zielführend und funktional waren, zu einem späteren Zeitpunkt der Entwicklung jedoch unpassend erscheinen – übrigens durchaus auch der betreffenden Person selbst, sobald sie sich stabilisiert hat und in einen Zustand der gut funktionierenden Selbstregulation zurückgekehrt ist.

Da wir untereinander nicht wissen können, wie das Erleben des anderen aussieht, lohnt es sich – gerade bei Irritationen – mehr über die jeweiligen, individuellen Gegebenheiten, wie Wahrnehmungsweisen, Bedürfnisse und Motivationen, Grenzen, zu erfahren, ehe über eine andere Person und die Funktionalität ihres Verhaltens befunden wird. Dies gilt sowohl in pädagogischen und therapeutischen Kontexten als auch im alltäglichen Miteinander.

3 Autismus und Trauma

Nachdem wir nun die Bereiche Autismus und Trauma jeweils für sich genommen betrachtet haben, sollen hier nun beide in ihren Beziehungen zueinander betrachtet und in Beziehung gesetzt werden. Dabei möchte ich zunächst Zusammenhänge und Gemeinsamkeiten in den Blick nehmen, sowie auf dennoch notwendige diagnostische Differenzierungen hinweisen. Schließlich werden die möglichen Wechselwirkungen zwischen Autismus und Trauma zusammengefasst.

3.1 Autismus: erhöhte Vulnerabilität trifft größere Gefährdung

Betrachten wir die oben beschriebenen Aspekte einer autistischen Grundstruktur, deren Auswirkungen auf das Erleben und die psycho-soziale Entwicklung, wird schnell deutlich, dass das Risiko traumatischer Erfahrungen für Menschen im Autismus-Spektrum vielfach erhöht ist.

Im Folgenden sollen einige der Faktoren aufgeführt werden, die zu diesem erhöhten Traumarisiko beitragen.

3.1.1 Faktor 1: Besonderheiten der Reizverarbeitung

Ein erster Faktor, der häufig übersehen wird, jedoch während der gesamten Entwicklung und über die Lebensspanne ein hohes Risiko mit sich bringt, ist die Reizverarbeitung und deren Besonderheiten – angefangen bei Hyper- oder Hyposensibilität auf verschiedenen Sinneskanälen über Schwierigkeiten der sensorischen Integration, der weiteren Strukturierung von Wahrnehmungsmustern und der Gestaltbildung bis hin zur hohen Assoziationsdichte.

Wir haben bereits versucht nachzuvollziehen, wie Situationen der Überreizung, ein Overload und ein dadurch ausgelöster »Meltdown«-Zustand erlebt werden. Alleine ein solcher Moment erfüllt für sich genommen bereits alle oben benannten Kriterien einer potenziell traumatischen Situation: Eine überfordernde Reizfülle und -intensität mag sich allmählich, akkumulativ aufbauen; der Moment des Overloads bricht jedoch auch für die Betroffene unvermittelt und überwältigend herein. Sie hat dem nichts entgegenzusetzen. Ihr ANS wird Defensivreaktionen

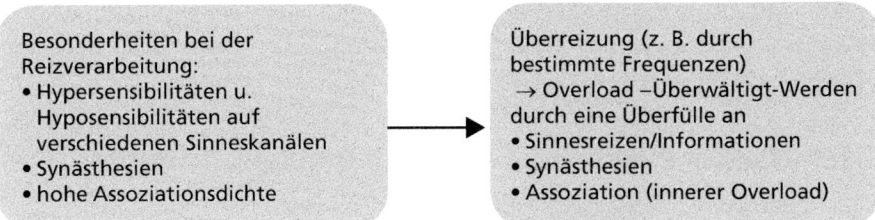

Abb. 3.1: Autistische Reizverarbeitung und potentiell traumatische Auswirkungen

auslösen, also Flucht- oder Kampfimpulse. Die Person wir vielleicht laut und aggressiv oder versucht, schnellstmöglich der Situation zu entkommen. In der Regel kann jedoch keinem der beiden Impulse nachgegeben werden, so dass nur noch die Varianten der »Schreckstarre«, d. h. des Meltdowns oder Shutdowns übrigbleibt.

Da Menschen im sozialen Umfeld die spezifischen Besonderheiten beim betroffenen Kind nicht erahnen können, werden sie dieses zunächst auch nicht intuitiv vor überwältigenden Situationen schützen, so wie es bei anderen Bedrohungen der Fall wäre. Solange die Bezugspersonen also über die autistischen Besonderheiten der Reizverarbeitung nicht Bescheid wissen, bleibt das Kind meist weitgehend ungeschützt.

Umgekehrt weiß ein betroffenes Kind zunächst nicht, dass andere nicht so empfinden wie es selbst. Und wenn diese Erkenntnis allmählich aufgrund von Beobachtung und entsprechenden Rückmeldungen heranreift, kann es sich selbst nicht erklären, warum das so ist und worin genau die Unterschiedlichkeiten liegen.

Aufgrund der Unterschiedlichkeit in der Wahrnehmung können kaum Erfahrungen gesammelt werden, die für eine grundlegende Orientierung wesentlich sind: Das Kind findet seine eigenen Empfindungen und Reaktionen in anderen nicht gespiegelt und bestätigt. Vielmehr werden seine eigenen Wahrnehmungen schon dadurch in Frage gestellt, dass andere offenbar nicht dasselbe empfinden – Geräusche nicht hören, Gerüche nicht oder anders riechen, Dinge nicht sehen – oder sie als irrelevant abtun. Damit ist das Kind von Beginn an mit seinem Erleben allein und auf sich geworfen und kommt nicht umhin, so gut es geht aus eigener Kraft mit sich selbst zurechtzukommen und in der Welt zurechtzufinden.

Erschwerend kommt hinzu, dass selbst bei zunehmender Ausdrucksfähigkeit eine Kommunikation des Erlebten meist nicht möglich ist, da es dafür keinen Ausdruck oder noch keine gemeinsame Sprache gibt.

Wird von der betroffenen Person dennoch ein Versuch unternommen, das eigene Erleben zu kommunizieren, wird ihr oft nicht geglaubt oder sie wird nicht ernst genommen. So lautet einer der häufigsten Sätze, die ein Mensch mit Autismus in seinem Leben hört: »Stell dich nicht so an!«

Aber selbst wenn das soziale Umfeld vorgibt oder tatsächlich meint, die betroffene Person zu verstehen und sich bemühen möchte, ihr gerecht zu werden – es kann und wird immer wieder potentielle Quellen der Überreizung oder Irritation nicht erfassen oder die Bedingungen nicht ändern können.

Damit ist der Betroffene weiterhin einer überfordernden Fülle und Intensität von Sinnesreizen ausgesetzt und fühlt sich ihnen sowie dem stets drohenden Risiko einer Reizüberflutung (Overload) schutzlos ausgeliefert.

3.1.2 Faktor 2: Besonderheiten im Denken – Irritation, Befremden, »Wrong-Planet«

Menschen im Autismus-Spektrum erleben sich meist schon von klein auf als »anders«, ohne, dass sie sagen könnten, worin dieses Anderssein besteht. Neben dem Faktor der anderen Wahrnehmungsweise spielen hier auch Besonderheiten im Denken eine Rolle. Da sich die Detailgenauigkeit der Wahrnehmung auch auf das Denken überträgt, wird jedes Muster, jeder Zusammenhang, jedes Objekt und System und jeder Begriff meist zunächst als unsortierte Fülle von Details wahrgenommen, die jedes für sich gleich bedeutsam sind. So wird kaum zwischen Relevantem und Irrelevantem unterschieden.

Zugleich besteht der Drang, alles ebenso genau wie vollständig zu erfassen, um es dann in einen Zusammenhang zu bringen – als Bild oder Gestalt, als Gesamtschau eines Themas, das mehrdimensional, in aller Vielschichtigkeit und aus verschiedenen Perspektiven betrachtet werden kann und dabei möglichst in sich schlüssig sein sollte. Solange dies nicht gelingt, bleibt ein Gefühl grundlegender Unsicherheit.

Die Neigung neurotypischer Gehirne, schnell Kongruenzen wahrzunehmen – oder zu konstruieren, auch wenn etwas nur ungefähr zusammenpasst oder vielleicht gar nicht im Kontext zueinander steht – ist dem autistischen Denken weitgehend fremd. Es strebt nach klaren, eindeutigen Zusammenhängen und Übereinstimmungen. Ein »ungefähr« gibt es hier nicht – was vielfach zu einer »digitalen« Denkweise führt: entweder etwas ist »0« oder »1«, dazwischen gibt es nichts. Da es gerade in sozialen Kontexten nur selten hundertprozentige Klarheit und Eindeutigkeit gibt, überwiegen Situationen der Unsicherheit.

Das Streben nach klaren Einordnungen wirkt sich darüber hinaus auf die Logik aus, die – »von der Dritten Ebene aus« und nicht von den Funktionen eines Sozialen Autopiloten beeinflusst und »getrübt« – oft auch soziale Dynamiken mit großer Klarheit und auf ganz eigene Weise erfasst und beschreibt. Allerdings verstärkt dieser klare Blick ein Gefühl der Verwirrung und Unsicherheit bei den Betroffenen, vor allem, solange sie nichts über die Funktionsweisen neurotypischer Menschen und Sozialer Autopiloten wissen. Umgekehrt treffen sie mit ihrer scharfen Beobachtung – und oft auch mit ihrer unverblümten Direktheit – bei ihren Mitmenschen derart »ins Schwarze«, dass es von deren Seite sehr häufig zu Ablehnung oder Aggression kommt.

Allein aufgrund der Unterschiedlichkeiten im Denken selbst erleben Menschen im AS zeitlebens, dass andere mit Befremden auf sie reagieren – und können umgekehrt oft Denk- und Handlungsweisen ihrer neurotypischen Mitmenschen nicht nachvollziehen. In ihren Augen ist deren Verhalten meist seltsam, unlogisch, unerklärlich und damit auch *unvorhersehbar*.

Zudem leitet sich aus dem Gefühl des Befremdens – das übrigens von den anderen Beteiligten so gar nicht wahrgenommen werden muss – oft ein geringer Selbstwert ab, der bis zum Selbsthass gehen kann. Das Individuum erlebt sich als »falsch« oder gar »allein auf dem falschen Planeten«. So entstand der Ausdruck »Wrong-Planet-Syndrom«. Die umfassende und zutiefst schmerzliche Einsamkeit, die ein solches Erleben hervorbringt, lässt sich von Menschen, die dies in dem Ausmaß nicht kennen, kaum erahnen.

Allein das ständige Gefühl »immer falsch« und bei aller Anstrengung *nicht zugehörig* zu sein, bringt bereits für sich genommen ein Erleben der Isolation und des Ausgeliefert-Seins mit sich. Denn in jedem Menschen ist zutiefst verankert: »Ohne Anschluss bin ich verloren«. Nicht umsonst war in früheren Zeiten eine der schlimmsten Strafen, als »vogelfrei« erklärt zu werden. Damit gehörte man keiner Gruppe mehr an, durfte sich niemandem mehr anschließen und es war jedem erlaubt, die Person ungestraft zu verletzen oder zu töten.

Die massiven Ängste, die für viele Menschen im AS gerade in sozialen Situationen so bestimmend sind, sind also keinesfalls als rein »neurotisch« im Sinne einer »Sozialphobie« einzuordnen, sondern haben tatsächlich einen wahren Kern, der nicht von der Hand zu weisen ist.

3.1.3 Faktor 3: Kein Sozialer Autopilot – Irritationen in der Interaktion, Konflikte, Kontaktabbrüche

Wenn wir einmal davon ausgehen,

- dass 99 % der Menschen einen Sozialen Autopiloten haben, der für sie alle wahrnehmbaren Verhaltensweisen der Anwesenden registriert, die wesentlichen von den unwesentlichen unterscheidet, diese Verhaltensweisen deutet und das eigene Verhalten aufgrund dieser Deutung steuert,
- während eine Person im Autismus-Spektrum selbst keinen Sozialen Autopiloten hat, sondern ihre Umwelt und das Verhalten der Anderen – über die »Dritte Ebene« – *bewusst* beobachtet, es *bewusst* analysiert, reflektiert und versucht, Zusammenhänge und Sinn darin zu erkennen,
- um dann aufgrund der daraus sich ergebenden Arbeitshypothesen ihre eigenen Handlungen *bewusst* zu gestalten,

dann wird es unweigerlich zu gegenseitiger Irritation, Fehlinterpretationen und Konflikten – oder auch zu einer stillen Traumatisierung kommen, die von Außenstehenden nicht bemerkt und von den Betroffenen oft jahrzehntelang ungelöst mit sich getragen wird.

Das gilt insbesondere dann, wenn beide Seiten – und auch die Menschen im Umfeld – keine Ahnung haben, dass es überhaupt einen Sozialen Autopiloten gibt, dass unter neurotypischen Menschen ein Großteil der Verständigung nonverbal und unwillkürlich per Autopilot geschieht und dass der Betroffene keinen hat.

Ein Student, nennen wir ihn hier Tom, berichtet von massiven Ängsten bis hin zu Panikzuständen bei allem, was ihn an die Schule erinnert. Komme er auf seinem Weg an einer Schule vorbei, packe ihn die Panik, er müsse die Straßenseite wechseln und sich schnell entfernen. Auch nachts plagten ihn immer wieder Alpträume davon, dass er in die Schule müsse. Als wir gemeinsam beginnen zu erkunden, was die Wurzel dieser Angst sein mag, erinnert er spontan überraschenderweise eine Szene aus seiner Kindergartenzeit: Er sitzt wie meistens allein in »seiner« Spielecke und baut etwas aus Bauklötzen, als sich zwei Jungen aus seiner Gruppe nähern. Sie haben einen großen Plastik-Bagger, wie er oft auch im Sandkasten zum Einsatz kommt. Während die beiden mit diesem Bagger näher kommen, stimmen einen Singsang an: »Wir baggern Tom weg, wir baggern Tom weg.« Den kleinen Tom packt die blanke Angst. Da sind zwei Jungen, die ihn »wegmachen« wollen. Die wollen, dass er weg ist und sich anschicken, diesen Plan umzusetzen. Er sitzt still und wie erstarrt. Eine Erzieherin kommt vorbei und fragt: »Na? Was macht Ihr denn Schönes?« – »Wir baggern Tom weg,« informieren sie die beiden Jungs. »Ach so. Na dann,« sagt die Erzieherin – und geht weiter. Für Tom ist in diesem Moment klar, dass er keine Hilfe zu erwarten hat. Die Person, die ihn vielleicht hätte retten können, greift nicht nur nicht ein, um ihn zu schützen, sondern sie scheint sogar ganz einverstanden mit dem Plan der Angreifer zu sein, ihn »wegzumachen«. Spätestens damit entsteht beim kleinen Tom der nachhaltige Eindruck, dass er irgendwie falsch, deplatziert und unerwünscht ist – und deshalb besser entfernt werden sollte.

Bei der Schilderung der Szene wird deutlich, dass der erwachsene Tom nach wie vor die Szene und das daraus resultierende Gefühl »falsch« und unerwünscht zu sein in dieser Weise verinnerlicht hat und keine Erklärung dafür findet, warum die Jungen – und auch die Erzieherin – sich so verhalten haben. Der Gedanke und das Gefühl, dass Menschen ihn eliminieren, zumindest aber »weghaben« möchten und andere damit einverstanden sind, hat sich tief verankert.

Gemeinsam explorieren wir aus sicherer Distanz, was damals geschehen ist und was möglicherweise auf Seiten der Beteiligten vor sich gegangen sein mag. Ich äußere die Vermutung, dass die beiden Jungen wahrgenommen haben, dass da einer immer alleine spielt. Das hat ihnen Unbehagen bereitet, weil das »irgendwie nicht gut ist«, wenn jemand immer außen vor bleibt. Da ist ein Impuls, ihn einzubeziehen. Zugleich irritiert sie vielleicht, dass sie ihn so gar nicht kennen, obwohl er in ihrer Gruppe ist. Sie wollen ihn kennenlernen. Und dafür wählen sie eine Mischung aus Provokation und Spielangebot. Sie wollen eine Reaktion aus ihm hervorlocken und ihn vielleicht sogar in ein Spiel einbinden.

Als ich diese Deutung der Situation aus Sicht der anderen Kinder schildere, zeigt sich Tom vollkommen verblüfft und zugleich erleichtert und erschüttert: »Auf die Idee wäre ich im Leben nicht gekommen.« Was war passiert? Er kannte als autistisches Kind die Spielebene des »als ob« nicht und nahm alles wörtlich, was gesagt wurde. So konnte er die Aussage »Wir baggern Tom weg« nur als klare Absicht interpretieren, ihn wegräumen zu wollen. Dass diese beiden tatsächlich mit hoher Wahrscheinlichkeit »nur spielen« wollten, konnte er daher nicht erkennen. Das dafür notwendige Konzept kannte er nicht.

Und die Erzieherin? Sie hat, so die Vermutung, beobachtet, dass da zwei Kinder auf den kleinen Tom zugehen, der da immer ganz alleine in seiner Ecke spielt. Vorsichtshalber geht sie mal vorbei, macht sich präsent und fragt nach, was sie vorhaben. Da sie in der Antwort der Jungen unmittelbar das Spielangebot erkennt, ist sie beruhigt und möchte die sich anbahnende Interaktion keinesfalls stören. So zieht sie sich zurück, in der Hoffnung, dass sich tatsächlich ein Spiel entspinnt und Tom endlich Spielkameraden findet.

Auch diese Deutung kommt für den erwachsenen Klienten völlig überraschend, wird aber – über die Dritte Ebene – für ihn zumindest nachvollziehbar.

Welche Deutung tatsächlich zutreffend ist, lässt sich nicht mit Bestimmtheit sagen. Entscheidend ist hier die Erkenntnis, dass und auf welcher Basis es zu buchstäblich fatalen Missverständnissen mit nachhaltig traumatisierender Wirkung kommen kann – und dass eine Kommunikation und nachträgliche gemeinsame Reflexion hier neue Deutungsmöglichkeiten und damit auch Lösungswege eröffnet.

Aus der Unterschiedlichkeit bei der Verarbeitung, Deutung und Steuerung von Interaktion und Kommunikation ergibt sich auf beiden Seiten potentiell viel *Irritation* und *Konfliktstoff*, der sich meist nur sehr schwer klären und auflösen lässt.

Und dies ist nicht nur in der Begegnung mit unbekannten Personen der Fall, sondern auch innerhalb der Familie und mit eigentlich vertrauten Personen. Menschen im Autismus-Spektrum berichten häufig, wie sie vermeintlich endlich einen guten Freund oder eine Freundin gefunden haben – und dann »wie aus dem Nichts« und ohne Begründung oder Erklärung der *Kontakt abgebrochen* wird.

3.1.4 Faktor 4: Anders-Sein: Wer auffällt, wird schnell zum Opfer von Entwürdigung und Gewalt

Wer Reize anders verarbeitet, die Welt anders erlebt und sich dementsprechend anders verhält als die meisten Menschen, der wird unweigerlich auffallen und als »anders«, als »komisch«, »fremd« oder gar bedrohlich wahrgenommen.

Wer allerdings als »anders« und damit als fremd wahrgenommen wird, der zieht nicht nur Aufmerksamkeit auf sich, sondern ruft diverse Reaktionen seitens der Sozialen Autopiloten seiner Mitmenschen hervor. Dazu gehören:

- Neugier und Provokation – um herauszufinden, »wie dieses seltsame Wesen tickt«
- Befremden und Ablehnung – »mit *dem/der* will ich nichts zu tun haben«
- Kontaktabbruch, Ausschluss aus Gruppen – ohne erkennbaren oder genannten Grund
- Verachtung und Abwertung – »was/wer anders ist, gehört nicht zu uns, ist minderwertig, vielleicht gar kein richtiger Mensch(?)«
- Aggression – verbal, tätlich, destruktiv gegen die Person und/oder ihr Eigentum sowie auch gegen andere, ihr nahestehende Personen

So berichten die allermeisten Klientinnen und Klienten in meiner Praxis bereits im Rahmen der Anamneseerhebung von mitunter massiven und anhaltenden *Mob-*

bingerfahrungen während der Schulzeit und teilweise darüber hinaus. Nicht wenige haben mindestens einmal die Klasse oder die Schule wechseln müssen – wenngleich die Veränderung für sie ebenfalls eine sehr große Herausforderung war – um anhaltenden Gewalterfahrungen oder subtilerer, jedoch nicht weniger wirksamer, *psychischer Gewalt* zu entgehen.

Tatsächlich haben viele sogar trotz sehr guter Potentiale und tadelloser schulischer Leistungen frühzeitig ihre Schullaufbahn abbrechen oder zumindest für längere Zeit unterbrechen müssen, da ihre psychische Gesundheit zu sehr gelitten hatte. Sie entwickelten *schwere psychische Erkrankungen wie Depressionen, Zwangsstörungen oder Essstörungen*, verbrachten Monate stationär in psychiatrischen Einrichtungen und fanden danach nicht mehr oder nur reduziert in das Schul- und Bildungssystem zurück – oft mit gravierenden Folgen für den gesamten weiteren Lebensweg.

Welch tiefgreifende und weitreichenden Folgen solche Mobbingerfahrungen mit sich bringen können, wird an folgendem Beispiel deutlich, von dem der Kollege Tony Attwood vor Jahren auf einer Tagung berichtete:

> Tony war im Zuge seiner Arbeit zu Gast in den USA und wurde gefragt, ob er sich nicht einiger Klienten annehmen und ihnen ein Gespräch anbieten könne. Sie seien Vietnam-Veteranen, offenbar schwer traumatisiert, mit PTBS belastet – und gerade neu als Asperger-Betroffene diagnostiziert worden. Vielleicht finde er als Asperger-Experte einen Zugang zu ihnen und könne ihnen helfen? Tony erklärte sich bereit, wenngleich er, wie er berichtete, ein wenig Sorge hatte, was ihm da wohl von den schwer-traumatisierten Vietnam-Veteranen berichtet werden würde. Als er nun mit dem ersten Klienten zusammensaß, sprach er ihn auf sein PTBS an und fragte, ob er von dem erzählen möge, was er Vietnam erlebt hatte. Der Klient sah ihn verständnislos an: »Wieso Vietnam?« fragte er »Vietnam war kein Trauma. In Vietnam war Krieg. Ich kam da hin als Soldat. Da war klar, dass es Gegner gibt, die mich bekämpfen und angreifen werden, denn ich war ihr Feind. So ist das im Krieg. Aber ich war nicht allein. Wurde ich vom Gegner bedroht, waren Kameraden da, die mir zur Hilfe kamen. Ich hatte eine Waffe. Wenn ich sie benutzt habe und damit einem Feind schaden oder ihn ausschalten konnte, habe ich dafür eine Auszeichnung bekommen. – Damals in der Schule, da war kein Krieg. Es gab für niemanden irgendeinen Grund mich anzugreifen. Und dennoch haben sie es immer wieder getan! Warum? – Damals in der Schule hatte ich keine Waffe. Und wenn ich mich dann doch einmal verteidigt habe, bin ich der Schule verwiesen worden. – Das verstehe ich bis heute nicht, obwohl ich immer und immer wieder drüber nachdenke, seit all den Jahren.«

Was wir an diesem Beispiel sehen können, ist nicht nur die verheerende Wirkung von Mobbing im Kindes- und Jugendalter. Es wird auch deutlich, wie *unvorhersehbare* Erlebnisse sozialer Ablehnung und Gewalt, die sich *auch im Nachhinein nicht klären und erklären* lassen – schon allein deshalb, weil sie mit der eigenen Logik nicht kompatibel sind –, oft lebenslange, quälende Suchprozesse nach Antworten, nach Gründen und Zusammenhängen nach sich ziehen.

Wenn wir dabei noch die neurobiologische Tatsache berücksichtigen, dass bei jeder Wiederholung einer Assoziation sich diese neuronal noch deutlicher bahnt und dann wiederum noch leichter aktiviert werden kann, so lassen sich hier einige der oben beschriebenen klassischen Symptome der Intrusion in ihren Funktionen und Auswirkungen nachvollziehen.

An dieser Stelle sei erwähnt, dass viele meiner Klienten bei sich die Beobachtung machen, wie sehr die negativen Erinnerungen dominieren und wie schwierig es für sie ist, überhaupt Zugang zu irgendeiner positiven Erinnerung zu finden – etwa, um dem Traumatischen etwas entgegenzusetzen und sich, wie es ihnen oft empfohlen wird, doch »auf das Positive zu konzentrieren«. Eine solche wohlgemeinte Empfehlung kann in der Wahrnehmung einer chronisch traumatisierten Person geradezu wie Hohn klingen; zumindest jedoch löst sie häufig sogar zusätzlichen Stress aus: Man möchte ja selbst alles tun, damit es einem besser geht. Und dann bekommt man einen Hinweis und versucht gewissenhaft, diesem nachzugehen und einen guten und logisch klingenden Rat zu befolgen, muss aber feststellen, dass man (wiederum) »versagt«, weil einfach keine guten Erinnerungen zu finden sind.

3.1.5 Faktor 5: Die Gefahr von Missbrauch, Ausbeutung und anderen Übergriffen kann nicht eingeschätzt werden bzw. wird vom Betroffenen nicht oder zu spät erkannt

Wer keinen Sozialen Autopiloten hat, der kann sich keine Vorstellung vom Erleben, den Erwartungen und Bedürfnissen oder den Intentionen des anderen machen. Mit anderen Worten: Er kann keine »Theory of Mind« (ToM) bilden, also eine Vorstellung davon, was im (Geiste des) anderen vor sich geht.

So wird das Verhalten, die Aussage oder die Bitte einer anderen Person auch oft wörtlich und als ehrlich angenommen. Dass hinter manchem Freundschaftsangebot, mancher Bitte um Unterstützung und manchem Tauschangebot unlautere Absichten stecken, erkennen viele Betroffene erst im Nachhinein.

> Eine Klientin erzählte, dass sie in ihrer Schulzeit von Mitschülern gebeten wurde, ihnen bei den Hausaufgaben zu helfen. Da sie gerne half und auch auf die Entwicklung freundschaftlicher Beziehungen hoffte, schrieb sie fortan in jeder Pause für die betreffenden Jungen die Hausaufgaben. Die erhoffte Freundschaft entstand jedoch nie. Vielmehr musste sie irgendwann erkennen, dass sich die Jungen über sie lustig machten, weil sie »so blöd« war, für sie die Aufgaben zu machen. Auch noch im Rückblick, Jahre später, war diese Erkenntnis für die junge Frau zutiefst verletzend und empörend.

Vor diesem Hintergrund ist klar, warum Betroffene oft zum Opfer unterschiedlichster Formen der Manipulation, der Ausbeutung sowie des emotionalen oder auch sexuellen Missbrauchs werden.

> C., Ende dreißig, hatte in seinem Leben kaum Freunde gefunden und sehnte sich sehr nach freundschaftlichen Kontakten. Da er gut kochen konnte, begann er, einige Bekannte aus einer sozialen Gruppe regelmäßig zum Essen einzuladen. Er fühlte sich dadurch zunächst viel besser. Was ihm allerdings nicht gefiel war, dass seine Gäste diese Einladungen bald selbstverständlich nahmen und auch immer fordernder wurden. Zwar erkannte er diese Entwicklung durchaus als nicht in Ordnung, hatte dem jedoch nichts entgegenzusetzen. Ergebnis seiner Selbstreflexion von der Dritten Ebene aus lautete: »Ich geb' mein letztes Hemd«. Es

bedurfte noch einiger weitergehender Erfahrungen und viel Überwindung, ehe er sich erlaubte, auch Freunden gegenüber Grenzen zu setzen.

Auch psychischer Traumatisierung durch Gaslighting ist Tür und Tor geöffnet: Wenn ich nonverbale Zeichen meiner Mitmenschen nicht verstehe und daher die Bedeutung ihrer Worte und ihre Intentionen nicht deuten kann, tappe ich viel leichter in die Falle einer Manipulation, kann besonders einfach in die Irre geführt, verunsichert sowie in Abhängigkeit und unter Kontrolle gebracht werden. Für Menschen, die es für ihren eigenen Selbstwert brauchen, auf andere bewusst und beliebig einwirken zu können, hat die Manipulation eines so leichten »Opfers« einen besonderen Reiz. Gelingt es einmal, werden sie es immer wieder tun – bis ihre Versuche ins Leere laufen.

3.1.6 Faktor 6: Das Trauma des unlösbaren inneren Konflikts

Ich möchte an dieser Stelle an das unerträgliche Dilemma des »Doppelkonflikts zwischen den Welten« hinweisen, der im ersten Kapitel anhand des Zwei-Welten-Modells beschrieben wurde. Es ist der Konflikt, der unweigerlich entsteht, wenn menschlichen Grundbedürfnissen nach Sicherheit in Verbundenheit wiederholte und tief erschütternde Erfahrungen der Bedrohungen entgegenstehen. Erinnern wir uns an die Beschreibungen der »desorientierten Bindung« von Van der Kolk: Ein Kind, das natürlicherweise Sicherheit bei seinen Bezugspersonen sucht, sich in ihrer Nähe jedoch zugleich bedroht fühlt, befindet sich in einem Dilemma, aus dem es keinen Ausweg gibt (s. o. »Desorientierte Bindungen« und vgl. Van der Kolk 2015).

3.2 Parallelen zwischen ASS und (k)PTBS: Ähnlichkeiten im Erscheinungsbild und im Erleben

3.2.1 Ähnlichkeiten in Erscheinungsbild und erkennbarer Symptomatik

Wenn wir auf Erscheinungsbilder des Autismus und Traumafolgen gemeinsam schauen, lassen sich spontan viele Auffälligkeiten erkennen, die bei Betroffenen beider diagnostischer Sparten *aus der Außensicht heraus* beobachtet werden, beispielsweise:

- Ständige Anspannung, erhöhte Reizbarkeit, vermehrte vegetative Stresssymptome
- Motorische Unruhe, Umtriebigkeit, Ruhelosigkeit

- Hohe Reizoffenheit und Ablenkbarkeit bis hin zu Konzentrationsstörungen
- Schreckhaftigkeit – mit Überreaktionen von Panik oder Aggression auch auf vermeintlich harmlose Reize
- Stimmungsschwankungen ohne erkennbare Anlässe
- Plötzliche, für andere unerklärliche »Ausbrüche« von Angst oder Aggression, Kontrollverlust
- Vermeidung von potentiell bedrohlichen Situationen, (z. B. Reize/Reizfülle oder soziale Anforderungen)
- Dissoziative Symptomatik i. S. »wie weggetreten«, »nicht ansprechbar«, »spaced-out« oder auch »ganz bei sich selbst sein« (vgl. Ursprung des Autismus-Begriffs)
- Motorische Auffälligkeiten – starke motorische Unruhe, motorische Unsicherheiten, Koordinationsstörungen
- Stereotype Bewegungssequenzen – z. B. Jaktationen des Oberkörpers, sich selbst in den Schlaf wiegen oder rollen
- Selbststimulation bis hin zur Selbstverletzung durch Kneten, Biegen, Puhlen der Finger oder Manipulation anderer Gelenke und Gliedmaßen sowie am Gesicht oder den Genitalien
- Autoaggressives und selbstverletzendes Verhalten
- Ständige mentale Beschäftigung mit vergangenen oder neuen sozialen Situationen
- Grundlegende soziale Unsicherheit und Unbeholfenheit bis hin zu sozialen Ängsten
- »Pessimismus« – sich immer auf das Schlimmste gefasst machen, alles durchplanen, sich wappnen
- Verstärkte Bedürfnisse nach Struktur, Verlässlichkeit, Vorhersehbarkeit und Kontrolle
- Pedanterie und Rigidität

Fehlschlüsse und ihre Auswirkungen auf das Familiensystem und die Betroffenen selbst

Die beobachteten Parallelen führten in der Vergangenheit dazu, dass bei autistischen Kindern als Ursache für ihr auffälliges Verhalten Bindungsstörungen oder Traumatisierungen angenommen wurden. Dieser kausale Rückschluss – »Was gleich aussieht, muss gleiche Ursachen haben« – hatte jedoch fatale Folgen: Wenn bei jedem Kind, das Anzeichen von Autismus zeigt, die Ursache bei den Bezugspersonen, insbesondere bei der Mutter gesucht und mehr oder weniger offen oder unterschwellig der Vorwurf von Verwahrlosung, Misshandlung oder Missbrauch erhoben wird, wirkt sich dies gravierend auf die Psyche der Angehörigen, die Beziehungen innerhalb des Familiensystems und damit letztlich auch auf das betroffene Kind selbst aus. Abgesehen davon, dass die eigentlichen Probleme des Kindes durch eine solche externe Zuschreibung gar nicht exploriert werden.

Hinzu kommt, dass entsprechende Vermutungen oder offene Unterstellungen – »Was haben Sie mit Ihrem Kind gemacht?!« – auf eine ohnehin meist bestehende, tiefe Verunsicherung seitens der Mutter, der Eltern oder des gesamten Familiensystems treffen: Wenn ein Kind nicht aktiv oder nur auf ganz ungewöhnliche Weise Kontakt zu den Bezugspersonen aufnimmt, deren Kontaktangebote kaum annimmt, darauf aversiv oder ausweichend reagiert, wenn es viele unerklärliche Verhaltensweisen und Reaktionen auf seine Umwelt zeigt, wirkt dies in aller Regel in hohem Maße verunsichernd, wenn nicht sogar kränkend oder alarmierend, insbesondere auf die primären Bezugspersonen.

Diese bekommen zudem meist Kommentare aus ihrem sozialen Umfeld zu hören, die zusätzlich ihre Kompetenz in Frage stellen – von wohlmeinenden Hinweisen, wie es »richtig« geht, über Kopfschütteln bis hin zu direkten Anfeindungen »Wie gehen Sie denn mit dem Kind um?!« – »Dein Kind ist ja ziemlich neben der Spur! – Kannst Du das nicht mal ordentlich erziehen?!«

Oft werden solche Fragen auch innerhalb des Familiensystems laut – und können es zum Zerbrechen bringen. Umso vulnerabler wird eine alleinerziehende Bezugsperson mit einem autistischen Kind sein, wenn sie von Seiten der Kindergartenerzieherin, des Schulpsychologen, der Kinderärztin oder einem Therapeuten mehr oder weniger explizit Unfähigkeit, Desinteresse oder Missbrauch gegenüber dem Kind vorgeworfen bekommt, welches sie doch mit all ihren Möglichkeiten und Kräften versucht zu verstehen, dem sie versucht gerecht zu werden und für das sie doch gerade angemessene Hilfen hinzuziehen möchte.

Das betroffene Kind selbst, das nichts dringender braucht, als eine Sicherheit bietende, ruhige Umgebung, wird seismographisch fein die Anspannung in der häuslichen Atmosphäre und die Beunruhigung der Eltern spüren und darauf mit noch mehr Unruhe oder auch Rückzug reagieren. So entsteht ein Teufelskreis, der sich jedoch in dem Moment durchbrechen lässt, in dem Klarheit, Beruhigung und Ansätze zur Selbstwirksamkeit ins System hineingebracht werden. Dies kann von einem Eltern- oder Großelternteil ausgehen oder auch von einer Fachkraft, die Hinweise auf die Wahrnehmungsbesonderheiten des Kindes und daraus sich ergebende besondere Bedürfnisse erkennt, entsprechende Angebote macht und den anderen Familienmitgliedern vermittelt, wie sie das Kind beruhigen und erreichen können. Eine frühe Autismus-Diagnose und entsprechende Beratung sind für all dies ausgesprochen hilfreich.

3.2.2 Gemeinsamkeiten des Erlebens und der Bewältigungsstrategien

Wer sich eingehender mit der »Innensicht«, also den Erfahrungen sowie dem Erleben von Menschen im AS beschäftigt und sich vor diesem Hintergrund charakteristische Aspekte von Traumatisierung und Traumafolgen ansieht, wird nicht umhinkommen, viele Gemeinsamkeiten nicht nur der äußeren Erscheinungsformen, sondern auch *hinsichtlich des Erlebens* zu erkennen. Hier sollen im Folgenden wiederum beispielhaft einige davon aufgeführt werden:

- Erfahrungen des Überwältigt-Werdens und des Ausgeliefert-Seins
- Starkes Bedürfnis nach Sicherheit durch Struktur, Vorhersehbarkeit und Verlässlichkeit

- Hohe Reizoffenheit – Ablenkbarkeit, Konzentrationsprobleme, Gefahr der Überreizung und Reizüberflutung
- Erhöhte emotionale Reizbarkeit
- Probleme mit der Selbstregulation und Impulskontrolle – Überreaktionen, die im Nachhinein zutiefst bedauert werden oder sogar »Angst vor sich selbst« erzeugen können
- Gefühl der Bedrohung durch eigene und fremde Emotionen, welche seismographisch fein wahrgenommen werden
- Tiefgreifende Unsicherheit bezüglich der eigenen Identität und des Selbstwerts
- Selbst so empfundene emotionale Taubheit, insbesondere Mangel an erwünschten, »positiven«, schönen, zarten Gefühlen
- Probleme in der sozialen Interaktion, häufige gegenseitige Fehleinschätzungen und Konflikte
- Mangel an nährendem Kontakt und Zugehörigkeit
- Erfahrungen der Ablehnung, des Ausgeschlossen-Seins, der Isolation

Insbesondere bei komplexer PTBS durch Bindungs-/Beziehungstraumata kommen, wie auch bei Autismus-Spektrum-Störungen, zudem vermehrt *sekundäre psychische Störungen* vor, insbesondere Depressionen, Angst- und Zwangsstörungen, sowie auch vielfältige Erkrankungen aus dem somatischen und psychosomatischen Bereich wie Allergien und Unverträglichkeiten, Schmerzsyndrome, Herz-Kreislauf- und Stoffwechselerkrankungen, Schlaf- und Essstörungen sowie Störungen der Sexualität.

3.2.3 Menschliche Gemeinsamkeiten der Grundbedürfnisse und Bewältigungsstrategien

Angesichts der Ähnlichkeiten sowohl äußerlich erkennbarer Besonderheiten als auch im Erleben Betroffener im AS und Menschen mit Traumafolgestörungen können sich Fragen ergeben hinsichtlich Gemeinsamkeiten, die sich auch strukturell niederschlagen und z. B. durch bildgebende Verfahren nachweisen lassen. Tatsächlich eröffnen sich hier durchaus interessante Fragestellungen für die neurobiologische und neuropsychologische bzw. -psychiatrische Forschung, die über den Gegenstand dieses Buches hinausgehen.

Was sich jedoch bereits aus der rein empirischen Sicht formulieren lässt, ist, dass die offenkundigen Ähnlichkeiten, bei aller Individualität und auch zu berücksichtigender Diversität, auf eine gemeinsame menschliche Grunddisposition zurückführen lassen.

Einfach gesagt:
Wir sind alle Menschen, mit grundlegend ähnlichen Bedürfnissen und Notwendigkeiten, um zu überleben, mit einer genetischen und physiologischen Grundausstattung, die in Wechselwirkung mit unserer Umgebung, insbesondere in Interaktion mit Artgenossen und anderen Lebewesen, in vielfältiger, jeweils einzigartiger Weise zur Entfaltung kommt.

Alles, was an Verhaltensweisen entwickelt und gezeigt wird, dient grundsätzlich dem Überleben und der Weiterentwicklung.

In diesem Sinne ist nicht nur unsere Physis – einschließlich des Nervensystems – ausgestattet, sondern auch unsere Psyche.

Einige Grundbedürfnisse, die allen gemeinsam sind und deren Erfüllung in jeweils individueller Weise angestrebt wird, seien an dieser Stelle aufgelistet:

- Sicherheit (äußere wie innere)
- Physische Selbsterhaltung (Atmung, Hunger, Durst, Wärme-/Kälte-Regulation, körperliche Unversehrtheit)
- Kontakt und Verbundenheit (Präsenz, Resonanz, Co-Regulation, Spiegelung, Interaktion und Auseinandersetzung, Erleben von Schnittmengen der Gemeinsamkeit, Bestätigung, Kooperation, Nähe, Distanz/Raum)
- Gemeinschaft und Zugehörigkeit zu bedeutsamen Gruppen
- Persönliches Wachstum und Weiterentwicklung
- Selbstwirksamkeit
- Autonomie
- Würde

Die Gemeinsamkeiten hinsichtlich des Erlebens – und auch Leidens bei Entbehrung in einem dieser Bereiche – können als sehr grundlegend und allgemein menschlich angenommen werden. Wir werden später sehen, dass sich hieraus auch teilweise ähnliche Implikationen für die therapeutische Herangehensweise ergeben.

Dennoch ist es für die Diagnostik wie für die angemessene, individuelle therapeutische Behandlung wesentlich, sowohl Hinweise auf eine autistische Grundstruktur zu erkennen als auch Symptome einer PTBS wahr- und ernst zu nehmen.

3.3 Differentialdiagnostische Überlegungen

3.3.1 Wichtig für die Diagnostik: Vorsicht vor Verwechslungen oder Vernachlässigung von Hinweisen auf ASS und/oder (k)PTBS

Gerade weil es offenkundig so viele Ähnlichkeiten der äußerlich erkennbaren Symptomatik von Menschen im AS und Menschen mit Traumafolgestörungen gibt, beiden Störungen jedoch unterschiedliche Ursachen und Entwicklungsverläufe zugrunde liegen, ist es von entscheidender Bedeutung, bei der Betrachtung eines Patienten oder einer Klientin sowie bei der diagnostischen Einordnung auffälliger Verhaltensweisen zum einen deren mögliche *strukturelle* Ursachen – etwa eine besondere Reizverarbeitung – und dadurch bedingte Besonderheiten in der Entwicklung in Betracht zu ziehen.

Zum anderen gilt es, konkrete Berichte sowie Hinweise auf eventuell im Laufe des Lebens erfahrene, traumatische Erfahrungen im Blick zu behalten.

In diesem Sinne sollte Diagnostik bei entsprechenden Symptomen sowohl »autismus-sensibel« als auch »trauma-sensibel« sein.

Sind beide Bereiche in der diagnostischen Exploration berücksichtigt worden, können sodann beide jeweils für sich oder gegebenenfalls auch im Zusammenhang und in ihren Wechselwirkungen gesehen werden. Dies ermöglicht nicht nur mehr Genauigkeit der Diagnostik, sondern auch gezieltere und individuell angemessenere Angebote der Entlastung, Unterstützung, Förderung und Therapie.

In den folgenden Abschnitten sollen daher nochmals entscheidende Unterschiede und Charakteristika der beiden Bereiche herausgearbeitet sowie in ihren Wechselwirkungen betrachtet werden.

3.3.2 Wesentliche Unterschiede im Hinblick auf Struktur und Entwicklung

Angesichts der grundlegenden Gemeinsamkeiten des Erlebens und Verhaltens einschließlich der Bewältigungsstrategien von Menschen im AS einerseits und Personen mit Traumafolgestörungen andererseits mag sich die Frage aufdrängen, ob eine Unterscheidung bei der Diagnose und der Behandlung tatsächlich sinnvoll und notwendig und ob diese überhaupt möglich ist.

Bei genauerer Betrachtung zeigt sich, dass es für die Psychotherapie, aber auch für die Identitätsentwicklung des Individuums wesentlich ist, *in stimmiger Weise soweit wie möglich nachvollziehen* zu können, wie die ganz eigene Entwicklung verlaufen ist, wie spezifische Bewältigungsstrategien entstanden sind und auf welche besonderen Herausforderungen oder Ereignisse deren Herausbildung zurückzuführen ist. Gibt es Hinweise darauf, dass das Nervensystem seit Geburt in besonderer Weise funktioniert und lassen sich vor diesem Hintergrund viele eigene Erfahrungen oder auch Zuschreibungen von außen erklären, kann dies rückwirkend sowohl die Person selbst als auch ihr System entlasten. Gibt es darüber hinaus Hinweise auf traumatische Erfahrungen oder auf Reaktionsweisen, die sich den Traumafolgestörungen zuordnen lassen, kann diese Erkenntnis einen weiteren wichtigen Beitrag zum Selbstverständnis und zur Verständigung mit anderen leisten.

Daher lohnt es sich, soweit dies möglich ist, bereits in der Diagnostik die Unterschiede herauszuarbeiten und diese auch in der Behandlung zu berücksichtigen.

Denn dies sollte meines Erachtens Ziel, Sinn und Zweck einer Diagnostik sein:

Eine Anerkennung dessen, was die Person an besonderen Herausforderungen erlebt und auf ganz eigene Weise gemeistert hat, sowie eine darauf basierende, fortlaufend flexible Abstimmung der therapeutischen Angebote.

Ich möchte hier einige Denkansätze und Fragestellungen vorstellen, die zu einer möglichst differenzierten Exploration und diagnostischen Einordnung beitragen können.

Struktur, Problem oder Zustand? – Hilfen zur Unterscheidung und Einordnung von Symptomen

Prof. Tebartz van Elst unterscheidet in seiner Arbeit die Bereiche der Struktur, des Problems und des aktuellen Zustandes sowie deren Wechselwirkungen untereinander. Er hat zur Veranschaulichung hierzu das folgende Heuristische Modell »Der Mensch und seine Eigenschaften« entwickelt:

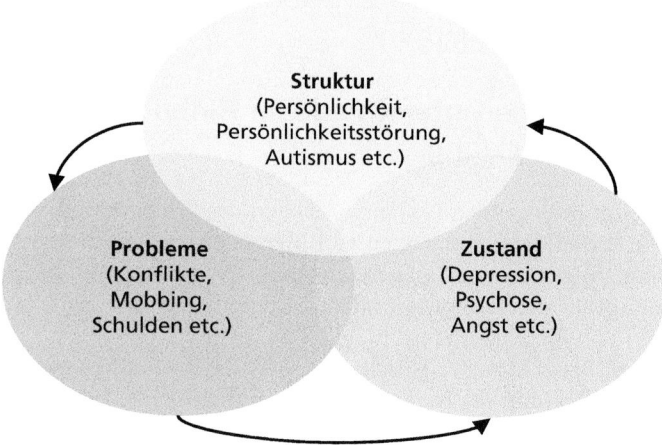

Abb. 3.2: Der Mensch und seine Eigenschaften (Tebartz van Elst 2022)

Dieses Konzept erweist sich als sehr hilfreich, um zu erkunden, welche Probleme, erlebte Zustände oder Verhaltensweisen eines Patienten auf welche Ursachen und Zusammenhänge zurückzuführen sind. Daraus lässt sich ableiten, an welchen auf welche Weise therapeutisch gearbeitet werden sollte, und welche als *strukturell gegeben* anerkannt werden können. Diese sollten dann gewürdigt und mit allen damit verbundenen Bedürfnissen und Ressourcen in die weitere Gestaltung der Therapie sowie des eigenen Lebens der betroffenen Person einbezogen werden.

So ist es für Betroffene wie für Helfer von wesentlicher Bedeutung zu erkennen,

- ob sich die jeweils sichtbaren Symptome bzw. die erlebbaren und beschriebenen Beschwerden als Folgen bekannter Traumatisierungen in der Anamnese ausreichend erklären lassen, oder ob es Hinweise auf von der frühen Kindheit an bestehende, strukturelle Besonderheiten i. S. einer Neurodivergenz gibt.
- inwieweit eine autistische Grundstruktur oder (auch) eine andere Form der Neurodivergenz wie ADHS, Hochbegabung, Hochsensibilität besteht und welche Besonderheiten, Zustände und Probleme sich auf entsprechende, strukturelle Gegebenheiten zurückführen lassen.
- ob es neben einer diagnostizierten autistischen Grundproblematik zusätzlich zu akkumulierenden oder einzelnen einschneidenden Traumatisierungen gekommen ist.

3.3 Differentialdiagnostische Überlegungen

> In jedem Falle gilt: Werden Symptome von ASS oder Trauma nicht als solche erkannt, besteht die Gefahr, wesentliche Dynamiken nicht zu erfassen.
> Bleibt eins von beidem unbemerkt oder unberücksichtigt, laufen sonst gängige und bewährte Interventionen bestenfalls ins Leere.
> Im ungünstigeren Falle können sie zu Retraumatisierungen und zur Verschärfung der jeweiligen Symptomatik führen.

Überlegungen zur Diagnostischen Einordnung: ASS oder Trauma oder beides?

Tabelle 3.1 soll einen Überblick über mögliche diagnostische Einordnungen sowie Kombinationen struktureller Besonderheiten und Traumafolgestörungen geben.

Tab. 3.1: Diagnostische Einordnungen

Disposition und strukturelle Entwicklung	frühe Bindungserfahrungen/Traumatisierung oder wiederholte Beziehungstraumata	Schocktrauma	Diagnosen
Autistische Grundstruktur und Entwicklung	Keine frühe Traumatisierung, jedoch soziale, schulische, berufliche oder andere klinisch bedeutsame Beeinträchtigungen (lt. DSM)	Keine Schocktraumata	ASS (und ggf. sekundäre Diagnosen je nach individuellem psychischen Problem und Zustand)
Autistische Grundstruktur und Entwicklung	Keine frühe Traumatisierung oder klinisch relevanten Beziehungstraumata	Schocktrauma(ta)	ASS und PTBS (selten)
Autistische Grundstruktur und Entwicklung	Frühe Bindungsstörung Beziehungstraumata	(Hohe Wahrscheinlichkeit zusätzlicher Traumatisierung)	ASS und kPTBS (ggf. + PTBS)
Neurotypische Disposition und Entwicklung	Sichere frühe Bindungserfahrungen Keine Beziehungstraumata	Keine Schocktraumata	(Diagnose je nach individuellem psychischen Problem/Zustand)
Neurotypische Disposition und Entwicklung	Sichere frühe Bindungserfahrungen Keine Beziehungstraumata	Schocktrauma	PTBS
Neurotypische Disposition	Frühe Bindungsstörung und/oder Beziehungstraumata	(Hohe Wahrscheinlichkeit zusätzlicher Traumatisierung)	kPTBS (ggf. PTBS)

Zur differentialdiagnostischen Exploration seien an dieser Stelle einige wesentliche Anhaltspunkte und Fragestellungen aufgeführt:

Hinweise auf strukturelle Besonderheiten im Sinne einer ASS

- Ausgeprägte Besonderheiten der Reizverarbeitung, Hyper- und Hyposensibilitäten
- Hinweise darauf, dass spezifische Besonderheiten *bereits von Beginn an* bestehen. Im DSM 5 wird dies im Kriterium C für die Diagnostik von ASS wie folgt formuliert:
  »Symptome müssen in der frühen Kindheit auftreten, können aber so lange latent bleiben, bis die sozialen Anforderungen die beschränkten Fähigkeiten überfordern oder können im späteren Leben durch gelernte Verhaltensweisen überdeckt sein.«

Entsprechende Hinweise auf von Beginn an bestehende Besonderheiten der Reizverarbeitung, des Erlebens und Verhaltens können sowohl aus Berichten von Angehörigen, frühen pädagogischen oder therapeutischen Dokumentationen als auch aus den Berichten der Betroffenen selbst abgeleitet werden. Die meisten Menschen im AS erinnern beispielsweise schon sehr frühe Vorlieben oder Aversionen gegenüber bestimmten Sinnesreizen, Mustern oder Objekten und zum Teil auch irritierte Reaktionen ihres sozialen Umfeldes darauf.

> »Menschen haben für mich schon immer gestunken. Ich konnte schon allein deshalb niemanden in meiner Nähe ertragen. Auch nicht als Säugling. Meine Mutter sagt immer zu mir: ›Musst Dich nicht wundern, wenn Dich keiner mochte. Du hast ja jeden weggeschrien.‹

- Bestimmte Auffälligkeiten, die Mitmenschen und Fachkräfte als Symptome deuten, werden von der betroffenen Person selbst als durchaus sinnvoll und *ich-synton* erlebt und lassen sich schlüssig auf besondere Herausforderungen aufgrund ihrer individuellen Reizverarbeitung zurückführen.

> »Ich fand als kleines Kind bestimmte Oberflächen faszinierend und wollte sie immerzu anfassen. Andere fand ich dafür unerträglich und habe sie immer gemieden, wenn es nur irgendwie ging. – Das kann ich jetzt als Erwachsene besser für mich regeln. Damals gab es immer wieder Dramen deswegen.«

> »Mir ist es wichtig, dass alles an seinem Platz ist und in einer bestimmten Weise angeordnet ist, die für mich stimmig und zweckmäßig ist. Wenn ich doch die optimale Anordnung gefunden habe, warum sollte ich daran etwas ändern oder Abweichungen zulassen? Es tut mir gut, wenn eine Struktur klar und für meine Zwecke, mein Empfinden sinnvoll ist. Änderungen und Chaos bereiten mir so viel Stress und Anstrengung. Natürlich wünsche ich mir, dass eine solche stimmige Struktur verlässlich erhalten bleibt. Sie tut mir einfach gut.

- Das eigene Erleben wird oder wurde lange Zeit als gegeben, stimmig und »normal« empfunden – bis sich herausstellt, dass andere Menschen anders empfinden als man selbst. Werden entsprechende, neue Informationen über die Erlebensweisen anderer Menschen gegeben, besteht in der Regel Interesse daran, sowie die Bereitschaft, einen Perspektivwechsel zu vollziehen und gegebenenfalls auch das eigene Verhalten zu modifizieren.

»Früher dachte ich immer, die anderen sind nicht ganz normal, wenn sie immer so mit ihren Händen rumfuchteln. Erst als ich die Autismus-Diagnose erhalten hatte und mich damit auseinandergesetzt habe, wurde mir klar, dass dieses Verhalten was mit nonverbaler Kommunikation zu tun hat und ich diejenige war, bei der da was anders ist. Ich hab mir Bücher über Körpersprache durchgelesen und an mir gearbeitet. Wenn ich mich sehr konzentriere, dann gelingt das jetzt auch mit der Mimik und Gestik besser. Aber ich muss das halt alles bewusst steuern.«

Entwicklungsverläufe und Entstehung traumabedingter Probleme bzw. Symptome bei neurotypischen und autistischen Personen – Gibt es ein »Davor«?

Erleidet ein Mensch ein Trauma, wird eine bereits entwickelte Basis von Sicherheit in Verbundenheit plötzlich erschüttert (Schocktrauma) oder systematisch zerstört (Beziehungstrauma). »Und nichts wird fortan mehr sein, wie es war...« (Hüther 2012).

Auch Resilienzforscher und Neuropsychiater Boris Cyrulnik weist darauf hin, dass eine Person nach einem Trauma nicht mehr die Person sei, die sie zuvor gewesen war. Sie könne neu ins Leben zurückfinden, aber das Trauma hat sie verändert.

Solche erschütternden Erfahrungen sind oft der bewussten Erinnerung nicht zugänglich, sondern manifestieren sich in vielfältigen Symptomen einer PTBS; insbesondere bei einer kPTBS kommen meist auch körperliche Beschwerden hinzu.

Bei *neurotypischen Personen* mit PTBS, und auch bei einigen mit kPTBS, gibt es jedoch *eine Zeit und eine Entwicklung vor der Traumatisierung*, in der die kindliche Entwicklung weitgehend in Sicherheit verlaufen konnte und in der basale Erfahrungen von Sicherheit in Verbundenheit (Porges 2017), von Co-Regulation und nährender sozialer Wechselseitigkeit zumindest ganz zu Beginn des Lebens gemacht werden konnten.

Je nachdem, wie lang diese frühe, relativ unbelastete Entwicklungszeit andauerte, wie geborgen und wie nährend sie erlebt wurde, konnten hier Erfahrungen gesammelt werden, die (unbewusst) noch erinnert werden und an die – in einem entsprechend sicheren Rahmen – angeknüpft werden kann.

Dies ist bei Menschen im AS häufig so nicht gegeben, da sie sich durch ihre autistische Disposition und Reizverarbeitung gerade in der Zeit nach der Geburt allein dem Chaos der einstürmenden Reize ausgeliefert fühlen und – auch bei besten

Angeboten der Bezugspersonen – bei der Suche nach Orientierung und Sicherheit gerade zu Beginn auf sich selbst gestellt sind.

Deshalb ist es in der Psychotherapie äußerst wichtig, solche basalen, positiven Vorerfahrungen nicht als gegeben vorauszusetzen.

Frühe, basale Beziehungserfahrungen – gab es je eine sichere Basis, die wiedergefunden und an die angeknüpft werden kann?

Viele Betroffene mit ASS, die sich schon länger mit ihrem Erleben in sozialen Beziehungen auseinandersetzen und es mit Berichten neurotypischer Menschen vergleichen, kommen zu dem Schluss: »Ich habe kein Urvertrauen. Das fehlt mir komplett.« Menschen waren ihnen den eigenen Erinnerungen zufolge von Beginn an grundfremd oder wurden erst nach und nach überhaupt als Entitäten, dann als *Personen* greifbar und auch interessant. Sie sind jedoch stets rätselhaft und damit unberechenbar geblieben. Dies kann als Hinweis dafür genommen werden, dass gerade zu Beginn, also in der Lebensphase als Neugeborenes und Säugling, in der neurotypische Kinder häufig noch eine Zeit des erwartungslosen und bedingungslosen Angenommenseins, ja der Symbiose und Co-Regulation erleben, dem Betroffenen – trotz guter und liebevoller Angebote – keine nährenden und Sicherheit bietenden Erfahrungen im Kontakt mit den Bezugspersonen möglich waren.

Es kann, muss aber nicht sein, dass Angehörige diesen Mangel in der entsprechenden Zeit wahrgenommen haben. Manche berichten ihrerseits von Unsicherheit ihrem Kind gegenüber, das keine liebevollen Angebote von Zuwendung, Ansprache oder Zärtlichkeit annahm bzw. positiv darauf resonierte, sondern diese entweder ignorierte oder darauf mit verstärkter Unruhe, Rückzug oder Abwehr reagierte.

Fragt man Menschen im AS nach Erinnerungen und Erfahrungen von Sicherheit, Geborgenheit oder Entspannung, finden sie teilweise keine Antwort. Manche gehen auf diese Frage hin sehr bewusst in sich und antworten dann mit großer Überzeugung: »Entspannung gab und gibt es für mich nicht.«

Andere erinnern beglückende Momente der Sicherheit im Kontakt mit einem Tier – sei es Hund, Pferd, Katze, Kaninchen ... – das wesentlich verlässlicher erlebt wird als ein Mensch.

Aber auch eine intensive Betrachtung bestimmter Reizmuster oder Objekte sowie die Beschäftigung mit Spezialinteressen werden als Momente der Sicherheit, ja der Verbundenheit beschrieben.

Entsprechende Erfahrungen im Kontakt mit Menschen werden häufig verneint oder waren im gesamten Lebensverlauf äußerst rar sowie von Bedingungen und Verlauf her sehr speziell.

> »Da gab es diese eine Erzieherin im Kindergarten. Bei der durfte ich einfach sein. Das war ein warmes und schönes Gefühl. Sie ist die einzige Person im Kindergarten an die ich mich erinnere. Auch kein Gesicht – eher nur dieses Gefühl.«

> »Ich hatte nie einen Freund oder hätte auch nur eine Person getroffen, mit der ich eine wirkliche Gemeinsamkeit gespürt hätte – bis ich in einem Internet-Forum

> einen Gleichgesinnten getroffen habe. Das war für mich ein seltenes, unfassbares Glück.«

> »Eigentlich gibt es nur zwei oder drei Personen, mit denen ich etwas teilen kann und das Gefühl habe, dass sie wirklich sofort erfassen, was mir wichtig ist und die mit mir fühlen können. Mit denen gehe ich aber nur hin und wieder in Kontakt, wenn es etwas wirklich Wesentliches zu teilen gibt.«

Vor diesem Hintergrund wird verständlich, dass es sehr vielen Menschen im Autismus-Spektrum generell erst einmal schwerfällt, zu anderen Menschen Vertrauen zu fassen.

Können trotz aller Herausforderungen auch Kinder mit Autismus frühe Bindungen erleben?

Es kommt vor, dass trotz autistischer Reizverarbeitung bereits im frühen Kindesalter nach und nach eine Bindung zu einer, maximal zwei Bezugspersonen zustande gekommen ist und ein Zustand der Sicherheit erreicht werden konnte. Interessanterweise lässt sich gerade in Familien, in denen mindestens ein Elternteil selbst im Autismus-Spektrum ist, mitunter eine besonders frühe und enge Bindung zwischen Kind und der selbst betroffenen Mutter oder dem Vater (oder einem anderen Familienmitglied im AS) beobachten. Dies lässt sich unter anderem damit erklären, dass beispielsweise eine Mutter mit wenig mimischem Ausdruck früher als visuell gleichbleibende und wiedererkennbare Entität erlebt werden kann. Hinzu kommt, dass die eigenen Bedürfnisse nach Orientierung, Regelmäßigkeit und Verlässlichkeit und die entsprechende Gestaltung des Umfelds und des Alltags dem autistischen Kind die nötige Sicherheit vermittelt, um früh auch Verarbeitungskapazitäten für die soziale Interaktion zu haben.

Jedoch auch in Familien mit neurotypischen Eltern kann es vorkommen, dass das autistische Kind eine, maximal zwei Personen frühzeitig erkennt und als verlässlich genug erlebt, um sich sicher zu verbinden. Problematisch kann sich allerdings auch und gerade bei einer zunächst erlebten Erfahrung sicherer Verbundenheit und einer Entwicklung in gefühlter »Normalität« eine spätere, plötzliche Erkenntnis des Anders-Seins auswirken. In gewisser Weise lässt sich sagen, dass je länger von einer Normalität ausgegangen wird, desto heftiger die Erkenntnis der Unterschiedlichkeit und des Befremdens »einschlagen« und sich zutiefst erschütternd und mitunter auch an sich schon traumatisch auswirken kann.

Gerade betroffene Mädchen und Frauen, die in der Regel wesentlich früher beginnen zu beobachten, welches Verhalten erwünscht ist, sich bis zur Selbstaufgabe anpassen und durch dieses Masking schon in der Kindheit eine vermeintlich erfolgreiche, soziale Integration erreichen, berichten von traumatischen Momenten der Erkenntnis ihres Anders-Seins, vom Verlust vertrauter Verbindungen, plötzlicher, unerklärlicher Zurückweisung und dem Ausschluss aus für sie bedeutsamen Gruppen.

Es lässt sich nicht sagen und letztlich ist es wohl auch nicht zielführend zu entscheiden, welcher Erfahrungshintergrund »schlimmer« oder in seiner Wirkung gravierender sein mag: eine frühe und bedeutsame Bindung, die erschüttert, zerstört oder durch diverse Verzerrungen quasi »vergiftet« wird – oder erst gar keine grundlegende Erfahrung von Geborgenheit und Sicherheit in Verbundenheit gemacht zu haben, auf die man zurückgreifen könnte.

Kernfrage in der Differentialdiagnostik: Hat sich je ein Sozialer Autopilot entwickelt?

Eine entscheidende Frage in der Differentialdiagnostik ist die nach der Entwicklung eines funktionsfähigen Sozialen Autopiloten. Dieser entwickelt sich beim neurotypischen Kind mit bindungsbereiten Bezugspersonen ja von Beginn an im Wechselspiel mit einem Gegenüber, bei dem »geankert« und mit dem in sicherer Verbundenheit Eindrücke sowie Erfahrungen der Selbstwirksamkeit gesammelt werden können.

Menschen mit PTBS haben einen Autopiloten entwickelt, der grundsätzlich sowohl vor wie auch nach dem Trauma vorhanden ist, jedoch oft aufgrund der Traumafolgen nicht mehr ungestört zum Einsatz kommen kann. In dem Maße wie das Trauma bewältigt wird – oft jedoch bereits, wenn Situation und Kontakt wieder als sicher erlebt werden – können die Funktionen des Autopiloten wieder die unwillkürliche Führung übernehmen, d.h. Verhaltensweisen und Kontaktangebote anderer Menschen sinnvoll einordnen und adäquate Reaktionen initiieren.

Frühe Bindungsstörungen haben auch einen Einfluss auf die »Programmierung« des sich entwickelnden Sozialen Autopiloten. Hier werden sowohl mögliche frühe Erfahrungen noch gelingender Resonanz und Verbundenheit als auch solche des Schreckens, der Verunsicherung und des katastrophalen Ausgeliefert-Seins gespeichert und determinieren die Reaktionsweisen des Organismus und das Verhalten in sozialen Situationen. Vielfach lässt sich allerdings beobachten, dass ein Kind, das in seinem primären Umfeld keine sicheren Bindungen aufbauen kann, entsprechende Angebote erkennt und für sich ergreift, wenn sie sich in anderem Kontext und durch andere Personen bieten – wie beispielsweise durch Großeltern oder die Erzieherin im Kindergarten, die das Kind einfach annimmt wie es ist. In einer solchen Situation kann häufig etwas Grundlegendes nacherlebt und dann auch etwas nachentwickelt werden, was ganz zu Beginn nicht möglich war. Der Soziale Autopilot kann so wertvolle Erfahrungen darüber sammeln, wie Kontakt und Beziehung sich gut anfühlt und welche Verhaltensweisen dazu beitragen. Er wird dies unwillkürlich speichern und fortan bei seinen Deutungen und bei der Steuerung der sozialen Interaktionen darauf zurückgreifen können.

Ein m.E. ganz entscheidendes Kriterium in der Diagnostik von ASS ist die Feststellung, dass *kein* Sozialer Autopilot je entwickelt wurde. Stattdessen haben, sobald dies möglich war, die *bewussten Funktionen der Dritten Ebene* die Aufgabe der Orientierung und Steuerung im sozialen Miteinander *substitutiv* übernommen. Umso ausgeprägter sind bei Betroffenen die Fähigkeiten zur bewussten Beobachtung, Analyse und Reflexion ausgebildet. Dies zeigt sich gerade im kommunikativen

Austausch mit Personen mit hochfunktionalen Formen des Autismus. Es kann – und sollte – jedoch auch für Menschen im AS angenommen werden, die ihre Beobachtungen nicht verbal zum Ausdruck bringen können. Hier sind wiederum beispielsweise die Schriften von Dietmar Zöller wunderbare und beeindruckende Zeugnisse (vgl. Zöller 2001, 1989 u. a.).

Erinnerungsdynamiken

Bei einer PTBS wird entweder ein traumatisches Ereignis erinnert oder es kann nach Amnesie unter bestimmten Bedingungen wieder ins Bewusstsein kommen. Es lässt sich dann – verbal oder über andere Ausdrucksformen – mitteilen und mit Unterstützung in sicherem Rahmen bearbeiten. Verschiedene traumatherapeutische Ansätze möchten auf Basis sicherer Rahmenbedingungen und einer verlässlichen therapeutischen Beziehung sowohl bei der Erinnerung und beim deren Ausdruck unterstützen, um ein erlittenes Trauma zu bewältigen.

Bei einer kPTBS können Erinnerungen an die Kindheit weitgehend einer Amnesie unterliegen oder sie wurden z. B. als Schutzstrategien der eigenen Psyche oder mittels »induced false narratives« von außen durch beschönigende oder auch diskriminierende Narrative ersetzt.

Bei Menschen im AS kann es vorkommen, dass sie detaillierte Erinnerungen selbst an sehr frühe Situationen wiedergeben können – auch an Erlebnisse, die als potentiell oder tatsächlich traumatisch eingestuft werden können. Es gibt Hinweise darauf, dass eine bewusste Verarbeitung des Geschehens »auf der Dritten Ebene« oft schon viel früher beginnt als bei neurotypischen Kindern und dass diese als wesentliche Schutz- und Bewältigungsstrategie ausgebildet und zeitlebens als solche genutzt wird.

Jedoch gibt es auch AS-Betroffene, die in der Anamnese angeben, zu weitreichenden Phasen ihrer Kindheit und Jugend keine Erinnerungen mehr zu haben. Bei genauerer Exploration lassen sich dann allerdings oft sehr konkrete Aspekte des kindlichen Erlebens herausarbeiten, wie z. B. das Gebäude des Kindergartens, der Spielplatz, ein bestimmtes Spielzeug – jedoch keine Präsenzen von Personen, insbesondere gleichaltriger. Dies weist dann darauf hin, dass der Fokus auf andere, konstantere Gegebenheiten und Objekte gelegt wurde, die zumindest eine rudimentäre Orientierung im Chaos boten. Personen konnten in dieser Phase möglicherweise noch nicht als Entitäten wahrgenommen werden oder wurden als zu komplex und herausfordernd ausgeblendet.

Hinweis zur Diagnostik: Nicht immer ist eine abschließende Differenzierung zwischen Neurodivergenz und frühen Bindungsstörungen im Rahmen der initialen Diagnostik möglich

Es gibt Fälle, in denen sich aus der Anamnese heraus deutliche Faktoren einer frühen Traumatisierung ergeben – wie beispielsweise manifeste psychische Erkrankungen bei den Eltern mit missbräuchlichem Verhalten und daraus sich ergebenden Gewalterfahrungen – und die aktuelle Symptomatik wesentliche Aspekte eines Bindungstraumas erfüllt, dennoch aber auch in vielen Punkten an eine autistische Symptomatik und Bewältigung denken lässt.

Hier kann es tatsächlich schwer bis und möglich sein, eine autistische, also strukturelle Grundstruktur *mit Sicherheit* nachzuweisen oder auszuschließen – zumal der Zugang zu wesentlichen fremdanamnestischen Quellen nicht gegeben ist oder durch den Klienten selbst nicht zugelassen wird.

Eine mögliche strukturelle Disposition und von Beginn an bestehende Besonderheiten der Reizverarbeitung lassen sich in einem solchen Fall im Nachhinein nicht mehr sicher feststellen bzw. im Rückblick rekonstruieren und niemand weiß, wie sich die Person ohne die frühen und akkumulierenden Traumatisierungen entwickelt hätte.

Für die therapeutische Begleitung ist in einem solchen Fall besonders wesentlich, auch unabhängig von einem Nachweis für eine Neurodivergenz die Schilderungen und das Erleben der Person ins Zentrum zu stellen, ihr diese ab- und sie ernst zu nehmen. Denn diese Klientenzentrierung und Würdigung des individuellen Erlebens ist sowohl für neurodivergente als auch traumatisierte Menschen von entscheidender Bedeutung.

Manchmal werden strukturelle Besonderheiten erst später im Verlauf oder gegen Ende der Psychotherapie deutlich, wenn erlittene Traumata weitgehend bearbeitet und bewältigt sind. Dann zeigt sich, dass einige – vermeintliche – »Symptome« unabhängig vom Trauma bestehen bleiben und durchaus als ich-synton erlebt und beschrieben werden. Wird in einem solchen Fall auf Autismus hin exploriert, stellt sich auf Basis dieser neuen Perspektive heraus, dass einige Besonderheiten autistische Bewältigungsstrategien sind, die als solche zum eigenen Selbst zugehörig und funktional erlebt werden. Eine solche Neuorientierung ermöglicht dann auch die Entwicklung eines neuen, stimmigen Selbstbildes, eine bessere Selbstakzeptanz und Selbstfürsorge – auch im Hinblick auf die weitere Lebensperspektive.

3.4 Wechselwirkungen zwischen ASS und zusätzlicher (k)PTBS

Was geschieht nun, wenn Menschen mit ASS zusätzlich traumatische Erfahrungen machen – wofür ja, wie wir oben gesehen haben, durchaus ein hohes Risiko besteht.

Welche Wechselwirkungen sind hier denkbar und auch in der Praxis beobachtbar?

Interessanterweise zeigen sich in der therapeutischen Arbeit immer wieder zwei Varianten von Wechselwirkungen:

- *Problem verstärkende Wechselwirkungen:* Hier spielen sowohl die spezifischen Risiken eine Rolle, die eine autistische Wahrnehmungsweise und Entwicklung mit

sich bringen (▶ Kap. 3.1) als auch die Auswirkungen traumatischer Erfahrungen auf das Nervensystem und seine Entwicklung.
- *Resilienz stärkende Wechselwirkungen:* Hier kommen autismusspezifische Bewältigungsstrategien zum Tragen, die zwangsläufig sehr früh entwickelt werden und sich in potentiell traumatischen Situationen schützend beziehungsweise bei der Verarbeitung und Bewältigung stärkend auswirken können.

3.4.1 Problem verstärkende Wechselwirkungen zwischen ASS und (k)PTBS

Autismus erhöht Traumarisiken

Wie oben ausführlich dargelegt wurde, bestehen für ein Kind mit einer autistischen Disposition von Beginn an vielfältige Risiken, traumatische Erfahrungen zu machen, die auch einen Einfluss auf seine weitere Entwicklung haben. Besonderheiten der Reizverarbeitung und die Gefahr der Reizüberflutung, die stark eingeschränkte Möglichkeit, nach der Geburt in einem Gegenüber zu ankern, sich sicher zu binden und in dieser Verbundenheit Geborgenheit zu erleben sowie einen Sozialen Autopiloten zu entwickeln, wirken sich bei den meisten Betroffenen zeitlebens aus.

Gerade die grundlegende soziale Unsicherheit und vielfach auch Unbeholfenheit aufgrund des fehlenden Sozialen Autopiloten machen Menschen im AS besonders vulnerabel für Bindungs- und Beziehungstraumata, die sich im Laufe des Lebens zudem meist akkumulieren und nicht nur das Erleben, sondern auch die Persönlichkeit stark prägen können.

Hieraus ergibt sich in vielen Fällen ein Teufelskreis: Je sozial unsicherer eine Person ist, desto höher ist die Wahrscheinlichkeit, auch bei bester Anpassung nach außen immer wieder soziale Abwertung, Ablehnung oder Kontaktabbrüche zu erleben.

Wird ein Kind mit autistischer Grundstruktur noch dazu in ein ohnehin durch psychische Erkrankungen oder andere Faktoren stark belastetes Umfeld hineingeboren, besteht die Gefahr, dass die Bezugspersonen mit einem hohen Maß an Irritation, Kränkung und letztlich auch mit Gewalt reagieren – sei es psychische, physische oder auch sexuelle Gewalt.

Verschärfend kommen die Probleme des spontanen Selbstausdrucks und der Kommunikation hinzu: Menschen im AS ist meist nicht anzusehen, dass es ihnen schlecht geht. So wird das Umfeld noch weniger auf das Leid eines betroffenen Kindes aufmerksam, als das bei einem neurotypischen Kind der Fall wäre. Auch hat ein autistisches Kind häufig weder den Impuls, sich mitzuteilen – es kommt gar nicht auf die Idee zur Kommunikation – noch die Möglichkeit, das Erlebte zu formulieren und so auszudrücken, dass es verstanden wird. Teilt es sich dennoch verbal mit, wird ihm mangels passenden, nonverbalen Ausdrucks der Inhalt seiner Aussagen nicht abgenommen.

Diese Unmöglichkeit gelingender Mitteilung, das heißt des Ausdrucks, des Verstanden-Werdens und der Annahme des Gesagten, trägt, wie wir bereits dargelegt haben, als entscheidender Faktor zu einer tatsächlichen, nachhaltigen Traumatisierung bei.

Umgekehrt ist es gerade für ein Kind mit autistischer Disposition schwer bis unmöglich, Angebote der Sicherheit in Verbundenheit anzunehmen. Wo ein neurotypisches Kind, das ohne sichere Bindungsmöglichkeiten in der Familie aufwächst, entsprechende Angebote nicht nur wahr-, sondern auch annehmen und zu seiner psycho-sozialen Entwicklung nutzen kann, wird ein autistisches Kind möglicherweise eine Person als verlässlich und sicher wahrnehmen und dies auch zeitlebens erinnern. Es mag auch schon von der Dritten Ebene aus beobachten und speichern, wie sich eine solche Person verhält, was sie ausmacht. Es entwickelt jedoch keinen sozialen Autopiloten in diesem Sinne nach.

Trauma bzw. (k)PTBS verstärkt Problematik der ASS

Hat ein Kind bereits im Säuglingsalter traumatische Erfahrungen in der Begegnung mit anderen Menschen gemacht – sei es allein durch die darin erlebte Reizüberflutung oder durch tatsächliche Gewalterfahrungen – so wird es ihm künftig schwerfallen, Vertrauen zu anderen Menschen aufzubauen, mit ihnen in Kontakt und Kommunikation zu treten sowie Beziehungen als sicher und nährend zu erleben. Insofern verstärken frühe Bindungstraumata ebenso wie spätere traumatische Erfahrungen mit anderen Menschen die Tendenz autistischer Kinder, sich auf verlässliche Objekte in Form von Gegenständen oder Tieren sowie anderen stark strukturierten und verlässlichen Themen und Welten zuzuwenden, die sie unabhängig von sozialem Kontakt erleben und selbstwirksam gestalten können. In ihren eigenen Erlebens- und Gedankenwelten fühlen sie sich sicher, während alles, was mit Menschen zu tun hat, stets als unsicher, risikobehaftet oder gar hoch bedrohlich empfunden wird. Selbst wenn sie sichere Kontaktangebote bekommen, wird es ihnen schwerfallen, sich darauf einzulassen. Sie werden Zeit und auf Seiten ihres Gegenübers viel Selbstsicherheit, Geduld und Zutrauen brauchen, um neue, positive Erfahrungen machen zu können.

3.4.2 Resilienz stärkende Wechselwirkungen zwischen ASS und (k)PTBS – Spezifische Ressourcen durch autistische Verarbeitungsweise, Bewältigungsstrategien und Erfahrungshintergrund

Autistische Bewältigungsstrategien als *Schutzfaktor* vor traumatischem Erleben

Eine zentrale autistische Bewältigungsstrategie besteht zunächst in der Fokussierung der Aufmerksamkeit auf möglichst klare, verlässlich gleichbleibende Reizmuster und Objekte, später auch das Eintauchen in bestimmte Themen und ganz eigene Denk- und Erlebenswelten. Je früher ein betroffenes Kind die Möglichkeit der schützenden Trance für sich entdeckt, desto besser wird es auch überfordernde und bedrohliche Situationen überstehen können. Dabei kann das Eintauchen in diesen Hyperfokus oder in einen aktiven Flow-Zustand durchaus die Merkmale einer Dissoziation erfüllen. In einem solchen Zustand bekommt die betroffene Person tatsächlich nicht mehr viel oder auch gar nichts mehr von ihrer Umgebung mit. Wenn dies unwillkürlich einfach geschieht, kann das gerade bei Jugendlichen oder Erwachsenen, die gerne sozial unauffällig und zumindest in der Außenwahrnehmung »normal« wären, ein unerwünschtes Geschehen sein. Jedoch berichten auch einige, dass sie darin durchaus ganz konkreten Schutz und Geborgenheit erleben.

»Mein Kumpel, der auch mit mir in der Schule war, hat mir erzählt, dass ich ganz schön gemobbt wurde. Davon hab ich damals kaum etwas mitbekommen. Ich hab's einfach nicht gemerkt, war wohl mit anderem beschäftigt.«

»Meine kleine Tochter hat während des gesamten Wandertages Käfer gesammelt. Auf diese Weise hat sie das gut überstanden. Die anderen Kinder haben es mir erzählt. Sie selbst war danach zwar trotzdem emotional erschöpft, aber sie konnte immerhin bis zum Schluss dabeibleiben und war stolz darauf.«

Einige kennen solche Gefühle nur aus solchen Zuständen der Trance und Dissoziation.

»Wohl und sicher fühle ich mich nur, wenn ich in meine Spielwelt eintauchen kann. Da kann ich dann auch angstfrei mit anderen in Kontakt sein.«

»Wenn ich ganz für mich sein darf, höre ich kaum etwas von meiner Außenwelt. Wenn ich aber aktiv, wiederholt angesprochen und aus meiner Welt herausgerissen werde, dann geht etwas wie ›auf‹ – und dann bricht das Chaos und der Lärm über mich herein.«

»Es ist ganz egal, welcher meiner Lieblingsaktivitäten ich nachgehe, ob es Stricken ist oder ich etwas sammle oder sortiere, das sind die Momente, wo ich die Zeit vergesse und es mir einfach nur gut geht. Ich spüre auch keine Bedürfnisse mehr. Das ist erholsamer als Schlaf. Am liebsten würde ich Tag und Nacht nichts anderes tun.«

Solange eine betroffene Person, egal welchen Alters, die Möglichkeit hat, sich in eine solche passive oder aktive Schutztrance zu begeben, wird sie Sicherheit erleben können und dabei mitunter sogar von manchen potentiell traumatischen Ereignissen in ihrem Umfeld nichts mitbekommen. Insofern lässt sich sagen, dass diese Form der Bewältigungsstrategie auch vor Traumatisierungen schützen kann.

Ähnlich sieht es mit der Strategie der festen Strukturen und der Routinen sowie der autistischen Gleicherhaltungstendenz aus. Die Konzentration auf und oftmals auch die aktive, selbstwirksame Herstellung und Erhaltung klarer und verlässlicher Strukturen vermittelt innere Sicherheit. Sind diese Strukturen gegeben, geben sie Halt und Orientierung auch dann, wenn soziale Anforderungen überfordern oder

Erfahrungen in und mit der Welt der anderen bedrohlich, verletzend und entwürdigend sind.

»Alle spinnen, alles ist chaotisch – aber in meinem Schrank herrscht Ordnung, so wie sie für mich Sinn macht. Das kann mir keiner nehmen und da lass ich keinen ran. Wenn ich alles einmal ausräume und wieder neu richtig einsortiere, dann ist die Welt für mich wieder in Ordnung.«

»Wenn in der Schule alles blöd läuft, mich wieder alle auslachen oder ich wieder völlig ungerecht behandelt werde, dann nehme ich wieder meinen ganzen Rechner auseinander, putze jedes Teil akribisch und setze alles wieder richtig zusammen. Dann geht's mir wieder besser.«

»Ich weiß ja, dass im Leben alles unberechenbar ist und jeder Tag irgendwie anders läuft. Und die Probleme in dieser Welt belasten mich auch sehr. Aber meine Morgenroutine lass ich mir nicht nehmen. Diese eine Stunde nehme ich mir, auch wenn ich dafür früher aufstehen muss. Nur wehe, darin werde ich dann auch noch gestört. Dann ist der Tag für mich gelaufen. Ich brauche meine morgendliche Routine, um zu funktionieren.«

Autismus als Resilienzfaktor zur Bewältigung »klassischer«, potenziell traumatischer Situationen: erhöhte Resilienz durch frühe Grenzerfahrungen und die Entwicklung selbstwirksamer Bewältigungsstrategien

Wir haben uns bereits im Kapitel 2.2.4 Gedanken darüber gemacht, welche Faktoren psychische Resilienz generieren und stärken können. Hierzu gehörten auch frühere Erfahrungen mit hochgradig bedrohlichen Situationen, die eine Person überlebt und auch aufgrund der Möglichkeit zur selbstwirksamen Entwicklung und Umsetzung von Lösungen überstanden hat.

Mich erfüllt es immer wieder mit Staunen, tiefer Hochachtung und auch Hoffnung, erleben zu dürfen, wie Menschen mir von ihren hochgradig traumatischen Erfahrungen berichten – und zugleich zu erleben, dass und wie es ihnen gelungen ist, in ihrem Kern intakt zu bleiben und sich, in dem Moment, wo sich die Bedingungen verändern, tatsächlich zu der Person entwickeln, die sie auch nach ihrem eigenen Empfinden in Wahrheit sind. Oft habe ich mich gefragt, wie ihnen das Überleben und auch diese Bewahrung ihres Selbst und auch ihrer ethischen Werte gelungen ist. Dabei stellt sich immer wieder heraus, wie unterschiedlichste Personen jeweils auf ganz individuelle Weise, gerade auch aufgrund einschneidender Erfahrungen, ihre ganz eigene Resilienz entwickeln konnte.

»Eine junge Frau kommt zu mir in die Diagnostik. Sie berichtet, dass sie bereits seit ihrer Jugend an einer Essstörung leide und auch aufgrund erheblicher psychischer Probleme als junges Mädchen längere Zeit stationär in einer Kinder- und Jugendpsychiatrie verbracht hat. Dort sei immer weiter nachgebohrt und gefragt worden, bis sie von Gewalterfahrungen in der Kindheit erzählt habe. Auf diesen Erlebnissen habe dann seitens der Ärztinnen und Psychotherapeuten ausschließlich der Fokus gelegen. »Dabei hatte ich damals schon das ganz deutliche Gefühl, dass das gar nicht das eigentliche Problem ist.« Erst, als ihr zufällig ein Buch über Autismus in die Hände gefallen sei, habe sie gelesen und hemmungslos weinen müssen, weil einfach alles auf einmal Sinn gemacht habe. Darin habe sie sich endlich wiedererkannt und auch sich selbst verstanden. Sie leide massiv unter Zuständen der Reizüberflutung, unter dem Gefühl des grundlegenden Anders-Seins und der dadurch entstehenden Einsamkeit, die doch keiner nachvollziehen könne. Klar, es sei sicher erschreckend und verwirrend gewesen, schon als kleines Kind jederzeit plötzlich gepackt und geschüttelt oder gegen die Wand gestoßen zu werden. »Aber irgendwie hat mich das damals nicht wirklich beschäftigt. Es war halt so. Ich kannte es ja nicht anders. Ich habe mich halt auf meine Sachen fokussiert und ab und zu war's halt wieder soweit, dass ›es‹ über mich hereingebrochen ist. Es ließ sich ja ohnehin nicht vorhersagen oder verhindern. Die Gründe habe ich nie erkennen können.« So habe die Gewalt, die sie erfahren habe, einfach zu ihrem Leben dazugehört, so wie vieles andere eben auch. Sie habe ihre eigenen Gedankenwelten entwickelt, schütze sich vor Zuständen der Reizüberflutung durch Aufmerksamkeitsfokussierung und reguliere sich beispielsweise über das Spielen mit Zahlen. Ihr selbst sei es, schon seit sie denken könne, wichtig gewesen, mit anderen Menschen gut umzugehen und gerade diejenigen stets mit einzubeziehen, die alleine stünden, oder die zu schützen, die ungerecht behandelt würden. »Ich weiß ja, wie es ist, wenn man draußen steht oder Gewalt erfährt.« Die soziale Interaktion sei für sie zwar sehr anstrengend, aber sie stecke ihre ganze Energie da hinein. Sie wolle, dass es Menschen gutgehe. Was sie dazu tun könne, setze sie gerne dafür ein.

Diese junge Frau ist nicht die Einzige, die mir von traumatischen Erfahrungen in der Kindheit, ihren ganz eigenen, autistischen, Bewältigungsversuchen und schließlich ihrem zutiefst authentischen Anliegen berichtet, anderen Menschen Gutes zu tun und sie wenn möglich sogar vor schmerzhaften Erfahrungen zu schützen. Tatsächlich erlebe ich es früher oder später fast bei jedem meiner Klientinnen und Klienten, dass sie diesen Impuls spüren und gerade dies sie in tiefen Krisen durchhalten lässt und in ihrer eigenen Bewältigung und Resilienz stärkt. Für sie ist diese Verknüpfung schlicht logisch und damit zutiefst sinnvoll.

Wir werden uns im folgenden Kapitel nochmals grundlegende Faktoren von Resilienz vergegenwärtigen und davon ausgehend schauen, wie es um die Entwicklung von Resilienz bei Menschen im AS bestellt sein mag und wie gerade die besonderen und spezifischen Herausforderungen, die sie erleben, die Art und Weise beeinflussen, wie potentiell traumatische Erlebnisse verarbeitet und bewältigt werden können.

4 Bewältigung – Resilienz, Bewältigungsstrategien und therapeutische Begleitung

Angesichts unserer bisherigen Betrachtungen stellt sich für mich als Therapeutin, Beraterin und auch Freundin von Menschen mit autistischem Erfahrungshintergrund immer wieder die Frage: Wie machen sie das? Wie haben sie es geschafft, zu überleben und sich, irgendwie, immer weiter einen Weg durchs Leben zu suchen und dabei – trotz aller Anpassung – doch im Kern sich selbst zu erhalten und den eigenen Werten treu zu bleiben? Und all das, obwohl wesentliche Bedingungen, die als grundlegend für Resilienz angenommen werden – frühe, sichere Bindungen, das Erleben von Verbundenheit und Verlässlichkeit sowie Erfahrungen der erfolgreichen Selbstwirksamkeit – bei ihnen nicht vorausgesetzt werden können und schwer, zumindest jedoch nur durch Überwindung großer Hindernisse erreichbar sind.

Und natürlich knüpft sich für mich als Psychotherapeutin daran auch die Frage an, wie ich meine Klienten bei der Bewältigung erlittener Traumata sowie fortdauernder und aktueller Herausforderungen unterstützen und begleiten kann.

Diesen Fragen möchte ich im Folgenden nachgehen.

4.1 Resilienz und Traumabewältigung bei Menschen im Autismus-Spektrum

Was mir in meiner Arbeit mit Kindern, Jugendlichen und Erwachsenen aus dem gesamten Autismus-Spektrum immer wieder auffällt und was mich dabei zutiefst beeindruckt, ist ihre geradezu unfassbare Resilienz. Immerhin sind bei all den vielfältigen, großen Herausforderungen, den wiederkehrenden Momenten der Überforderung bis zur Überwältigung und den vielen, oft tiefen und nachhaltigen Verletzungen, die sie zeitlebens erleiden, Traumafolgesymptome, Depression, Verzweiflung und Hoffnungslosigkeit nur allzu nachvollziehbar.

Umso mehr stechen letztlich Bereitschaft und Ausdauer meiner Klienten heraus, »dranzubleiben« und sich nach jedem Rückschlag neu auf den Weg zu machen. Und dies auch dann, wenn es scheinbar keine Hoffnung gibt, die Kräfte längst aufgebraucht sind und jeder Tag sich wie ein unüberwindbarer Berg auftürmt, den es zu bezwingen gilt.

»Ja, ich denke oft, dass ich es nicht mehr schaffe, einfach nicht mehr dagegen ankomme und da erscheint der Tod schon als eine erlösende Option. Und dennoch weiß ich, dass es nicht tun werde. Ich habe hier eine Aufgabe, es gibt einen Grund warum ich hier bin. Also mach ich so gut es geht weiter und versuche, wenigstens etwas Gutes zu bewirken, so lange ich hier bin.«

Lassen Sie uns vor diesem Hintergrund einmal Resilienz stärkende und schwächende Faktoren einzeln betrachten, um der offenen Frage nach der, wie es scheint, besonderen Überlebens- und Bewältigungsfähigkeit von Menschen im Autismus-Spektrum nachzugehen.

4.1.1 Resilienz schwächende Faktoren

Augenscheinlich können einige der zentralen Fragen, die über Resilienz stärkende Faktoren Aufschluss geben könnten, von einer Person mit autistischem Entwicklungshintergrund kaum mit »ja« beantwortet werden. Im Gegenteil erscheinen bestimmte, vielfach als essentiell notwendig beschriebene Erfahrungen für sie kaum möglich zu sein:

Kann auf frühere Erfahrungen von *Sicherheit in Verbundenheit*, *Geborgenheit* und *Schutz von außen* zurückgegriffen werden?

Gerade in der frühen Kindheit können häufig – trotz bester Angebote – grundlegende Erfahrung der Sicherheit in Verbundenheit nicht gemacht und verinnerlicht werden. Das autistische Kind ist, konfrontiert mit einem überwältigenden Chaos an Eindrücken, zunächst weitgehend auf sich allein gestellt. Selbst wenn später vertrauensvolle Beziehungen zu Bezugspersonen aufgebaut werden können, fehlen häufig so grundlegende Entwicklungen wie die der sicheren Objektkonstanz – also ein Gefühl der nachhaltigen Verbundenheit, auch dann, wenn die Vertrauensperson gerade nicht präsent oder anwesend ist.

Fühlt sich die Person auch in der bedrohlichen Situation noch mit anderen verbunden?

Entstehen trotz aller Schwierigkeiten vertrauensvolle Beziehungen, ist es für Betroffene oft dennoch schwer, diese auch tatsächlich nachhaltig wahrzunehmen. Angehörige und Freunde oder Partner sind häufig erschüttert, wenn sie feststellen, dass die betroffene Person sich ihrer Liebe niemals sicher ist. Selbst wenn gerade eine schöne Erfahrung gemacht wurde, steht diese oft im nächsten Moment wieder in Frage.

Spätestens wenn die vertraute Bezugsperson nicht mehr anwesend ist, wird sie häufig als »nicht mehr existent« erlebt oder befürchtet, sie bei der nächsten Begegnung nicht wiederzuerkennen. – »Wenn Du weg bist, weiß ich nicht mal mehr, wie Du aussiehst.« Diese Schwierigkeit bei der Entwicklung von Objektkonstanz lässt sich zum Teil auf Autismus-bedingte Probleme bei der Bildung kognitiver Strukturen und Repräsentationen zurückführen, d.h. auch der Gestaltbildung und der Abstraktion.

Hinzu kommt die häufige Erfahrung, dass selbst eine gute Beziehung zu irgendeinem Zeitpunkt erschüttert oder ohne erkennbaren Grund abgebrochen wird. Vorherrschend ist daher, auch bei scheinbar guter sozialer Einbindung, das Erleben, auf sich allein gestellt zu sein.

Hat die Person aufgrund positiver Vorerfahrungen die Hoffnung, dass andere Menschen ihre Not erkennen – und damit auf Rettung, Schutz und Besserung der Situation durch das Eingreifen und die benötigte, adäquate Unterstützung durch andere Menschen?

Da auch sehr zugewandte Bezugspersonen oft keine Möglichkeit haben, die *tatsächlichen* Wahrnehmungen, Bedürfnisse und Grenzen Betroffener zu erahnen, sie dementsprechend zu verstehen und vor überwältigenden Erlebnissen zu schützen, überwiegt meist die Erfahrung, sich nicht wirklich gesehen und verstanden zu fühlen. Stattdessen prägen sich Erwartungen von Bezugspersonen, aber auch von sich selbst, ein, sich »zusammenzureißen« zu müssen, sich »nicht so anzustellen« und gefälligst auch mit der unerträglichen Situation klar zu kommen – »wie (vermeintlich) alle anderen auch«.

Hat die Person den Eindruck zu verstehen, was mit ihr geschieht oder geschehen ist und wie es dazu kam?

Gerade in sozialen Situationen ist dies in aller Regel nicht der Fall. Zumindest besteht eine starke Tendenz, selbst den Erkenntnissen, die über die Dritte Ebene erschlossen werden, nicht uneingeschränkt zu trauen, denn: *Sicherheit gibt es auf dieser Ebene nicht.* Es gibt hier nur Beobachtung, Analyse, Reflexion und Hypothesen. Eine sichere Erkenntnis: »So war's« und das damit verbundene Gefühl der Kohärenz kann hier kaum erreicht werden. So wird ein erschreckendes Erlebnis der Ablehnung, des Kontaktabbruchs, der Aggression, des Ausschlusses aus einer bedeutsamen Gruppe eher zu nachhaltigem Grübeln führen, das in lebenslange Intrusionen münden kann.

Viele Betroffene kommen zudem nicht auf die Idee, ihre Erlebnisse anderen mitzuteilen. Mangels Erfahrungen der Co-Regulation, des Verstanden-Werdens und einer gemeinsamen, fruchtbaren Reflexion mit anderen sind sie es nicht anders gewohnt, als alles aus sich heraus lösen zu müssen.

Dabei besteht aufgrund einer Tendenz zur Selbstattribution ein hohes Risiko, die Gründe und damit die »Schuld« bei sich selbst zu suchen, was zum einen den traumatischen Effekt noch verschärfen kann, zum anderen dazu führt, sich schamvoll zurückzuziehen und das eigene Erleben nicht mitzuteilen.

Auf diese Weise kann keine gemeinsame Reflexion mit anderen und auch keine Klärung stattfinden, wie es tatsächlich zu den erschütternden Erlebnissen gekommen ist.

Gab bzw. gibt es während der traumatischen Situation oder danach die Möglichkeit, das Erlebte auszudrücken, darüber zu kommunizieren, verstanden und ernst genommen zu werden?

Auch diese Möglichkeit zur frühzeitigen Bewältigung potenziell traumatischer Erlebnisse besteht in aller Regel nicht. Eine betroffene Person kommt, wie eben beschrieben, oft gar nicht auf die Idee, ein Erlebnis anderen zu berichten.

> R. berichtet, wie sie als kleines Mädchen, noch im Vorschulalter, von anderen Kindern überfallen wurde. Sie kam von der Spieltherapie und war auf dem Weg nach Hause. Ihre Therapeutin hatte ihr freundlicherweise ein Spiel mitgegeben, das sie gerne mochte; das trug sie nun bei sich und freute sich darüber. Plötzlich tauchten »wie aus dem Nichts« ein paar fremde Kinder auf, griffen sie an, riefen, lachten, schubsten sie, bis sie zu Boden fiel, trampelten auf dem Spiel herum – und verschwanden genauso unvermittelt, wie sie gekommen waren. R. rappelte sich auf, sammelte das Spiel auf und ging nach Hause. Auf die Idee, dort jemandem von diesem Erlebnis zu erzählen, kam sie nicht. Stattdessen dachte sie nun Tag und Nacht darüber nach, wie sie eine solche Begegnung fortan vermeiden könnte. Sie überlegte sich andere Wege zur Therapie und zurück – bis sie realisierte, dass sie ja keine Ahnung hatte, woher die Kinder überhaupt gekommen waren, so dass sie sie auch nicht meiden konnte. Das machte ihr Angst. Sie fand kaum noch Schlaf. Sie sei zu dem Schluss gekommen, dass sie fortan eben jederzeit mit solch einem Angriff rechnen müsse. R. vermutet, ihre Eltern haben wohl gemerkt, dass sie verändert war, konnten jedoch nicht ahnen, was geschehen war; und sie selbst sei weiterhin nicht auf die Idee gekommen, ihnen von dem Vorfall zu erzählen. Überhaupt habe sie nie jemandem davon erzählt. Es sei ihr einfach nicht in den Sinn gekommen, dass das wichtig sei. Erst jetzt, fast 25 Jahre später, kommen in ganz anderem Kontext die Erinnerungen daran wieder hoch und sie berichtet in der Therapie davon. So lassen sich nun gemeinsam einige Ängste und für R. selbst unerklärliche Erregungszustände und Reaktionen erklären und in einen Zusammenhang bringen. Sie hat später noch häufig ähnliche Situationen erlebt, musste – wie viele Betroffene – nach wiederholten Mobbingerfahrungen die Schule abbrechen und als Jugendliche stationäre Aufenthalte in der Kinder- und Jugendpsychiatrie auf sich nehmen, die jedoch, wie sie sagt, nichts besser machten. Nachdem nun dieses erste akut traumatische Erlebnis erinnert, geteilt und gemeinsam betrachtet und eingeordnet wurde, klärt sich für die junge Frau einiges. Sie kann sich selbst nochmals besser verstehen und ihre ohnehin bereits gute Entwicklung auf einer noch stabileren Basis fortführen.

Selbst wenn jedoch ein Betroffener von einem erschütternden Erlebnis berichtet, wird er häufig die Erfahrung machen, dass ihm nicht geglaubt wird, sondern dass mit Unverständnis, Fehleinschätzungen der Situation, Spott und sogar mit Sanktionen gegen die eigene Person reagiert wird.

T. berichtet, wie er in der Schule heftigen Ärger bekommen hat, nachdem er spontan eine Lehrerin auf einen Schreibfehler aufmerksam gemacht hat: »Walnuss schreibt man aber ohne h!« Die Lehrerin sei daraufhin wütend geworden, habe ihn angeschrien und bestraft. Als er den Eltern davon erzählt, wird er von der Mutter verprügelt, weil er »wieder nur Ärger gemacht« habe.

Ein anderer Klient berichtet, dass er auf dem Schulhof immer wieder geärgert und angegriffen wurde und sich hilfesuchend an die zuständigen Lehrkräfte gewandt habe. Statt Unterstützung und Schutz habe er jedoch zu hören bekommen: »Bist selber schuld. Bestimmt hast du wieder provoziert! Brauchst dich nicht wundern, wenn du vermöbelt wirst. Vielleicht lernst du daraus und verhältst dich anders.« Was er falsch gemacht haben könnte und wie er sich besser verhalten könnte, wurde ihm allerdings nicht erklärt. Es blieb ihm ein Rätsel.

4.1.2 Resilienz stärkende Faktoren

Auf der anderen Seite jedoch gibt es Resilienzfaktoren, die nach jeweils ganz eigener Erfahrung von den meisten Betroffenen durchaus bestätigt werden können. Und diese Faktoren wirken allem Anschein nach so stark, dass sie – in Verbindung mit den spezifischen Ressourcen und Bewältigungsstrategien von Menschen im AS – eine ganz eigene und in mancher Hinsicht offenbar besonders wirksame Form der Resilienz hervorbringen.

Sind in der Vergangenheit schon bedrohliche oder erschütternde Situationen er- und überlebt worden – und wird daraus der Optimismus abgeleitet, auch die aktuelle Bedrohung zu überstehen?

Tatsächlich können wir angesichts der vielen Herausforderungen und Risiken davon ausgehen, dass die meisten Menschen im AS seit ihrer frühen Kindheit überwältigende, bedrohliche und zutiefst schmerzliche Erfahrungen gemacht haben. Dies gilt insbesondere für das Erleben von Reizintensität und Overload sowie Erfahrungen im sozialen Miteinander. Jeder von ihnen musste für sich Wege finden, diese Situationen zu überstehen und sich dabei funktionale, zumindest jedoch wirksame und auch ich-syntone Bewältigungsstrategien anzueignen. So kommt es, dass Betroffene meist grundsätzlich davon ausgehen, dass solche überwältigenden, erschütternden oder verletzenden Situationen »eben vorkommen«. Dabei erfassen sie zunächst selbst gar nicht, welche Stärke und Ausdauer, ja, welche Leistungen ihnen im Vergleich zu ihren neurotypischen Mitmenschen abverlangt werden und welche Kraft und Zähigkeit sie in der Vergangenheit bereits an den Tag gelegt haben. In dem Moment, da die tatsächlich bestandenen Herausforderungen und erlittenen Schmerzen z. B. durch den Therapeuten gesehen, formuliert und gewürdigt werden, beginnt die Klientin selbst zu realisieren, dass das, was sie erlebt und überlebt hat, keine »Peanuts« waren, mit denen »jeder halt irgendwie klarkommen muss«, sondern dass es tatsächlich besonderer Anstrengungen, großer Zähigkeit und vor allem psychischer Stärke bedarf, all dies zu überstehen – und weiterzugehen.

Auch habe ich oft erlebt, dass Klienten eher erstaunt reagieren, wenn die Therapeutin darüber nachdenkt, wie sich ihre Zukunft anders, weniger belastend und sogar mit mehr Erfahrungen der Sicherheit, Verbundenheit und Würde gestalten ließe. Viele halten eine solche Entwicklung kaum mehr für möglich. Jedoch kommen in aller Regel auf diese Weise tatsächlich Aspekte oder Persönlichkeitsanteile zutage, die offenbar durchaus vorhanden, jedoch lange verschüttet waren unter Traumaerfahrungen und entsprechenden Defensivstrategien. Sind diese Kräfte erst einmal geweckt und ermutigt, legen Klientinnen und Klienten meist eine erstaunliche und höchst erfreuliche Kreativität und Zuversicht an den Tag und es beginnt ein Prozess der Neuorientierung und Entfaltung.

Besteht Hoffnung auf Rettung durch fiktive Personen oder nicht-menschliche Wesen wie Tiere oder andere Kräfte wie gute Geister oder Gott, Heilige, Engel, o. ä.? Wird auf Rettung durch Technik gehofft oder Sicherheit in Gesetzmäßigkeiten der Naturwissenschaft gesucht?

Viele betroffene Kinder retten sich schon früh in eine parallele Welt, in der sie Fantasiefreundschaften finden und pflegen, sei es zu Tieren, anderen – fiktiven – Kindern oder anderen Wesen.

Dabei können Bücher, Hörspiele, Serien oder PC-Spiele helfen und eine wichtige Rolle zur Kompensation übernehmen. Problematisch wird es, wie auch Attwood bemerkt, erst dann, wenn solch eine alternative Lebenswelt, in der die Betroffene sich angenommen, kompetent und in sicherer Verbundenheit erlebt, allmählich alternativlos wird, d. h. das Kind oder der Erwachsene sich nur noch darin bewegen mag und die gemeinsame Realität mit anderen Menschen scheut und meidet (Attwood 2008). Denn auf diese Weise hat sie keine Möglichkeit, neue, auch positive Erfahrungen zu machen und Fähigkeiten zu erwerben, wie sie mit Menschen in Kontakt und Beziehung treten und diese fruchtbar gestalten und aufrechterhalten kann.

Andere Betroffene halten sich lieber an physikalische und andere Gesetzmäßigkeiten der Naturwissenschaften, der Mathematik, Physik oder der Musik. Solange sie sich in der jeweiligen Welt bewegen können, erleben sie Sicherheit und Kompetenz – und finden gelegentlich darüber auch Kontakt zu Gleichgesinnten.

Besteht ein Gefühl von Selbstwirksamkeit, aufgrund eigener Ressourcen und Möglichkeiten, auf die Situation einzuwirken?

Diese Frage ist in den meisten Fällen zwar zunächst nicht unmittelbar mit ja zu beantworten. Denn ein betroffenes Kind wird mangels Möglichkeiten zum »Ankern« im Gegenüber kaum Erfahrungen von Resonanz und damit auch *Selbstwirksamkeit im Kontakt* sammeln können. Von Beginn an auf sich geworfen, muss es *aus sich heraus* ganz eigene Überlebensstrategien entwickeln. Viele Betroffene sind sich nicht über das außergewöhnliche Ausmaß an hierfür notwendiger Selbstwirksamkeit bewusst. Zunächst herrscht hier, wie auch bei der Frage nach bereits gemeisterten Herausforderungen, ein Gefühl der Schwäche, der Unfähigkeit, der Defizite vor. Werden jedoch die spezifischen Ressourcen und Fähigkeiten sowie die vielfältigen, im Laufe des Lebens entwickelten Bewältigungsstrategien in ihrer Funktionalität gewürdigt und die damit *ganz allein* gemeisterten Herausforderungen bewusst, stellt sich ein Gefühl der Selbstwirksamkeit und auch der Gestaltungsfähigkeit hinsichtlich der eigenen Situation und des eigenen Weges ein.

An dieser Stelle hat es sich auch als sinnvoll erwiesen, das damit verbundene hohe Maß an *Eigenverantwortlichkeit* bewusst zu machen und die Anforderung, die damit verbunden ist, anzuerkennen.

Kann auch noch in der bedrohlichen Situation ein Erleben von Sinnhaftigkeit aufrechterhalten werden?

Was mich in der Arbeit mit meinen Klientinnen immer wieder fasziniert und beeindruckt, ist ihre tiefe und unerschütterliche Suche nach dem Sinn. So anstrengend diese Suche von der Dritten Ebene aus auch sein mag – stellt sich doch kaum je ein Gefühl der Sicherheit in Bezug auf die eigene Erkenntnis und das eigene Gefühl ein – ich habe noch keinen Menschen in meiner Praxis kennengelernt, der nicht auf dieser Suche geblieben, ja von ihr angetrieben am Leben geblieben wäre.

Das Besondere daran ist m. E., dass sich diese Suche letztlich fast in jedem Fall darum dreht, *selbst etwas Sinnvolles in die Welt zu bringen*, etwas beitragen zu können, was auch für andere Menschen wertvoll ist, ihnen hilft, sie weiterbringt. Das mitzuerleben – von Menschen, die im Kontakt mit ihren Mitmenschen oft vorwiegend Bedrohung, Verachtung, Entwürdigung und Ablehnung bis hin zu psychischer und physischer Gewalt erlebt haben, erfüllt mich immer wieder nicht nur mit tiefer Hochachtung, sondern auch mit Hoffnung.

4.2 Spezifische Ressourcen zur Resilienz und Traumabewältigung von Menschen im Autismus-Spektrum

Wie wir gesehen haben, kommen die generell angenommenen Resilienzfaktoren wie sichere Bindungserfahrungen, das Erleben von Selbstwirksamkeit im Kontakt und das Gefühl von Verbundenheit auch in einer potenziell traumatischen Situation bei Menschen im AS nicht oder nur teilweise zur Wirkung. Und dennoch lässt sich bei genauerem Hinsehen eine fast unerklärliche Resilienz und Stärke erkennen. Was also mögen Quellen dieser Resilienz sein? Wenngleich diese Frage kaum generell und erschöpfend zu beantworten sein wird, möchte ich hier doch zumindest die eine oder andere Beobachtung und Hypothese darstellen, die vielleicht in die richtige Richtung führen kann.

4.2.1 Zwei spezifische Resilienzfaktoren

Resilienzfaktor Aufmerksamkeitsfokussierung und Trance: Das Sein im Hier und Jetzt

Bessel Van der Kolk (2015) weist darauf hin, wie entscheidend es für traumatisierte Menschen ist, eine (Wieder-)Verankerung im Hier und Jetzt zu finden. Da in einem Zustand des Traumas neben anderen wichtigen Bereichen des Nervensystems auch der Hippocampus deaktiviert wird, der für die Einordnung von Eindrücken in das Erleben und gewissermaßen für die Gestaltung der eigenen, persönlichen Geschichte – mit Vergangenheit, Gegenwart und Zukunft – zuständig ist, bleiben Traumatisierte in gewisser Weise im Moment des traumatischen Ereignisses und damit im Erleben der Bedrohung hängen. Für sie liegt das Ereignis gefühlt nicht in der Vergangenheit, es findet immer (noch) genau *jetzt* statt. Aus Sicht des ANS hält es in all seiner alarmierenden Bedrohlichkeit so lange an, bis die Person sich in einem *sicheren Jetzt und Hier* wiederfinden kann.

Bei autistischen Kindern lässt sich beobachten, dass sie in der Regel schon sehr früh für sich Möglichkeiten finden, ihre Aufmerksamkeit auf konstante, verlässliche Muster, Objekte, Geräusche oder andere Reizmuster zu fokussieren – und damit im Jetzt und Hier zu ankern. Da sie in einem menschlichen Gegenüber nicht ausreichend Kontinuität von Reizen und damit nicht genügend Sicherheit finden können, wenden sie sich anderen Reizmustern oder Objekten zu, die eine solche Verlässlichkeit für sie gewährleisten und fokussieren ihre Aufmerksamkeit darauf.

Zusätzlich zur Aufmerksamkeitsfokussierung, die in sich schon den Weg in einen Trancezustand ebnet, finden die meisten Kinder zudem heraus, wie sie eine solche Tranceinduktion unterstützen und verstärken können: rhythmische, sich stereotyp wiederholende Bewegungen oder Laute haben eine solche unterstützende Wirkung. Sie werden seit Menschengedenken hierfür genutzt, sei es in Musik und Tanz, seien Mantras es in der Meditation, seien es andere Rituale. Wenn das Kind sich auf diese Weise in eine schützende Trance begibt, wird es sich darin (und oft *nur* darin) sicher und wohl fühlen.

Schwierig wird es jeweils dann, wenn es aus seinem Fokus gerissen und eben jene Bewältigungsstrategien, die sich bewährt haben, um das sichere Sein im Hier und Jetzt zu unterstützen, unterbrochen oder gar unterbunden werden.

Wer erst einmal für sich entsprechende Möglichkeiten entwickelt und positive Erfahrungen damit gesammelt hat, der wird spontan und auch unwillkürlich gerade dann auf sie zurückgreifen, wenn eine überwältigende Reizflut oder andere Anforderungen drohen, das System zu überfordern und zu überwältigen.

Das gelingt nicht immer – warum es immer wieder zu Ein- und Ausbrüchen mit Kontrollverlust kommen kann. Jedoch kann *auch danach* zur Beruhigung und Bewältigung des Erlebten durchaus wiederum der bewährte Zugang zur sicheren und beruhigend wirkenden Trance genutzt werden – sofern dem Betroffenen die Möglichkeit dazu eröffnet oder er in Ruhe gelassen wird.

Dieses aktive Hineinfinden und Ankern im Hier und Jetzt ist eine Ressource, die auch in der Psychotherapie berücksichtigt und gemeinsam mit der Klientin exploriert werden sollte, um Möglichkeiten zur aktuellen Utilisation oder gegebenenfalls Re-Aktivierung zu erkunden, oder um angemessene Modifikationen zu entwickeln.

Resilienzfaktor »Dritte Ebene« – Erhöhte Resilienz und bessere Bewältigung durch Bewusstheit?

Wir haben im ersten Kapitel angesichts des Drei-Ebenen-Modells festgestellt, dass autistische Menschen in der Regel, auch hinsichtlich der emotionalen »Schwingungen« anderer Menschen, hochsensibel sind, dass sie jedoch mangels eines Sozialen Autopiloten (»mittlere Ebene«) diese unmittelbaren, ganz basalen Wahrnehmungen *bewusst* verarbeiten müssen.

Diese Dritte Ebene wird grundsätzlich von jedem Kind und letztlich von jedem Menschen zeitlebens genutzt, um *bewusst* die Welt zu beobachten, zu explorieren und zu erfassen. Von Beginn an macht sich eine Person ein Bild von Gegebenheiten und Zusammenhängen um sie herum, speichert diese und knüpft immer weitere Erfahrungen daran an. Gerade Kinder explorieren so sich selbst, ihren Körper und seine Funktion und ihre Umwelt, die belebte wie die unbelebte, meist noch wesentlich bewusster als Jugendliche oder Erwachsene. In dem Maße, in dem Erfahrungen integriert und eigene Funktionen automatisiert werden, funktioniert die Verarbeitung neuer Eindrücke und Erfahrungen zunehmend unwillkürlich und unbewusst. Dies gilt insbesondere für soziale Erfahrungen und Reaktionsweisen.

Da Menschen mit autistischer Verarbeitungsweise in vielen Bereichen nicht oder wesentlich langsamer Eindrücke kohärent integrieren und eigene Bewegungen und Handlungen langsamer oder gar nicht automatisiert werden, bleibt ihnen sowohl zur Reizverarbeitung als auch für die Initiierung und Steuerung von Handlungen nur diese bewusste Ebene. Diese ist zugleich eine kindlich ungetrübte und eine wissenschaftliche Forschungsebene: Alles ist in jedem Augenblick erst einmal neu. Es wird zunächst wertfrei betrachtet und untersucht. Eindrücke und Zusammenhänge werden analysiert und immer wieder auf Stimmigkeit und Regelhaftigkeit überprüft. Auf dieser Eben gibt es keine Sicherheit, wie sie von einem Sozialen Autopiloten generiert wird. Diese muss immer wieder neu geprüft werden und steht dabei grundsätzlich in Frage.

Da Betroffenen kein Sozialer Autopilot zur Verfügung steht und damit auch die daraus erwachsende Sicherheit hinsichtlich der eigenen Identität sowie der Intentionen und Erwartungen der Mitmenschen fehlt, bleibt nur die Möglichkeit, auch im sozialen Kontext auf die bewussten Funktionen der Dritten Ebene zurückzugreifen. So werden diese bei vielen, gerade auch von weiblichen Betroffenen, schon von klein auf trainiert und es bestehen erstaunliche Fähigkeiten zur klaren Beobachtung, zur Analyse von Zusammenhängen sowie zur Reflexion und Selbstreflexion.

Meiner Beobachtung nach ermöglicht Betroffenen diese wohl trainierte Fähigkeit zur bewussten Beobachtung, Analyse und Reflexion auf der Dritten Ebene, Erfahrungen – auch die schlimmen – auf ihre ganz eigene Weise zur Erkenntnis und Weiterentwicklung zu nutzen. Dabei erlangen die Betroffenen häufig eine besondere Reife – und Resilienz auch in Situationen, die andere Menschen schwer traumatisiert zurücklassen.

Dies zu sehen und anzuerkennen, kann sehr heilsam sein für viele erlittene Verletzungen und die Betroffenen für die Zukunft stärken.

4.2.2 Autistische Bewältigungsstrategien – Funktionen zur Traumabewältigung?

Wir haben in Kapitel 1.5 einige autismusspezifische Bewältigungsstrategien angeschaut und auf ihre *Funktionalität im Kontext einer autistischen Erlebenswelt* hin untersucht.

Nachdem wir festgestellt haben, dass eine solche autistische Welt ein hohes Risiko für traumatische Erfahrungen mit sich bringt, liegt die Vermutung nahe, dass autistische Bewältigungsstrategien auch zur Verarbeitung traumatischer Erfahrungen eingesetzt werden, und dass sie auch für neurotypische Menschen mit Traumaerfahrungen – abhängig von Kontext und Ausmaß – funktional und wirksam sein können. Sie sind in diesem Sinne als allgemein menschliche Bewältigungs- und Überlebensstrategien zu betrachten, die also ebenso von neurotypischen Menschen unwillkürlich genutzt werden, wenn auch vielleicht in anderen Situationen und Ausprägungen. Ich möchte sie daher an dieser Stelle nochmals aus diesem Blickwinkel heraus beleuchten.

Trance als Schutzhülle vor Reizüberflutung (Overload) und Überforderung

Ein schützender Trancezustand kann ermöglichen, trotz bedrohlicher Bedingungen sowie nach erschütternden Erfahrungen wieder einen Zustand der Sicherheit zu erlangen. Dies gilt sowohl für eine selbst-induzierte Trance als auch umso mehr für eine Trance, die im vertrauten Kontakt mit einer Person oder in einer Gemeinschaft erlebt wird. Beispiele hierzu gibt es aus allen Kulturen zu berichten: Sei es eine Schamanin oder ein »Medizinmann«, ein Priester, eine Ärztin oder ein Therapeut – in einem Eins-zu-eins-Kontakt, in dem auf eine Person mit besonderen Fähigkeiten vertraut und von dieser rituelle Handlungen ausgeführt, Fragen gestellt oder Deutungen angeboten werden, entsteht, wenn es gelingt, eine Art von gemeinsamer Heilungstrance, die für die Bewältigung physischer wie psychischer Leiden nicht nur unterstützend, sondern oft entscheidend ist. Ähnliches gilt für Rituale in einer Gemeinschaft, die zur Heilung oder Problembewältigung eingesetzt werden. Jedoch auch selbst-induzierte Trance-Zustände wirken sich lindernd und heilsam aus. Im Falle eines Traumas können auch bestimmte Traumafolgesymptome wie z. B. dissoziative Zustände als eine spontane Schutztrance gedeutet werden.

Aufmerksamkeitsfokussierung und Flow – bis zur Dissoziation

Wie wir oben bereits festgestellt haben, stellen das Zurückfinden in ein sicheres Hier und Jetzt und ein Erleben von Selbstwirksamkeit wesentliche Faktoren zur Bewältigung eines Traumas dar. Beide Aspekte sind in der *bewussten* Fokussierung der Aufmerksamkeit auf ein Reizmuster oder Objekt im Jetzt und Hier und vor allem im aktiven Flow-Zustand gegeben.

Schwierig wird es, wenn solche dissoziativen Zustände spontan und unwillkürlich eintreten, und damit von der betreffenden Person als unkontrollierbar erlebt werden.

Gleicherhaltungstendenzen – bis zur Rigidität

Jede Veränderung stellt eine Herausforderung dar. In gewissem Maße kann dies anregend sein und Weiterentwicklung fördern. Wir haben jedoch festgestellt, dass dies nur der Fall ist, wenn die Herausforderung die Möglichkeiten einer Person nicht übersteigt. Auch muss berücksichtigt werden, wie stark die Person bereits ohnehin beansprucht, durch Veränderungen verunsichert oder sogar grundlegend erschüttert ist. Vorhersehbarkeit und Verlässlichkeit hingegen vermitteln dem ANS Sicherheit. Porges sagt dazu: »Vorhersehbarkeit ist wichtig. Unser Nervensystem hält viel von Vorhersehbarkeit.« (Porges 2017)

Diese Bedürfnisse nach Vorhersehbarkeit und Verlässlichkeit und daraus resultierende Strategien zur Strukturierung und Gleicherhaltung werden erst dann problematisch, wenn sie vom Umfeld als nicht funktional und »übertrieben« oder sogar zwanghaft interpretiert und bekämpft werden – oder wenn sie zwar von der Person als notwendig und unterstützend erlebt werden, sie jedoch massiv in ihren Handlungs- und Entwicklungsmöglichkeiten einschränkt.

Routinen und Ordnungsstrukturen – bis zur Pedanterie

Auch routinierte Abläufe, übersichtliche Strukturen und durchschaubare Ordnungen geben ein Gefühl von Sicherheit und Selbstwirksamkeit. Entsprechende Bestrebungen können als Versuch gedeutet werden, möglichst Sicherheit vermittelnde Bedingungen zu schaffen und aufrechtzuerhalten.

Hier kann es ebenfalls zu Fehlinterpretationen von außen sowie zu Fehldiagnosen kommen und ein an sich ich-syntones Bedürfnis nach Übersichtlichkeit, Detailgenauigkeit und verlässlichen Strukturen als Zwangsstörung interpretiert und behandelt werden – was meist zu einer Verschärfung der zugrundeliegenden Problematik führt. Zwar kann in Momenten grundlegender Destabilisierung und Phasen zusätzlicher Verunsicherung eine solche Bewältigungsstrategie in eine Zwangsstörung übergehen. Dies kann und sollte jedoch gemeinsam mit der betreffenden Person sehr genau differentialdiagnostisch exploriert werden.

Bewusste Beobachtung, Analyse, Reflexion und Handlung – (inkl. Selbstreflexion)

Wir haben bereits beim Thema Resilienz festgestellt, welch wichtige Rolle hier die »Dritte Ebene« spielen kann. Selbiges gilt auch für die Verarbeitung und Bewältigung traumatischer Erlebnisse. In der Traumatherapie spricht man von »Top-down«-Ansätzen, wenn ein Trauma bewusst kognitiv und verbal bearbeitet wird. Diese setzen allerdings voraus, dass die betroffene Person sich gerade nicht in einem Zustand hoher Erregung befindet, in dem die kortikale Verarbeitung weitgehend deaktiviert ist. Findet ein Klient jedoch in der Präsenz des Therapeuten Ruhe und Sicherheit, können Gespräche und gemeinsame Reflexionen über das traumatische Ereignis sehr hilfreich sein. Sie ermöglichen ein besseres Verständnis des Geschehens und der eigenen Reaktionsweisen sowie die Einordnung des Erlebnisses in die eigene Geschichte und mit einer solchen Integration auch die Bewältigung.

»Fehlervermeidung« als wichtige Motivation – bis zur »Zwanghaftigkeit«

Das Bestreben, Fehler zu vermeiden, ähnelt anderen Vermeidungsstrategien der Konstriktion und hat ähnliche Funktionen. Zum einen geht es tatsächlich um die Hoffnung, durch Fehlervermeidung nicht mehr Opfer von Herabwürdigung, unverständlichen Sanktionen oder Angriffen zu werden. Zum anderen liegt darin die Hoffnung auf den Faktor Selbstwirksamkeit: Solange ich davon ausgehe, dass ich in der Lage bin, bei ausreichend Engagement Fehler vermeiden zu können, glaube ich an die eigenen Einflussmöglichkeiten. Wann immer es gelingt, eine Situation »fehlerfrei« zu meistern, kann dies das Gefühl der Selbstsicherheit stärken.

Allerdings hat diese Strategie auch entscheidende Nachteile, denn sie mündet schnell in eine Neigung zu einem gnadenlosen Perfektionismus. Da jedoch kein Mensch perfekt ist, kann jeder Fehler, der unweigerlich früher oder später unterläuft, die eben aufgebaute Selbstsicherheit wieder über den Haufen werfen.

Sozialer Rückzug – bis zur Isolation

Auch der soziale Rückzug fällt unter die konstriktiven Bewältigungsstrategien. Nach vielen erschütternden und tief verletzenden Erfahrungen hat er die Funktion, in der Sicherheit der eigenen Welt – oder in einer Parallelwelt – Schutz zu suchen und weiteren traumatischen Erfahrungen vorzubeugen. Diese Strategie wird meist noch dadurch verstärkt, dass auch aufgrund der traumatischen Erfahrungen die Fähigkeiten zum sozialen Engagement (Porges 2017) und Miteinander beeinträchtigt sind und Kontakte mit anderen häufig tatsächlich schiefgehen.

So nachvollziehbar eine solche Rückzugstendenz ist und so notwendig die *Möglichkeit* zum Rückzug ist – sie kann im Extremfall in einen Zustand der mehr oder weniger vollständigen Isolation führen. Und eine solche wirkt sich gravierend auf die psychische und letztlich auch auf die physische Gesundheit aus. Dieses Risiko sollte nicht unterschätzt und mit Betroffenen ebenso verständnisvoll wie fundiert thematisiert werden.

Soziale Anpassung – bis zur Selbstaufgabe

Soziale Anpassung kann eine – zunächst durchaus funktional wirkende – Form der Konstriktion sein. Sie kann jedoch einen solchen Grad erreichen, dass sie einer Selbstverleugnung und damit einer Variante der Dissoziation oder der Schreckstarre gleichkommt: Die betroffene Person ist nicht mehr »sie selbst«, hat sich von sich selbst weitgehend abgespalten und versucht, als eine andere Persönlichkeit als sie ist durch die Welt zu gehen. Auch dies ist zunächst eine funktionale Strategie, die es ermöglicht, in der Welt der Mitmenschen zurechtzukommen, und sie kann dahin führen, dass neue positive Erfahrungen im Kontakt gesammelt werden können. Allerdings besteht bei einer solchen Strategie die Gefahr, dass sich die Dissoziation von der eigenen Persona verfestigt und diese quasi nicht zu sich selbst »zurückfindet«. Hier bedarf es grundlegender Erfahrungen von Sicherheit in Kontakt und Verbundenheit, oft über eine längere Zeit, ehe die eigentliche Persönlichkeit oder deren Anteile wagen, sich zu zeigen und sich ins Leben einzubringen.

»Flucht nach vorne« oder mutiger »Blindflug« ohne Autopiloten

Viele Menschen im Autismus-Spektrum, ob nun hochfunktional oder nichtsprachlich, zeigen sich außerordentlich kontaktfreudig – und das auch dann, wenn sie schon viele negative Erfahrungen mit anderen Menschen gemacht haben. Ohne Wahrnehmung und Steuerung des Sozialen Autopiloten wirkt ihr Verhalten auf neurotypische Menschen oft zu direkt oder gar distanzlos. Es kann mitunter jedoch auch herzerfrischend und durchaus attraktiv wirken.

Eine solche mutige Flucht nach vorne ganz ohne Sozialen Autopiloten stellt für sich genommen eine spontane und natürliche Form des sozialen Engagements dar. Es geht darum, mit anderen Menschen in Kontakt zu kommen und Verbindungen aufzubauen. Gelingt dies nicht, ist dies für die betroffene Person genau so schmerzlich wie für jede andere und kann zu zusätzlichen Traumatisierungen führen. Ich kenne jedoch einige Betroffene, die trotz aller Rückschläge immer weiter auf ihre Mitmenschen zugehen. Gelingt dann tatsächlich der Aufbau eines Kontaktes, erweisen sie sich als überaus treue Freunde mit großer Bereitschaft zu Empathie und Hilfsbereitschaft und einem unerschütterlichen Humor.

Sowohl das Erleben von Resonanz und die Entstehung von Verbindungen wirken sich auf das ANS beruhigend aus. Gelingt dies noch auf humorvolle Weise, kann die Bewältigung traumatischer Vorerfahrungen umso besser und nachhaltiger gelingen.

Humor

Dass Humor ein ganz wesentlicher Faktor der Resilienz und eine wichtige Bewältigungsstrategie für erlittene Traumata darstellt, kann in vielen Kontexten beobachtet werden und wird längst auch von verschiedenen therapeutischen Ansätzen genutzt (vgl. Trenkle 2016, Birkenbihl 2012).

Dabei lässt sich die humorvolle Perspektive gerade von der Dritten Ebene aus besonders leicht einnehmen – sowohl in Bezug auf sich selbst und die eigenen Irrungen und Wirrungen des Lebens als auch mit Blick auf die Welt der Anderen.

Ein Klient beschrieb es in einem Interview so: »Ich weiß gar nicht, was ich machen würde, wenn ich nicht auch immer wieder über mich lachen könnte. ... Es ist auch Galgenhumor. Aber er hilft mir, überhaupt klar zu kommen.« Als Beispiel beschreibt er folgende, für ihn typische Alltagssituation:

N.: »Ich hatte es eilig, wollte mir aber, bevor ich los musste, noch schnell ein paar Pfannkuchen aufbraten. Ich will den Gasherd anmachen, greife nach dem Feuerzeug und halte es an die Gasflamme. Ich wundere mich, wo das ganze Öl auf dem Herd herkommt und stelle fest, dass ich statt des Feuerzeugs die Flasche mit dem Bratöl an die Flamme halte. Da musste ich natürlich erstmal alles saubermachen, ist ja sonst auch gefährlich. Und ich hab mich gefragt: ›Lach ich jetzt oder ärger ich mich jetzt? Nein, ich lache jetzt!‹ Ich hab mich wirklich über mich selber kaputtgelacht. Ich weiß gar nicht, was ich machen würde, wenn ich nicht immer dieses kleine Männchen auf meiner Schulter hätte, das sich immer über alles was so passiert amüsieren kann. Eigentlich könnte ich auch weinen. Aber dann schon lieber lachen!«

Dass sich gerade auch in der Begegnung der unterschiedlichen Welten nicht nur schmerzhafte, sondern auch ungewollt komische Situationen ergeben, spiegelt sich im Beispiel einer Freundin wider:

J.: »Ich gebe mir ja wirklich Mühe, lande aber ja doch immer wieder im Fettnäpfchen. Neulich habe ich beim Arzt gewartet, saß schon im Gang bei den Behandlungszimmern. Da stehen so Stühle, manche mit, manche ohne Armlehnen. Da kam eine Frau, die war ziemlich voluminös, und wollte sich in einen der Stühle mit Armlehnen setzen. Ich hatte echt Sorge, dass die darin stecken bleibt. Ich war kurz davor, ihr meinen Stuhl ohne Armlehnen anzubieten. Aber dann fiel mir gerade noch rechtzeitig ein, dass man ja Menschen in keiner Weise auf ihren Körperumfang ansprechen darf. Ich konnte mich gerade noch beherrschen. Blöd eigentlich, ich hab's ja nur gut gemeint. Schließlich wollte ich ja nicht, dass sie in eine peinliche Situation erlebt. Aber das wäre wieder so ein typischer Moment gewesen ...«

Schließlich deutet auch die Tatsache, dass viele Betroffene mir bereits während der Diagnostik (tatsächlich schmunzelnd) erzählen, sie haben sich in der Figur des Sheldon Cooper aus der amerikanischen Comedy-Serie »Big Bang Theory« oder in der Hauptfigur der gleichnamigen Serie »Monk« wiedererkannt, auf eine beachtliche Portion an Humor hin. Dies zeugt m. E. von einer Fähigkeit, sich im positiven Sinne von sich selbst ein wenig zu distanzieren und von dieser Warte aus sich und die Welt der Anderen interessiert und für den Moment auch ohne Wertung im Zusammenspiel zu betrachten. Mir scheint, dass gerade auch diese Möglichkeit zur Selbst-Distanzierung die Dritte Ebene für Betroffene so wertvoll macht und ihnen mitunter in allem erlebten Chaos und allem schmerzhaften Befremden von der Welt das Leben – und das Lachen – rettet.

4.3 Schlussfolgerungen für die psychotherapeutische Praxis

Welche Implikationen ergeben sich aus den bisherigen Betrachtungen für die Psychotherapie und Beratung von Menschen im Autismus-Spektrum?

Menschen nehmen Angebote zur Beratung oder Psychotherapie in Anspruch, wenn sie aus sich heraus nicht mehr weiterwissen, wenn die eigenen Bewältigungsstrategien versagen oder einfach nicht mehr ausreichen – und: Wenn sie die Hoffnung haben, dass jemand anders sie und ihre Probleme versteht und ihnen Wege zu neuen Lösungen eröffnen kann.

Es würde hier zu weit führen, die gesamte Bandbreite an bewährten therapeutischen Ansätzen und Interventionen darzustellen. Letztlich ließe sich all meiner Erfahrung nach ohnehin nicht sagen, welcher therapeutische Ansatz nun der für *alle* Betroffenen sinnvollste und erfolgversprechendste wäre.

Viel wichtiger erscheint es mir, hier einige Grundzüge therapeutischer Vorgehensweisen vorzuschlagen, die sich in meiner Praxis bewährt haben und die auch von meinen Klienten als hilfreich empfunden wurden. Dabei werden einige Themen aufscheinen, die häufig im Fokus stehen und deren Bearbeitung sich immer wieder als bedeutsam und fruchtbar erweist.

4.3.1 Klientenzentrierung

Generell ist davon auszugehen, dass es für keine Personengruppe oder einzelne Person den einzig adäquaten therapeutischen Ansatz gibt, der dann nur konsequent und möglichst nach Manual durchgeführt werden muss, um damit eine genau definierte, gewünschte Entwicklung herbeizuführen. Vielmehr hat sich angesichts des so vielfältigen Spektrums gerade im Autismus-Bereich ein eklektisches und konsequent klientenzentriertes Vorgehen bewährt, in dem sowohl individuell als auch situativ Ideen und Interventionen aus verschiedenen Ansätzen angeboten und jeweils in gegenseitiger Abstimmung und Kooperation zwischen Therapeutin und Klient flexibel variiert und modifiziert werden.

Klientenzentrierung bedeutet darüber hinaus jedoch noch mehr: Wenn wir ernst nehmen, dass der Klient oder die Klientin im Fokus des Geschehens steht, heißt das für die Therapeutin,

- jede Person für sich in ihrer Einzigartigkeit zu betrachten,
- therapeutische Interventionen *anzubieten* und dabei so weit zu erläutern, dass sie verstanden werden,

- die zu behandelnde Person bzw. ihre jeweilige spontane Reaktion auf das Angebot darüber entscheiden zu lassen, ob es in diesem Moment passend ist oder nicht,
- in jedem Augenblick genau auf das Befinden und die Resonanz des Klienten zu achten,
- der Klientin Raum zu geben für ihre Präsenz, für ihre Geschichte, für ihre Interessen, für ihre Welt,
- sich mit der Welt des Klienten vertraut zu machen und sich darauf einzulassen,
- ihm abzunehmen, was sie als ihre Wahrnehmung oder Erinnerung beschreibt,
- die Person, ihre Geschichte, ihr Leid und ihre Anstrengung, ihre Bewältigungsstrategien und nicht zuletzt ihre Resilienz zu würdigen
- und die Welt, soweit es möglich ist, vor dem Erfahrungshintergrund mit den Augen des Klienten zu betrachten,
- um *dann* zwischen den Welten vermitteln zu können.

Hierfür ist es notwendig, eigene Wahrnehmungen, Erinnerungen und Perspektiven immer wieder zurückzustellen. Diese können, wenn es passt, in Resonanz auf Klient oder Klientin, auf deren Ausdruck, deren Berichte und deren Emotionen als Assoziation oder auch als ausdrückliche Spekulation angeboten werden.

Das Thema der jeweiligen Sitzung, das Tempo, die Dynamik richtet sich an der Resonanz der Klientin aus.

4.3.2 Erkennung und Anerkennung einer autistischen Grundstruktur als wichtige Faktoren für einen fruchtbaren therapeutischen Prozess

Viele Betroffene berichten, wie bedeutsam für sie die Diagnosestellung war. Gerade, wenn die Diagnostik auf Augenhöhe und unter Einbeziehung der individuellen Erfahrungen der Klientin erfolgt, kann sie bereits für sich genommen tiefgreifende therapeutische Wirkung zeigen:

Die betroffene Person beginnt bereits während des Interviews, das eigene Erleben in seinen Gemeinsamkeiten und Unterschieden im Vergleich zu den Mitmenschen zu verstehen.

Was bisher als »falsch«, »behindert«, »dumm« oder gar als »bösartig« oder »asozial« interpretiert wurde – sei es von den Mitmenschen, sei es von der Person selbst – beginnt auf einmal vor neuem Hintergrund *Sinn* zu machen, wird als stimmig oder zumindest erklärbar und auch logisch empfunden. Erlebnisse in sozialen Kontexten können so neu betrachtet und eingeordnet werden.

Sehr häufig beginnt auf diese Weise ein intensiver Prozess der Revision und der emotionalen Neubewertung von Erlebnissen, die bislang teilweise für die Person selbst unverständlich und erst recht anderen gegenüber unerklärlich, zum Teil auch nicht kommunizierbar waren.

Eine Rückmeldung, die ich immer wieder bekommen habe, lautete, in Variationen: »Also – eine Identität habe ich ja erst seit der Diagnose.«

Jedoch auch die angemessene Gestaltung der Psychotherapie wird erst auf der Grundlage einer fundierten und differenzierten Diagnosestellung möglich, die sowohl Hinweise auf eine autistische Grundstruktur als auch Anzeichen für Traumafolgestörungen wahr- und ernstnimmt.

Wichtig ist bei der Diagnostik, dass sie vom Klienten mitvollzogen werden kann. So können sowohl Aspekte einer individuellen, autistischen Erlebenswelt als auch erlittene Traumata besser verstanden und eingeordnet werden.

»Da ist noch mehr als das Trauma«

In meiner Praxis lerne ich immer wieder Klienten kennen, die zuvor bereits in einer Psychotherapie ein Trauma mit gutem Erfolg bearbeitet haben, dann jedoch für sich oder mit der Therapeutin gemeinsam feststellen, dass »da noch etwas drunter liegt«, was allein durch erlittene Traumata nicht erklärbar ist. Wenn in so einer Situation eine bestehende ASS diagnostiziert wird, können neue Erkenntnisse und Erklärungsansätze in der weiteren Therapie berücksichtigt werden – wodurch sie sich *für beide Seiten* wesentlich befriedigender gestalten lässt.

»Da ist noch mehr als nur der Autismus«

Andere haben bereits eine ASS-Diagnose und suchen psychotherapeutische Hilfe aufgrund unterschiedlicher psychischer Beeinträchtigungen auf (Lipinski 2019).

Erst während des weiteren Therapieverlaufs treten dann häufig traumatische Erlebnisse in den Fokus; oftmals werden sie erst auf einer neu gewonnenen, sicheren Basis der therapeutischen Beziehung überhaupt erinnert oder erstmals thematisiert.

So ist sowohl das Erkennen struktureller Besonderheiten i. S. einer ASS und deren Auswirkungen als auch Erkenntnis und Anerkennung traumatischer Erfahrungen und entsprechender Traumafolgen für einen fruchtbaren therapeutischen Prozess und eine nachhaltige Weiterentwicklung bedeutsam. Denn solche Erkenntnisse und das Verstehen der eigenen Struktur und Dynamik ermöglicht es dem Klienten, gemeinsam mit der Therapeutin im Verlauf relevante Themen zu erkennen, Probleme richtig einzuschätzen, Bewältigungsstrategien als solche zu erkennen und sie auf ihre frühere und aktuelle Funktionalität zu überprüfen. Auf dieser Basis können sowohl anzustrebende Ziele als auch Vorgehensweisen und zusätzliche Maßnahmen zur Unterstützung immer wieder neu miteinander abgestimmt und erprobt werden.

> **Einige grundlegende Themen, denen gerade in der Psychotherapie von Menschen im Autismus-Spektrum eine wesentliche Bedeutung zukommt**
>
> - Verbesserung der konkreten – auch körperlichen – Selbstwahrnehmung sowie des Selbstverständnisses
> - Gemeinsame Entdeckung und Würdigung individueller und auch Autismus-spezifischer Fähigkeiten und Ressourcen
> - Stärkung des Selbstwertes

- Entwicklung eines neuen, als passend empfundenen Selbstbildes und letztlich einer stimmigen Identität
- Fruchtbare Auswertung alter und neuer Erfahrungen im sozialen Umfeld und Ableitung neuer Erkenntnisse über sich selbst und andere
- Zugewinn relevanter Informationen über und Erfahrungen mit »der Welt der Anderen« von einer sicheren Basis aus
- Bearbeitung belastender Erfahrungen und Traumata
- Auswahl und Exploration geeigneter »Subwelten« in der Welt der Anderen – mit passenden Rahmenbedingungen und hoher Schnittmengenwahrscheinlichkeit
- Entwicklung einer oder mehrerer angemessener sozialer Rollen
- Erarbeitung angemessener Lebensziele und konkreter Perspektiven

Sehr viele dieser Themen und Ziele sind zugleich auch für Personen mit Traumafolgestörungen relevant.

Wichtig ist jedoch, stets die Einzigartigkeit der zu behandelnden Person im Auge zu behalten und im Sinne der Klienten- und Prozesszentrierung einen sicheren Raum für die jeweils ganz eigene Entwicklung zu eröffnen.

Exploration individueller Themen und Ziele

Da sich das Erleben, die Fähigkeiten und Grenzen autistischer Menschen in vielfältiger Weise von denen neurotypischer Menschen unterscheiden können, hat es sich als sinnvoll und notwendig erwiesen, die individuelle Erlebenswelt sowie bisherige Erfahrungen mit sich selbst und der sozialen Umwelt eingehend zu explorieren. Denn weder die Therapeutin noch der Klient kann davon ausgehen zu wissen, wo genau die Unterschiedlichkeiten, die Herausforderungen und die eigentlichen Ressourcen liegen.

Es hat sich daher bewährt, im Verlauf gemeinsam immer wieder neu zu betrachten, wo die betroffene Person in ihrem Erkenntnisprozess steht, welche Themen und Bedürfnisse gerade *in diesem Moment* obenan stehen, welche sich im Verlauf durchziehen, welche Ziele jeweils tatsächlich angestrebt werden (und welche nicht!) und welche Vorgehensweisen sich dafür anbieten.

Relevante Themen erkennen

Gerade wenn von klein auf viele besondere Herausforderungen zu meistern waren und Probleme aufgetreten sind, die weder für die betroffene Person noch für das Umfeld verständlich oder kommunizierbar waren, geht es in der Therapie zunächst vor allem darum, aus den Berichten der Klientin oder auch der Angehörigen relevante Themen herauszuarbeiten. Hierfür ist es zunächst notwendig, einen Raum zu eröffnen, in dem frei berichtet werden kann oder die Anwesenden auch ohne etwas zu sagen »einfach sein« können.

Präsenz spielt hier eine entscheidende Rolle – sowohl die eigene Präsenz der Therapeutin als auch das Zulassen und die Akzeptanz der Präsenz des Klienten. Auch aus einem Schweigen, aus Fragen – »Gibt es eigentliche eine Methode, wie man seinen Kopf abstellen kann?« oder spontan rückgemeldeten Beobachtungen des Klienten – »die Heizung rauscht aber laut« – »letztes Mal hing das Bild aber noch nicht da!« – lassen sich grundlegende Themen erschließen, die ihn aktuell oder auch nachhaltig beschäftigen.

Ist eine Autismus-Diagnose bereits gestellt oder besteht ein begründeter Verdacht auf Neurodivergenz, lohnt es sich, dabei ein Augenmerk auf entsprechende Themen zu legen, diese anzusprechen und für den Betroffenen einzuordnen.

So lassen sich auf unterschiedlichen Ebenen gemeinsam wesentliche Informationen herauslesen wie z. B. Besonderheiten der Reizverarbeitung, Schwierigkeiten mit Veränderungen, Formen der Kontaktgestaltung, spezifische Probleme in der Vergangenheit oder aktuell, Interessen und Wünsche, genutzte oder brachliegende Ressourcen u.v.m.

Probleme adäquat einschätzen

Häufig werden vielfältige Probleme thematisiert, die zunächst alle mit gleicher Relevanz andrängen und konkurrieren. Dabei sind sie nicht selten zu einem undurchdringlichen Dickicht miteinander verflochten, vor dem Klientin und Therapeut zunächst gleichermaßen ratlos stehen.

Hier gilt es erst einmal, sowohl die Schwere der Situation, die Größe und Fülle der Herausforderungen als auch die bereits geleisteten Lösungsversuche sowie die Resilienz und den Mut der betroffenen Person zu würdigen. Gerade, wenn jemand bislang sehr irritierende, einschüchternde oder entwürdigende Erfahrungen mit anderen Menschen und möglicherweise auch mit Fachkräften unterschiedlicher Bereiche machen musste, ist es umso höher zu würdigen, dass er sich in eine Psychotherapie begibt!

Gemeinsam kann dann daran gegangen werden, einzelne Aspekte herauszuarbeiten und nach ihrer Relevanz (neu) zu ordnen. Dabei zeigt sich sehr häufig, dass Betroffene bislang in ihrem Leben mit ihren Fragen und Unsicherheiten, ihren tatsächlichen Schmerzen, Sehnsüchten und ganz konkreten Bedürfnissen entweder nicht wahr- oder nicht ernst genommen wurden. Viele haben bei allem Streben nach Anpassung selbst den Zugang dazu und zu sich selbst verloren.

Hier gilt es erst einmal, die individuelle Wahrnehmungs- und Funktionsweise wieder bewusst zu machen und eigene Bedürfnisse, Impulse und Grenzen mit Hilfe der Psychoedukation immer wieder in einen nachvollziehbaren Zusammenhang zu bringen.

Erst wenn sowohl dem Klienten als auch der Therapeutin grundlegende Funktionsweisen und auch Ressourcen klar sind, können Probleme sinnvoll eingeschätzt und es kann gezielt nach Lösungen gesucht werden.

> Ein Klient mit extremer Hyperakusis und hoher intellektueller Begabung hat schon sehr viele Anläufe gemacht hat, sich in irgendeiner Weise beruflich zu

integrieren. Jedoch musste er immer wieder massive psychische Zusammenbrüche erleben. Jedes Mal, wenn er sich etwas erholt hatte, machte er den nächsten Anlauf. Er wusste um seine Potentiale und war fest entschlossen, »wie andere Menschen auch« Eigenständigkeit einschließlich finanzieller Unabhängigkeit zu erlangen.

Er kommt in die Psychotherapie mit dem erklärten Ziel, »gesund zu werden« und sich so weit zu stabilisieren, »dass es beim nächsten Mal klappt«.

Es stellt sich heraus, dass er durch sein extrem feines Gehör und die Besonderheiten der auditiven Reizverarbeitung schon durch normale Alltagsgeräusche massiven Stress erleidet. Dieses sehr grundsätzliche Problem wird als erstes angepackt: Ein vom Hals-Nasen-Ohren-Arzt angepasster, individueller Gehörschutz (ähnlich einem Hörgerät) verschafft ihm Linderung, so dass auch der Weg in die Therapie leichter zu bewältigen ist und die Sitzungen von ihm besser genutzt werden können: Es ist schlicht mehr Kapazität zur Konzentration und zum Aushalten des sozialen Kontaktes vorhanden, wenn nicht ein Großteil davon zum Ertragen von Umweltgeräuschen benötigt wird.

Auf dieser Basis werden nach und nach die beschriebenen Herausforderungen – Strukturierung des Alltags, Gestaltung sozialer Interaktion, Bewältigung von Traumata – neu betrachtet und eingeordnet.

Bewältigungsstrategien auf ihre Funktionalität hin prüfen

Gerade Erwachsene im Autismus-Spektrum finden sich häufig in einem Zwiespalt: Sie haben im Laufe ihres Lebens verschiedene Bewältigungsstrategien entwickelt – manche bewusst, manche eher unwillkürlich – und werden direkt oder indirekt damit konfrontiert, dass andere Menschen sich dadurch irritiert fühlen oder sich um sie sorgen. Einige mussten beispielsweise erleben, dass durchaus ich-syntone Routinen und Rituale als Zwangsstörung eingeordnet und pädagogisch oder therapeutisch »abtrainiert« wurden.

Vor dem Hintergrund gemeinsam gewonnener Erkenntnisse über spezifische und individuelle Herausforderungen in den Bereichen der Reizverarbeitung, der Koordination, der Strukturierung des erlebten Chaos und der Gestaltung sozialer Interaktionen lassen sich die jeweiligen Bewältigungsstrategien als solche erkennen und *erst einmal in ihrer primären Sinnhaftigkeit würdigen*. Sodann kann gemeinsam – wiederum mit Hilfe von Psychoedukation z. B. über Stress im Allgemeinen sowie die Erlebens- und Funktionsweisen neurotypischer Menschen, deren Erwartungen und Bedürfnisse im Besonderen – abgewogen werden, welche Strategien im Sinne einer tatsächlich notwendigen Anpassung modifiziert oder durch andere ersetzt werden sollten.

Dabei kann auch entschieden werden, welche bewährten Strategien beibehalten werden, sei es ganz, sei es auf bestimmte Kontexte beschränkt und mit leicht verständlichen Begründungen gegenüber den neurotypischen Mitmenschen.

> **Beispiele**
>
> **Motorische Formen des Stimmings:** Verschiedene Formen repetitiver Bewegung wie das Wiegen des Oberkörpers oder das Ausschütteln der Hände sind sehr hilfreich, um Spannung zu regulieren oder einen schützenden Trance-Zustand zu induzieren, in dem Umgebungsreize ausgeblendet und sensorische Eindrücke und Erlebnisse verarbeitet werden können. Auf solche Strategien zur Regulation und Regeneration sollte niemals ganz verzichtet werden. Es wird jedoch darauf ankommen, wo und wann welche Bewegungen ausgeführt werden. Zu Hause, im eigenen Raum, sind dem wenig Grenzen gesetzt – vor allem, wenn eventuelle Mitbewohner ausreichend informiert sind und deren Bedürfnisse mit berücksichtigt werden. Werden auch in öffentlichen Situationen solche Rückzugsmomente notwendig – etwa in der Schule oder auf der Arbeit – ist es hilfreich, nach außen hin wenig auffällige oder unsichtbare Strategien des Stimmings zu erarbeiten und ersatzweise zu nutzen.
>
> **Dosierung sozialer Kontakte:** Auch ein sinnvolles Maß an sozialem Rückzug kann vor dem Hintergrund der wahrgenommenen Herausforderungen eingeschätzt sowie Form und »Dosis« sozialer Kontakte immer wieder neu erprobt und angepasst werden.

Wesentlich ist in jedem Falle, die Selbstwahrnehmung der betroffenen Person zu fördern und ernst zu nehmen – um dann gemeinsam kreativ Bewältigungsstrategien zu modifizieren oder zu gestalten.

Abstimmung von Zielen

Auch die anzustrebenden Ziele sollten im Verlauf immer wieder gemeinsam betrachtet, auf Stimmigkeit geprüft und entsprechend neuer Erfahrungen und Erkenntnisse abgestimmt werden. Dabei zeigt sich, wie stark Zielsetzungen sowohl von eigenen Sehnsüchten als auch von äußeren, gesellschaftlichen Strukturen und Einflüssen bestimmt sein können. Allerdings lässt sich aufgrund des hohen Grades an Bewusstheit bei Klienten im Autismus-Spektrum meist differenzieren, welches Ziel welchen Wünschen und Sehnsüchten entspringt – und ob das auserkorene Ziel tatsächlich die erhofften Chancen zur Erfüllung bietet.

> **Beispiel: Ziel 1. Arbeitsmarkt**
>
> Das sehr verbreitete und wohlbegründete Ziel, sich auf dem ersten Arbeitsmarkt beruflich voll zu integrieren und ein weitgehend »normales« Leben zu führen, kann vom Klienten selbst angestrebt oder in erster Linie vom sozialen Umfeld gefordert sein. In der Regel steht es für die Erfüllung grundlegender menschli-

cher Bedürfnisse insbesondere nach Autonomie, Zugehörigkeit und nicht zuletzt auch Würde.

Das Bestreben des Klienten – und scheint dessen Erreichen auch noch so unwahrscheinlich – sollte daher erst einmal ernst genommen und auf darunter liegende Impulse hin untersucht werden: Geht es vor allem um Autonomie oder vornehmlich um den Wunsch, endlich sinnhafte soziale Kontakte zu erleben? Steht die finanzielle Unabhängigkeit und die Freiheit von irgendwelchen Forderungen seitens Familie oder sozialen Kostenträgern im Fokus? Oder geht es um ein übergeordnetes Ziel, etwa »normal« zu sein oder sich in der Welt einbringen zu können? Oder alles miteinander?

Je differenzierter die grundlegenden Bedürfnisse, Sehnsüchte oder auch der erlebte Druck von außen herausgearbeitet werden, desto passgenauer und letztlich auch flexibler lassen sich stimmige Ziele formulieren und aktuelle Schritte bzw. Stufen dorthin erarbeiten.

Sind Wünsche und Ideale einmal deutlicher geworden, geht es auch darum, Potentiale und womöglich noch unerschlossene Ressourcen zu erkennen sowie besondere Herausforderungen oder tatsächliche Grenzen des Zumutbaren zu definieren.

Auf dieser Grundlage lassen sich dann nicht nur einzelne Stufen hin zum Ziel definieren und bei wachsender Erfahrung modifizieren. Es wird auch erkennbar, welche Vorgehensweisen in der Psychotherapie sinnvoll und fruchtbar sein können, seien es z. B. Visualisierungen, Social Stories, Trockenübungen im Rollenspiel oder gemeinsam konkret erarbeitete Strukturen und Handlungspläne.

So werden nicht nur die Ziele, sondern auch die jeweiligen therapeutischen Angebote während des Therapieverlaufs auf die neu erworbenen Erkenntnisse und Erfahrungen des Klienten hin ausgerichtet und angepasst.

Therapeutische Ansätze und Interventionen: Die Notwendigkeit zur Abstimmung und notwendigen Modifikation

In der psychotherapeutischen Arbeit können verschiedenste psychotherapeutische Methoden und Interventionen angeboten werden und wirksam sein. Die einzig wirksame Interventionsmethode gibt es nicht. Für Therapeutinnen und Therapeuten, die sich ganz neu der Arbeit mit Menschen im AS zuwenden, kann es hilfreich sein, sich bereits erprobte Manuale anzuschauen (z. B. FASTER (Ebert et al. 2012), KOMPASS Verhaltenstherapeutisches Gruppenmanual (Jenny et al. 2021) und sich zunächst in der Einzelarbeit darauf zu stützen.

Andere mögen sich sicherer damit fühlen, ihre bewährten Ansätze auch in der Arbeit mit autistischem Klientel zu erproben. Hierbei sollten jedoch stets die individuellen autistischen Besonderheiten sowie die Vorerfahrungen des Klienten berücksichtigt werden. Werden diese ignoriert und gängige, bislang bewährte Interventionsmethoden und Vorgehensweisen wie gewohnt und ohne Rücksicht auf die Klientin durchgeführt, gehen sie nicht nur an ihr vorbei, sondern können nicht nur die Symptomatik, sondern auch die zugrundeliegenden Probleme stabilisieren und verstärken.

> **Beispiele für kontraindizierte und symptomverschärfende Interventionen**
>
> In einer Verhaltenstherapie liegt der Schwerpunkt auf der Beobachtung von Verhalten und der Modifikation »problematischer« bzw. »unerwünschter« Verhaltensweisen. Es wird davon ausgegangen, dass funktionaleres Verhalten erlernbar ist und, einmal erworben, in Alltagssituationen übertragen werden kann. Bei einem wohlgemeinten, gezielten Verhaltenstraining wird jedoch häufig übersehen, dass die Klientin sich zwar angepasst verhalten kann, jedoch in Ermangelung eines Sozialen Autopiloten dennoch immer wieder ins Fettnäpfchen tritt und negative Reaktionen seitens ihrer Mitmenschen erlebt – und dass sie, je besser ihr das »funktionale« Verhalten gelingt, sie dafür sich selbst und eigene Bedürfnisse, Grenzen und Impulse unterdrücken und verleugnen muss. Unglücklicherweise werden psychische Symptome auf diese Weise verschärft, da die Person umso tiefer in den oben beschriebenen Doppelkonflikt und damit unter massive Spannung gerät.
>
> In der Tiefenpsychologisch fundierten Psychotherapie sowie in der Gesprächspsychotherapie ist es ein erklärtes Ziel, die eigenen Emotionen wahrnehmen und formulieren zu lernen. Liegt der Fokus der Therapie auf diesen Fähigkeiten, findet sich ein autistischer Klient schnell in der ihm wohlbekannten, quälenden Situation wieder: Es wird etwas erwartet, was er nicht leisten kann, er gerät unter massiven Druck und beginnt sich selbst abzuwerten, weil er dem Wunsch und der Erwartung der Therapeutin nicht entsprechen kann (vgl. Riedel et al. 2020).

Diese Beispiele mögen deutlich machen, dass und warum bewährte psychotherapeutische Ansätze in der Arbeit mit autistischem Klientel modifiziert, so klientenzentriert wie möglich angepasst oder auch im Prozess immer wieder hinterfragt und bei Bedarf hintangestellt werden sollten. In jedem Fall wird es darauf ankommen, die Person, die sich hilfesuchend an den Therapeuten gewendet hat, stets im Blick zu behalten und die therapeutische Vorgehensweise auf diese abzustimmen.

Je mehr Erfahrung in der Arbeit gewonnen wird, desto leichter wird es, sich im Sinne der klientenzentrierten Arbeit und Prozessorientierung ganz präsent in die therapeutische Situation einzubringen, auf die Klientin zu resonieren und in ein kreatives, therapeutisch wirksames Miteinander zu finden.

4.3.3 Die Bedeutung von Psychoedukation über Autismus und Trauma (»Top-down«)

In der Traumatherapie wird von Top-down-Ansätzen gesprochen, wenn es darum geht, über Information, Erklärung und neue Erkenntnisse auf kognitivem Wege an der Bewältigung von Traumata zu arbeiten. In der Praxis zeigt sich immer wieder, welch wesentliche Rolle eine fundierte und anschauliche Psychoedukation sowohl für die Diagnostik als auch im therapeutischen Prozess spielt. Klientinnen und Angehörigen ermöglicht sie zunächst ein eingehendes Verständnis dessen, was der Diagnostiker oder Behandler unter Autismus, oder anderen Phänomenen der Neurodivergenz, sowie unter Trauma und Traumafolgestörungen versteht.

Diese Form der *Transparenz* stellt eine gute Basis für ein vertrauensvolles Miteinander und eine gemeinsame Exploration auf Augenhöhe dar, die für eine differenzierte Diagnostik m. E. nicht nur sinnvoll und hilfreich, sondern unerlässlich ist, wenn ich als Diagnostikerin nicht Irrtümern der Oberflächlichkeit erliegen oder eigene Bilder in meine Klienten hineinprojizieren möchte.

Vor allem aber ermöglicht Psychoedukation Klientinnen – unabhängig vom Ergebnis der Diagnostik – ein vertieftes Selbstverständnis, das in der Regel auch eine Revision bisheriger Perspektiven und Wertungen bezüglich der eigenen Erfahrungen und der eigenen Lebenswelt in Gang bringt. Diese neuen Erkenntnisse und Sichtweisen auf sich selbst, die eigene Welt sowie auch auf »die Welt der anderen« ermöglichen im Verlauf, zunehmend selbstbestimmt zu entscheiden, wie die Person ihre Welt und ihr Leben fortan gestalten möchte, und es unterstützt sie darin, tatsächlich selbstwirksam darauf einzuwirken. Auf der Basis eines fundierten Verständnisses der eigenen und fremden Dynamiken lassen sich Risiken und Chancen besser einschätzen, Möglichkeiten und Grenzen besser abwägen und deutlich gezielter neue Ziele und Wege definieren und ansteuern.

Die Chancen, die in einer stärkeren Selbstwirksamkeit liegen, sollten dabei nicht unterschätzt werden – sowohl bei Betroffenen im Autismus-Spektrum als auch bei jenen mit Traumafolgestörungen. Beide kennen das überwiegende Erleben von Fremdbestimmung und Ausgeliefert-Sein, das einen wesentlichen Faktor für diverse psychische Beschwerden wie soziale Ängste und Depressionen bis hin zu psychosomatischen Symptomen darstellt.

Gerade Menschen mit Traumafolgestörungen und solche, die aufgrund ihrer autistischen Verarbeitungsweise häufige Overload- und Meltdown-Erfahrungen erleiden, fühlen sich nicht nur der Außenwelt, sondern auch ihrer inneren Dynamik und ihren vegetativen Reaktionen ausgeliefert. Hier beispielsweise die Funktionsweise des Autonomen Nervensystems besser kennenzulernen, ermöglicht Betroffenen nicht nur eine Anerkennung der eigenen autonomen Reaktionen und Bewältigungsstrategien, sondern auch mit Hilfe neuer, individuell als relevant erlebter Erkenntnisse selbst gezielt Einfluss auf ihre Lebensgestaltung zu nehmen und neue, ganz eigene Möglichkeiten zur Selbstregulation zu finden, zu üben und in ihren Alltag zu integrieren.

Bei diesen Top-down-Ansätzen ist gerade für Menschen mit hochfunktionalem Autismus ihre gut trainierte »Dritte Ebene«, die damit verbundene Bewusstheit, Analysefähigkeit und Logik sowie die Erfahrung der Selbstverantwortung eine äußerst wertvolle Ressource.

4.3.4 Ausdruck, Kommunikation und Würdigung als Schlüssel zur Bewältigung erlittener Traumata und aktueller Herausforderungen

Wie wir in Kapitel 2.3 festgestellt haben, stellt die Möglichkeit oder Unmöglichkeit zum Ausdruck und zur Kommunikation des eigenen Erlebens einen wesentlichen Faktor dar, ob und inwieweit tatsächlich potentiell traumatische Erfahrungen ihre Spuren in Form von Trauma und Folgestörungen hinterlassen. Dies macht die Möglichkeit zum Ausdruck und zur Kommunikation sowie die ehrliche Resonanz des Gegenübers umgekehrt zu einem entscheidenden Faktor der Resilienz und einem Schlüssel zur Bewältigung traumatischer Erfahrungen.

Sehr häufig jedoch liegt gerade im Bereich der Kommunikation, des Selbstausdrucks und der dadurch erlebbaren, auch *emotionalen Resonanz* eines neurotypischen Gegenüber ein entscheidendes Problemfeld für Menschen im AS. In der Therapie, idealerweise jedoch bereits in der Diagnostik, gilt es daher, Wege zu eröffnen, wie Betroffene sich auf fruchtbare Weise mitteilen können, sich verstanden und ernst genommen fühlen.

Dabei geht es einerseits um die Ausdrucksmöglichkeit für den Klienten, andererseits geht es bei fruchtbarer Kommunikation durchaus auch – wie bei einer erfolgreichen Aussaat – um den »Boden«, auf den die Kommunikation fällt, das heißt den Hintergrund, die Offenheit und die Fähigkeit zum Verständnis auf Seiten der Therapeutin.

Erschließung von Ausdrucksmöglichkeiten

Nicht immer besteht von Beginn der Zusammenarbeit an die Möglichkeit zum therapeutischen Gespräch. Gerade für Menschen ohne oder mit geringer verbaler Ausdrucksfähigkeit oder mit elektivem Mutismus stellt eine klassische Gesprächssituation keinen Raum zum Selbstausdruck, sondern eher ein Risiko zur Re-Traumatisierung dar.

Um eine solche Situation zu entschärfen, hat es sich zunächst als wesentlich erwiesen, den Erwartungsdruck explizit herauszunehmen: Wurde eine Klientin bereits als wortkarg oder »nicht-sprachlich« angekündigt und zumindest für den Anfang die Anwesenheit von Angehörigen vereinbart, sollte die Situation so, wie sie ist, benannt und die betroffene Person eingeladen werden, *auf ihre Weise* am Gespräch teilzunehmen, genau zuzuhören und sich gegebenenfalls per Zeichen zu melden, wenn etwas, was gesagt wird, ihrer Ansicht nach nicht stimmt.

Kommt ein Klient, der aktuell ohne sprachlichen Ausdruck ist, allein in die Psychotherapie, besteht zum einen die Möglichkeit, als Therapeutin ausdrücklich in die »freie Spekulation« zu gehen und Vermutungen zu äußern, wie es ihm wohl gehen mag, was – ihrem Kenntnisstand nach – geschehen ist, was er erlebt haben könnte oder was er vielleicht gebrauchen könnte. Dabei ist stets die Resonanz des Betroffenen genau im Blick zu behalten, um Momente erhöhter Anspannung, Entspannung, Erschöpfung, spontaner Aufmerksamkeit oder Zustimmung zu registrieren.

Zur Reduktion des Erwartungsdrucks »doch etwas sagen zu müssen« kann auch die Situation von ihrer Definition und Gestaltung her verändert werden, zum Beispiel indem gemeinsam etwas betrachtet wird, was der Klient mitgebracht hat oder was die Therapeutin anknüpfend an seine Interessen anbieten kann.

Auch kann über Schrift oder Zeichnen ein Austausch, zumindest aber eine Möglichkeit zum Selbstausdruck entstehen. Beim Zeichnen oder Malen muss dabei nicht einmal figürlich oder symbolisch etwas Konkretes dargestellt oder mitgeteilt werden. Erst einmal geht es vielmehr darum, Raum und Zeit zu bekommen, einfach zu sein, gesehen zu werden. So entsteht ein »Eins-zu-eins-Kontakt ohne Erwartungen« – eine Basis für ein angstfreies Miteinander.

Jedoch auch Betroffene mit sogenannten »hochfunktionalen« Formen des Autismus, die normalerweise eine gute, oft sogar eine herausragende Fähigkeit zum sprachlichen Ausdruck mitbringen, sind nicht immer in der Lage, in der Sitzung die für sie bedeutsamen Themen anzusprechen oder über ihre Erfahrungen und insbesondere über ihre Gefühle zu berichten. Vielen von ihnen fällt es leichter, diese allein und in Ruhe, in der Sicherheit ihrer eigenen Welt zu formulieren und niederzuschreiben. So stellt die Möglichkeit zum schriftlichen Kontakt mit der Therapeutin – sei es per E-Mail oder in Form von Texten, die in die Sitzung mitgebracht werden – für viele Betroffene eine wertvolle Ergänzung zum therapeutischen Gespräch dar.

Auch im gemeinsamen Spiel drückt sich die Person unwillkürlich mit ihren Interessen, Motivationen, Ressourcen und Unsicherheiten aus. Der klare und explizit definierte Rahmen eines gegebenen Spiels – sei es digital oder analog – stellt zugleich eine wesentliche Orientierung und damit auch Sicherheit dar. Es bietet für die Zeit seines Verlaufes eine gemeinsame Schnittmenge im Fokus und in der Aktivität, bei der sich die Beteiligten gegenseitig allmählich besser kennen- und einschätzen lernen. All das geschieht ohne Erwartung eines expliziten Ausdrucks hinsichtlich persönlicher Probleme, Emotionen oder Gedanken. Hinweise darauf ergeben sich häufig von selbst aus der Interaktion heraus – und sei es zunächst nur flüchtig oder eher implizit.

Weitere sehr wertvolle Optionen bestehen im großen Bereich der Bewegung – sei es wiederum in der spielerischen Darstellung von Ideen, Träumen oder Erlebnissen, sei es einfach in der gemeinsamen Bewegung im geschützten Raum.

> Der US-amerikanische Tanztherapeut Steven Harvey berichtete in meiner Ausbildung zur Bewegungs- und Ausdruckstherapeutin über seine Arbeit mit schwer traumatisierten Kindern: Immer wieder komme es vor, dass ein Kind während der Therapiestunde detailliert das nachspiele, was es selbst erlebt habe oder immer wieder erleben müsse. Auch wenn währenddessen kein Wort gefallen sei, erzählten die Kinder ihren Bezugspersonen nach der Stunde: »Heute habe ich einmal alles erzählt!«

Künstlerischer Ausdruck

Sehr viele Menschen im AS weisen hohe künstlerische Begabungen auf, beispielsweise in der Musik, Malerei, Fotographie oder im Verfassen von Prosa und Lyrik.

Es hat sich als ausgesprochen lohnend erwiesen, solche Formen des künstlerischen Ausdrucks wahr- und ernst zu nehmen und sie im Rahmen der Psychotherapie als Medien für individuellen, emotionalen Ausdruck und zur Verständigung ohne verbale Kommunikation zu utilisieren.

Bekanntlich sagt ein Bild mehr als tausend Worte. Dasselbe gilt auch für Musik oder andere Formen künstlerischen Ausdrucks. So wird auf einer solchen Ebene ein Ausdruck und ein Erleben von Resonanz möglich, wo die Möglichkeiten zum verbalen Austausch nicht genutzt werden können oder nicht mehr ausreichen.

Kommunikation, Resonanz und erkennbares Verstehen

Gelingende Kommunikation ist keine Einbahnstraße. Vielmehr geht es darum, immer wieder gegenseitig abzustimmen, ob und was genau der Kommunikationspartner verstanden hat, was er dazu denkt und empfindet.

Gerade für Menschen, die aufgrund ihrer besonderen Geschichte – sei es aufgrund von ASS oder Traumata – bislang selten die Erfahrung machen konnten, in ihrem tatsächlichen, ganz eigenen Erleben verstanden und ernst genommen zu werden, ist es umso wesentlicher, die Präsenz des Therapeuten und seine authentische Resonanz wahrnehmen zu können.

Damit dies möglich wird, ist es gerade bei Menschen mit ASS sinnvoll, in der Situation wirklich präsent zu sein und mit dem, was die Klientin berichtet in ehrliche Resonanz zu gehen. Hierfür kann hin und wieder ein verbales Feedback dessen, was verstanden wurde und eigene Assoziationen dazu hilfreich sein. Diese sind jedoch nicht unerlässlich. Viel wichtiger ist es, während des Berichtes oder anderer Formen des Ausdrucks oder auch während längerer Phasen der Stille die spürbare Präsenz aufrechtzuerhalten.

Wichtig dabei ist, sich stets zu vergegenwärtigen: Mit ihrer seismographischen Empfindsamkeit nehmen Menschen im AS feinste Schwingungen von Spannung und Entspannung – und damit von Erwartung und Erwartungsfreiheit – wahr. Ebenso fein spüren sie jedoch auch Diskrepanzen zwischen dem, was nur peripher nach außen gezeigt wird und den tatsächlichen Schwingungen der anwesenden Personen. Daher spielt gerade im Kontakt mit ihnen Authentizität eine zentrale Rolle.

Differenzierte gemeinsame Exploration individuellen Erlebens

Gerade in der therapeutischen Arbeit mit Menschen im AS, die per definitionem in einer ganz individuellen Wahrnehmungswelt leben, ist es sinnvoll, gemeinsam herauszufinden, welche Erfahrungen sie *tatsächlich* als bedrohlich oder traumatisch erlebt haben bzw. aktuell erleben und welche nicht. Immer wieder stellt sich dabei heraus, dass Erlebnisse, die die Therapeutin als ganz klar traumatisch eingestuft hätte, vom Klienten gar nicht so einschneidend empfunden oder längst auf ganz eigene Weise bewältigt wurden.

»Ja, das war nicht schön, als Kind immer wieder plötzlich, wie aus dem Nichts, verprügelt zu werden. Aber das war halt so. Gehörte für mich irgendwie halt dazu, war aber nicht das Schlimmste. Viel schlimmer waren und sind für mich die Momente des Overloads, bei denen ich komplett die Kontrolle verliere. Oder das Befremden, das ich spüre, wenn ich andere Menschen beobachte oder ihnen zuhöre und denke: Worüber reden die da? Das ist ja total falsch und widersprüchlich! Sie einfach nicht zu verstehen. Und mich selbst nicht verständlich machen zu können. Das ist es, was mich wirklich krank macht. Aber das hat mir bisher keiner geglaubt.«

Ebenso genau gilt es hinzuschauen, was von der Klientin selbst als »Symptom« erlebt wird, das »verschwinden« bzw. ersetzt oder modifiziert werden soll, und was von ihr als funktionale Bewältigungsstrategie eingestuft wird, im Sinne von »Das mach ich immer so. Das tut mir gut. Warum sollte ich das ändern?«

Dr. Peter Schmidt[2] beschreibt in einem Vortrag (auf der Bundestagung von Autismus Deutschland e.V. 2008), wie er seine Partnerin erstmals mit zu sich nach Hause brachte. Er ging hinein, zog den Mantel aus, hängte ihn an die Garderobe und ging dann, wie immer, weiter in sein Wohnzimmer. Dort stellte er sich in die Mitte seines großen Teppichs und begann, sich vor und zurück zu wiegen und alle Spannung abzuschütteln.
Seine Partnerin stand dabei und sah erstaunt und interessiert zu. Das bemerkte er und fragte seinerseits erstaunt: »Machst Du das nicht, wenn Du nach Hause kommst?«

Dabei stellt sich erfahrungsgemäß als zentrale Frage: Was wird als *ich-synton* erlebt, was als *ich-dyston*? Diese Frage ist insbesondere in der Differenzialdiagnostik von entscheidender Bedeutung, wenn es um die Einordnung von Verhaltensweisen als autistische Bewältigungsstrategie oder als Symptomatik einer Zwangsstörung geht. Erstere wird als ich-synton, als unterstützend oder wohltuend empfunden, letztere wie bei jedem anderen Betroffenen tatsächlich als Zwang und damit als ich-dyston. Dies mit dem Klienten gemeinsam genau zu explorieren, kann für eine positive Entwicklung im Verlauf der Psychotherapie entscheidend sein.

Würdigung

Ein wesentlicher Aspekt traumatischer Erfahrungen – sei es Verwahrlosung, Erniedrigung, Mobbing, Missbrauch oder andere Formen der Gewalt, seien es subtilere Formen wie Ignoranz, Missachtung oder Stigmatisierung – ist das Erleben von

---

2 Dr. Peter Schmidt ist Geophysiker und Autor im Bereich Autismus. Er ist durch Vorträge, eigene Veröffentlichungen und Beiträge im TV und anderen Medien bekannt.

Entwürdigung, ja Verachtung. Dieses generiert oder verstärkt eine Neigung zur Selbstabwertung bis hin zum Gefühl, wertlos, ein Störfaktor oder gar eine Bedrohung für andere, auch für bedeutsame Bezugspersonen zu sein.

Umso wesentlicher für einen Prozess der Bewältigung sind Erfahrungen, in seinem So-Sein und seiner ganz eigenen Geschichte wahr- und ernstgenommen, als Person respektiert und angenommen zu werden. Dazu gehört auch, dass die tatsächlichen Herausforderungen, das erfahrene Leid ebenso wie die bisherigen Bewältigungsversuche und letztlich das Überstehen und Überleben gesehen und gewürdigt werden.

Im weiteren therapeutischen Prozess wird es sodann vielfach auch darum gehen, die verschiedenen, oft auch widersprüchlichen Persönlichkeitsanteile der Person kennenzulernen und jeweils mit ihren achtenswerten Anliegen, Sehnsüchten und Kompetenzen zu würdigen. Hierin liegt eine sehr große Chance zur Bewältigung und Auflösung schwer erträglicher innerer Konflikte, wie sie sowohl bei AS-Betroffenen als auch Menschen mit unterschiedlichsten Traumata sehr häufig vorkommen.

Hier hat sich unter anderem die Arbeit mit dem Inneren Team nach F. Schulz von Thun sehr bewährt, da sie eine Visualisierung verschiedener Anteile ermöglicht und auch Wege aufzeigt, wie diese besser verstanden, akzeptiert und untereinander in Kontakt und in Balance gebracht werden können (Schulz von Thun 1998, 2004).

4.3.5 Ressourcenorientierung zur Verbesserung von Selbstwert, Selbstwirksamkeit und Selbstsicherheit

Wie wir bereits festgestellt haben, birgt ein »Anders-Sein« nicht nur die Gefahr einer Abwertung durch andere, sondern auch durch sich selbst, die bis zum Selbsthass gehen kann. So ist bei vielen Betroffenen eine tiefe Selbstunsicherheit festzustellen, die sich in unterschiedlichster Weise zeigen kann und das Risiko für Traumatisierungen deutlich erhöht: Wer sich selbst nicht traut und sich nicht schützenswert befindet, wird sich der Welt in jeder Hinsicht schutzlos ausgeliefert fühlen.

Umso wesentlicher sind in der Psychotherapie die Revision und Neubewertung eigener Ressourcen sowie ein realistischer Abgleich der Voraussetzungen, mit denen die Person selbst antritt und denen, die andere Menschen als selbstverständlich nehmen. Bei einem solchen Abgleich der verschiedenen Aspekte der neurologischen Verarbeitung und der psychischen Entwicklung stellt sich in aller Regel für den Klienten nachvollziehbar heraus, dass er tatsächlich mindestens so viele, wenn nicht ein Vielfaches an Herausforderungen bewältigen musste und diese auf seine ganz eigene Weise in einzigartiger Weise gemeistert hat.

Hier lohnt es sich, gemeinsam der Frage nachzugehen: Wie hast du das geschafft? Was hat es dir ermöglicht, diese Anforderungen zu meistern, obwohl es für dich so viel mehr an Belastungen und womöglich so viel weniger an tatsächlich brauchbarer Unterstützung gab als für die meisten deiner Mitmenschen?

Auf diese Weise wird der Fokus auf individuelle und zum Teil auch Autismusspezifische Ressourcen gerichtet und diese von der betroffenen Person selbst auch als solche erkannt.

Einige Beispiele für spezifische Ressourcen sollen hier ohne Anspruch auf Vollständigkeit aufgeführt werden. Sie dürfen jederzeit, gerne in Zusammenarbeit mit Klientin oder Klient ergänzt werden:

> **Besondere Ressourcen von Menschen im Autismus-Spektrum**
>
> - Besondere Fähigkeiten der Sinneswahrnehmungen verschiedener Bereiche
> - Seismographisches Gespür für Spannung und Entspannung, für Präsenz sowie Widersprüchlichkeiten im Ausdruck ihrer Mitmenschen
> - Fähigkeit zur detailgenauen Erkennung von Unregelmäßigkeiten, Regelabweichungen, Fehlern in Mustern und kleinsten Veränderungen
> - Ausgeprägter und unbestechlicher Sinn für Logik
> - Wissensdrang und Wunsch nach Erkenntnis
> - Sehr gute Beobachtungsgabe und Fähigkeit zur sachlichen und wertfreien Analyse sozialer Situationen von der Dritten Ebene aus – klarer, ungetrübter Blick auf Dynamiken
> - Ausgeprägte und gut trainierte Fähigkeit zur Reflexion und Selbstreflexion
> - In der Regel sehr hoher ethischer Anspruch, Gerechtigkeitssinn und Streben nach Wahrhaftigkeit und Stimmigkeit
> - Der Wunsch, etwas Sinnvolles in die Welt bzw. die Gemeinschaft beizutragen

Anerkennung und Würdigung solcher wertvollen Ressourcen bilden eine wesentliche Grundlage für die Entwicklung einer stimmigen Identität und eines angemessenen, tragenden Selbstwertes – und damit sowohl für die Bewältigung schwächender Erfahrungen als auch die Entwicklung und Stärkung einer nachhaltigen Resilienz.

Benefit der Ressourcen-Orientierung für Klientinnen und Klienten:

Je mehr sie sich ihrer spezifischen und individuellen Ressourcen bewusst werden, ...

- ... desto eher nehmen sie sich und ihre Welt in ihrer Unterschiedlichkeit, jedoch *gleichwertig* mit anderen wahr,
- desto besser können sie Anerkennung und Stärkung eigener Fähigkeiten zulassen und erleben Selbstwirksamkeit und eigene Gestaltungsmöglichkeiten,
- wird dem Gefühl des Ausgeliefert-Seins entgegengewirkt
- und eröffnen sich neue Wege zur Bewältigung traumatischer Erfahrungen in der Vergangenheit sowie aktueller und zukünftiger Herausforderungen.

Benefit der Ressourcen-Orientierung für Berater und Therapeutinnen

Je mehr wir über die Ressourcen eines Menschen wissen,

- desto passgenauer können wir Situationen gestalten,
- möglichst gute Rahmenbedingungen zur Entwicklung schaffen,
- vor tatsächlicher Überforderung schützen,
- bewältigte Herausforderungen anerkennen und würdigen
- und so die Resilienz der Person stärken.

4.3.6 Erschließung konkreter Körpererfahrung als oft unentdeckte Ressource in der Psychotherapie (»Bottom-up«)

Aus verschiedenen bewährten Ansätzen der Traumatherapie ist bekannt, dass neben kognitiven Ansätzen zur *bewussten* Einordnung und Verarbeitung traumatischer Erfahrungen (»Top-down«-Ansätze) auch eine unmittelbare Einbeziehung des Körpers und damit des Autonomen Nervensystems sinnvoll und in vielen Fällen unerlässlich ist. Immerhin ist es das ANS, welches das Überleben zu sichern versucht und hierfür jede Situation auf Sicherheit bzw. potentielle Bedrohung oder Lebensgefahr hin prüft und interpretiert. Neigt es aufgrund von Traumatisierungen dazu, das Jetzt und Hier nicht mehr als sicher wahrnehmen zu können oder reagiert es auf bestimmte Situationen oder Ereignisse erst einmal hochalarmiert, ist es über das Bewusstsein meist nicht oder nur mit Einschränkungen zu erreichen.

Eine traumabedingte, anhaltend hohe Erregung und Anspannung trägt dazu bei, dass schnell ein Erleben von Lebensgefahr und Kontrollverlust ausgelöst werden kann. Um hier sowohl das Erregungsniveau generell zu senken als auch konkrete Einflussmöglichkeiten in Momenten der Reaktualisierung von Traumaerleben zu etablieren, ist eine behutsame und klientenzentrierte Einbeziehung des Körpers äußerst hilfreich.

Dies gilt in besonderer Weise für Menschen im AS. Wie wir den eindrucksvollen Schilderungen von Dietmar Zöllner und anderen Betroffenen entnehmen können, ist hier vielfach von vorneherein die Entwicklung eines stimmigen Körper- und Selbstgefühls nicht gegeben. Umso wichtiger können daher Angebote sein, den eigenen Körper, seine bewundernswerten Fähigkeiten und seine verlässlichen Funktionen kennenzulernen.

Es würde den Rahmen des Buches sprengen, hier ins Detail zu gehen. Daher sollen nur einige Themen der Körperarbeit vorgeschlagen und auf notwendige Modifikationen bei Menschen im AS hingewiesen werden:

Lohnende Themen in der Körperarbeit

Exploration des eigenen Körpers und Bewegungsrepertoires

- Die Beweglichkeit der Gliedmaßen und der einzelnen Gelenke sowie ihr Zusammenspiel
- Bewusste Regulation muskulärer Anspannung, Krafteinsatz und Entspannung

- Exploration und Übungen zur sensorischen Wahrnehmung und Sensorische Integration

Beispiele für bewährte Ansätze: Jakobson-Training, Feldenkrais, Shiatsu, Yoga, Eutonie, Elemente aus Modernem Ausdruckstanz (Laban) und Tanztherapie.

Raumerfahrung

- Persönlicher Raum – wie weit reicht er und wo sind seine/meine natürlichen Grenzen?
- gemeinsamer Raum: Nähe – Distanz, Bedürfnisse und Wirkungen
- Raumorientierung: oben-unten, rechts-links, vorne-hinten
- Strukturen im Raum und Bodenwege

Beispiele für bewährte Ansätze: Moderner Ausdruckstanz (Laban), Tanztherapie, Schauspieltraining (z. B. nach Perdekamp)

Kraft und Schwerkraft

- Dosierung und Wirkung von Krafteinsatz
- Spüren des eigenen Gewichts und Gleichgewichts

Beispiele für bewährte Ansätze: Sensorische Integration, Ergotherapie, begleitetes Krafttraining, Voltigieren, Akrobatik, Formen des Modern Dance

Zeiterleben, Tempi, Rhythmen

- Schnelle und langsame Bewegungen
- Angleichung an Tempi des anderen oder Beibehaltung des eigenen Tempos
- Spiel mit Rhythmen – synchron, asynchron und reziprok

Beispiele für bewährte Ansätze: Verschiedene Tanzformen, Rhythmik, Musiktherapie oder gemeinsames Musizieren in verschiedenen Kontexten

Bewegungsfluss

- Bewegung im gebundenen, kontrollierten Fluss sowie Schwung im freien Fluss

Beispiele für bewährte Ansätze: Moderner Ausdruckstanz nach Laban, andere Formen der bewussten und spielerischen Bewegung

Was in der Autismus- und traumasensiblen Therapie zu beachten ist

Was allerdings gerade bei körperbezogenen Angeboten für Menschen im AS unbedingt – und generell bei traumatisierten Personen – berücksichtigt werden sollte, ist, dass hierfür eine tiefe und tragfähige gegenseitige Vertrauensbasis unerlässlich ist.

Für die meisten Menschen stellt es eine große Verunsicherung dar, ihren Körper auf Aufforderung bewusst wahrzunehmen, ihn in ungewohnter Weise in Bewegung zu setzen oder zu spüren – und das zudem noch im Beisein und unter Beobachtung einer oder mehrerer anderer Personen.

Man stelle sich hier nur einmal die eigene Reaktion vor, in einer völlig fremden, unbekannten Umgebung alleine zum Tanzen, womöglich noch zum freien Tanz aufgefordert zu werden. Selbst für mich als Tänzerin, die es über lange Zeit gewohnt war, auf einer Bühne oder auch spontan auf der Straße zu tanzen, wäre eine solche Situation sehr befremdlich und unangenehm, zumal wenn ich in der aktuellen Situation nicht darauf vorbereitet wäre und ich auch den Sinn dieser Aufforderung nicht erfassen könnte.

Speziell für Menschen mit hochfunktionalem Autismus ist zudem zu beachten, dass auch bei körperbezogenen und erfahrungsorientierten Angeboten die bewusste, Dritte Ebene stets einbezogen werden sollte. Es sollte ausdrücklich dazu eingeladen werden, diese quasi stets mitlaufen zu lassen, auch wenn konkrete Erfahrungen mit dem eigenen Körper gemacht werden.

Dies gelingt besonders gut, wenn die Idee hinter einem körperbezogenen Angebot transparent gemacht und verständlich und plausibel vermittelt wird. Auf dieser Basis gelingt nach einer Übung auch der Austausch über die neu gesammelten Erfahrungen, über Assoziationen und Fragen wesentlich besser und es kann gemeinsam entschieden werden, ob mit diesem Ansatz weiter experimentiert wird oder lieber Alternativen erprobt werden sollen.

Selbiges gilt übrigens auch für alle Ansätze, die mit Metaphern, Imagination oder Tranceinduktion arbeiten: Die 3. Ebene läuft immer mit.

4.3.7 Wirkfaktoren in der Psychotherapie Betroffener mit ASS – und mit Traumafolgestörungen

Wir stellen fest: Grundsätzlich muss die Psychotherapie für Menschen im Autismus-Spektrum nicht neu erfunden werden. Die grundlegenden Wirkfaktoren, die übrigens auch Betroffene selbst als wesentlich benennen, werden sich im Wesentlichen nicht unterscheiden von dem, was in der Therapie mit neurotypischen Menschen als wirksam festgestellt und postuliert wurde: ein Gefühl von Sicherheit und eine vertrauensvolle therapeutische Beziehung.

> »Wirksame therapeutische Arbeit ist nur möglich, wenn der Klient sich in der Therapiesituation sicher fühlt. Untersuchungen haben ergeben, dass die therapeutische Beziehung in der Psychotherapie für gewünschte Veränderungen von zentraler Bedeutung ist und dass konkrete Resultate therapeutischer Arbeit nur in geringem Maße bestimmten Techniken zuzuschreiben sind.« (Porges & Geller in Porges 2017, S. 190)

Um diese Grundidee etwas anschaulicher und greifbarer zu vermitteln, sollen hier einige Faktoren dargestellt werden, die sich aufgrund der besonderen Ausgangslage sowohl von Menschen mit Autismus als von auch solchen mit Traumaerfahrungen in der therapeutischen Zusammenarbeit als besonders wirksam erwiesen haben (vgl. Wilczek 2020).

Wirkfaktor: Gesehen werden

Viele Klientinnen und Klienten melden bereits während oder nach der gemeinsamen diagnostischen Exploration oder der ersten Therapiesitzung zurück, dass sie sich – womöglich erstmals – tatsächlich gesehen fühlen. Dies bezieht sich auf ihr So-Sein, ihr Leid, ihre gravierenden inneren und äußeren Konflikte sowie auch auf ihre eigentlichen Impulse, Ressourcen und Bewältigungsbemühungen. Es ist immer wieder berührend und ermutigend zu sehen, wie wirkmächtig alleine dieser Faktor ist.

Erfährt man mehr über bisherige Erfahrungen – sei es im familiären oder sonstigen sozialen Umfeld oder in professionellen Kontexten – zeigt sich häufig die Bedeutung dieses Erlebens. Denn ein großer Teil der erlittenen psychischen Schmerzen haben ihren Ursprung in der tragischen Situation der Unterschiedlichkeit und der resultierenden Schwierigkeit für andere, das Individuum in seinem tatsächlichen Sein zu erkennen und sich darauf zu beziehen.

In dem Moment, da die Person das Gefühl hat, tatsächlich gesehen zu werden oder dass auch nur eine Chance besteht, weitgehend ohne Projektionen und Bewertungen betrachtet zu werden, öffnen sich neue Räume für Hoffnung und für die Entfaltung der eigenen Identität. Etwas kommt in Bewegung.

Wirkfaktor: Verstehen und verstanden werden

Im weiteren Verlauf kann sodann gemeinsam mit der Therapeutin das eigene Erleben, wie Wahrnehmungs- und Reaktionsweisen sowie die eigene psychische Dynamik mit Sehnsüchten und Konflikten, genauer exploriert und verstanden werden.

Meistens entsteht im Zuge der Psychoedukation, der spontanen Berichte der Klientin und der gemeinsamen Exploration ein Wechselspiel von Verstehen und Verstanden-Werden, wodurch das Gefühl des Gesehen-Werdens vertieft und um den bewussten Verständnis-Zuwachs »auf der Dritten Ebene« erweitert wird.

Dies ermöglicht eine zunehmend bessere Selbstkenntnis, die in der Folge auch die Selbstwirksamkeit stärkt und neue Grundlagen für bewusste Entscheidungen und die Gestaltung des eigenen Verhaltens sowie der Lebensbedingungen ermöglicht.

Wirkfaktor: Würdigung

Die Würde des Menschen ist unantastbar. Wie wesentlich dieser Grundsatz ist, zeigt sich jedes Mal, wenn die Würde einer Person in Frage steht oder verletzt wird – sei es durch Ignoranz, Fehlinterpretationen oder aktive Abwertung.

Umso deutlicher wird die Bedeutung jedoch auch, wenn die verletzte Würde wiederhergestellt wird – sei es nur durch das »Richtig-gesehen-und-verstanden-Werden«, sei es durch explizite Würdigung der Person, ihrer besonderen Herausforderungen und individuellen Verletzungen sowie auch ihrer Stärke und Resilienz, all dies überlebt zu haben und »drangeblieben« zu sein. Man kann förmlich dabei zusehen, wie die Körperspannung, die Haltung, die Atmung, die Stimme und die Stimmung des Klienten sich verändern, wenn die bleischwere Last der Entwürdigung nur an einer Stelle angehoben, abgenommen und durch Attribute der Würdigung ersetzt werden. Dass eine solche Entlastung positive Auswirkungen für den therapeutischen Prozess hat, ist leicht nachzuvollziehen.

Wirkfaktor: Gemeinsame Reflexion – auf der Dritten Ebene

Eine gemeinsame Betrachtung und Reflexion über die aktuelle Situation und das Erleben des Klienten unterstützt die Möglichkeit zur erwünschten Dissoziation vom Problemerleben und zur Betrachtung von der Dritten Ebene aus. Für viele Klienten ist es eine neue Erfahrung, mit einer anderen Person gemeinsam neue Perspektiven einnehmen und Möglichkeiten erkunden zu können.

So lassen sich auch wertfrei verschiedene Interpretationen der individuellen Situation explorieren und es eröffnen sich wiederum neue Ziele und Wege, die bislang nicht erkannt wurden oder die der Klient selbst zuvor nicht wagte, ernsthaft in Betracht zu ziehen.

In dem Moment, da gemeinsam von der Dritten Ebene aus geschaut und im Austausch miteinander nachgedacht werden kann, wird zugleich auch das Gefühl der Einsamkeit auf dieser Ebene gelindert – was eine nicht zu unterschätzende Wirkung entfaltet.

Wirkfaktor: Neue Erfahrungen mit sich selbst und im Kontakt

Auf der Basis einer allmählich wachsenden therapeutischen Beziehung, die von gegenseitigem Respekt, Vertrauen und Verständnis getragen ist, werden ganz von selbst – oft sogar von Beginn an! – neue, im besten Sinne heilsame Erfahrungen möglich. Schon in der Autismus-Therapie mit Kindern und Jugendlichen am Hamburger Autismus Institut habe ich immer wieder die Beobachtung gemacht, dass Kinder unter bestimmten Bedingungen einen Kontakt zu einer Person – manchmal erstmals – ohne Anspannung zulassen konnten. Die Anwesenheit der anderen Person ließ sich nicht nur aushalten, sie eröffnete auch interessante und attraktive neue Möglichkeiten.

Erlebte das Kind die Therapeutin als ganz präsent und erwartungsfrei, zeigte es spontan seine Interessen, war neugierig auf die Resonanz des Gegenübers und ließ sich nach und nach auch auf Variationen seines Verhaltensrepertoires ein.

In gewisser Weise erlebe ich es in der Psychotherapie mit meinen erwachsenen Klientinnen und Klienten ähnlich: Die vertrauensvolle, therapeutische Beziehung ermöglicht die Erfahrung, dass die Anwesenheit einer Person nicht nur Stress bedeuten muss, sondern auch die Chance auf Resonanz, Spiegelung und einen Austausch auf Augenhöhe über unterschiedliche, aber gleichwertige Erfahrungen und Sichtweisen ermöglicht. Oftmals erlebt sich die Klientin dabei selbst erstmals in einer völlig neuen Situation: Sie muss sich nicht entscheiden zwischen »Ich-selbst-Sein« oder »Im-Kontakt-Sein« – sie kann sie selbst sein und damit in Kontakt gehen, sich darin erleben und erproben. Für Menschen, die eine solche Erfahrung noch nie oder kaum je in ihrem Leben machen konnten, ist dies nicht nur eine zutiefst bedeutsame und befreiende Erfahrung. Vielmehr eröffnet diese auch die Möglichkeit zur Entwicklung einer stimmigen Identität sowie zur eigenständigen Entscheidung darüber, wie viel und in welchen Kontexten die Person mit anderen Menschen in Kontakt treten möchte und wie diese Begegnungen und Beziehungen sinnvoll zu gestalten sind.

Wirkfaktor: Konfrontation und Auseinandersetzung auf Basis verlässlicher Akzeptanz

Gerade auf der Basis einer vertrauensvollen Beziehung werden nicht nur Gemeinsamkeiten zwischen Therapeutin und Klient aufscheinen, sondern es werden immer wieder Unterschiede der Wahrnehmung und Deutung von Situationen, den Bedürfnissen und Ansichten zwischen beiden zu Tage treten.

Dies ist auch sinnvoll und notwendig, um sich über die unterschiedlichen Erlebniswelten auszutauschen und so für die Klientin neue Perspektiven zu erschließen.

Auch Missverständnisse, Momente der Überforderung und andere Quellen der Irritation lassen sich nicht pauschal vermeiden – und eine solche Vermeidung wäre auch nicht zielführend. Sie würde bedeuten, dass wesentliche Impulse, Assoziationen und Beobachtungen zurückgehalten würden. Ein solches Zurückhalten ist jedoch stets mit einer gewissen Spannung verbunden, die – auf der »seismographischen Ebene« – fein erspürt wird. Ist eine Anspannung zu spüren, kann jedoch nicht gedeutet und zugeordnet werden, kann sie als sehr verunsichernd und gar bedrohlich empfunden werden.

Es hat sich daher als hilfreich erwiesen, als Therapeutin eine gute Selbstwahrnehmung zu entwickeln und sich auf der Basis eigener Sicherheit dem Klienten gegenüber möglichst authentisch zu zeigen. Ein offenes Ansprechen einer Irritation, einer nicht verstandenen Äußerung oder einer Assoziation wird hier in aller Regel als wertvolle Information aufgenommen, die bei der Deutung des eigenen Empfindens und oft auch des eigenen Themas hilft.

Auch zeigt sich in der therapeutischen Praxis immer wieder, dass Klientinnen sich ermutigt fühlen, sich im sicheren, therapeutischen Rahmen mit ihrem tatsächlichen

Befinden zu zeigen und eigene Irritationen und Kritik zu äußern, wenn es der Therapeut ebenfalls verlässlich tut. Dies gilt gleichermaßen für das deutliche Aufzeigen eigener Grenzen oder die Konfrontation mit einem nachweislichen Irrtum.

Letztlich stellt sich oft heraus, dass nach einer tatsächlichen Konfrontation oder einem offen angesprochenen Konflikt die Beziehungsbasis von beiden Seiten als tragfähiger erlebt wird: Wenn selbst offene Kritik, Konfrontation und das Austragen eines Konfliktes möglich sind, und die Basis des grundlegenden gegenseitigen Respekts und die Würde beider Seiten gewahrt bleiben, können beide fortan nochmals wesentlich vertrauensvoller in den sicheren Rahmen der Psychotherapie eintreten.

4.3.8 Der Weg aus dem autistischen Dilemma: Entwicklung einer neuen, stimmigen und ganzheitlichen Identität – auch als Basis für Erfahrungen der Sicherheit in Verbundenheit

Worum es in der therapeutischen Arbeit mit meinen Klientinnen und Klienten letztlich geht, ist die Entwicklung einer neuen, als stimmig empfundenen Identität, die auch eine tragfähige Basis für angemessene und nährende soziale Kontakte, Beziehungen und Zugehörigkeit bildet. Sie eröffnet Wege heraus aus dem unlösbar erscheinenden Doppelkonflikt, das heißt dem Konflikt zwischen den menschlichen Grundbedürfnissen nach »Ich-Sein« und Selbstfürsorge einerseits, Kontakt, Verbundenheit und Zugehörigkeit andererseits – und den Gefahren von Isolation und Selbstverlust, der für Menschen im AS eine hochgradig stressvolle und potentiell traumatische Situation darstellt (▶ Abb. 4.1).

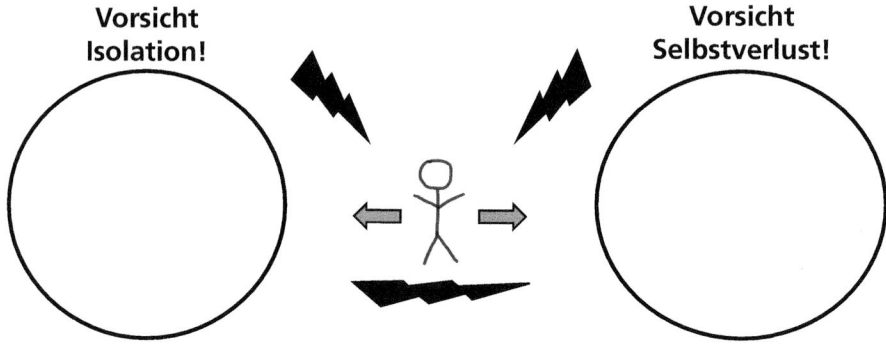

Abb. 4.1: Der Doppelkonflikt

Individuelle Wege aus dem Konflikt – eigene Schritte im eigenen Tempo

Es gibt nicht den einen, passenden Weg aus diesem Konflikt und auch kein Patentrezept, ihn zu lösen. Vielmehr wird jedes Individuum für sich ganz eigene Wege suchen und finden – sofern es die Gelegenheit dafür bekommt. Diesen Suchprozess zu unterstützen und verlässlich zu begleiten, sehe ich als meine wesentliche Aufgabe in der Psychotherapie mit Menschen im AS an.

Der therapeutische Prozess sowie die Erschließung und Erprobung neuer Wege wird bei jeder betroffenen Person unterschiedlich viel Zeit in Anspruch nehmen – wie lange, das hängt von vielfältigen Faktoren wie Alter, Lebensbedingungen, Vorerfahrungen, erlittenen Traumatisierungen und individuellen Ressourcen ab.

Erfahrungsgemäß macht es wenig Sinn, das jeweilige Tempo beschleunigen oder den Prozess abkürzen zu wollen. Es gilt zu bedenken, dass Menschen mit Autismus, und häufig zusätzlichen Traumatisierungen, in ihrem Leben zwar viele Erfahrungen gemacht haben, die der Berater oder die Therapeutin nicht kennen und nicht ermessen können, dass sie jedoch umgekehrt meist viele grundlegende Erfahrungen noch nicht gemacht haben. Diese können dann – mal mit mehr, mal mit weniger Zeit und Wiederholungen sowie dem jeweiligen Entwicklungs- und Erfahrungsstand angemessen – schrittweise nachgeholt werden. Jede Beschleunigung oder Abkürzung würde heißen, dass wesentliche Erfahrungen womöglich nicht gesammelt und wichtige Entwicklungsschritte nicht vollzogen werden können.

> **Zusammenfassung**
>
> Ich möchte hier nun schließlich nochmals einige entscheidende Schritte zusammenfassen, die zur Erschließung einer stimmigen Identität, dem Aufbau einer tragfähigen Entwicklungsbasis und zur Eröffnung von Wegen in die Welt der Anderen und damit auch Erfahrungen der Verbundenheit und Zugehörigkeit beitragen können:
>
> - Erkennung, Anerkennung und Klärung der *Unterschiedlichkeit* im Sinne der Neurodivergenz/Neurodiversität: Diagnose und Psychoedukation
> - Anerkennung und Vermittlung der *Gleichwertigkeit der Welten*
> - *Exploration der eigenen Welt* und des eigenen Kerns: Was macht dich und deine Welt tatsächlich aus? – individuelle Wahrnehmung, kognitive Verarbeitung, Bedürfnisse, Impulse und Interessen, Ressourcen und Potentiale, Schwächen und Grenzen
> - *Annahme und Würdigung* der eigenen Person, des eigenen Kerns und der eigenen Welt als einzigartig, in sich schlüssig und mit ganz eigenem Potential
> - *Gestaltung* der eigenen Welt in einer Weise, dass sie ein passendes, schützendes und tragendes Zuhause wird und sein darf – und eine Basis für Expeditionen.
> - *Eröffnung von Perspektiven* zu und Vorbereitung von Expeditionen in die Welt der Anderen, Auswahl geeigneter Subwelten nach Rahmenbedingungen und Themen mit Schnittmengenpotential
> - *Ausstattung für die Expedition* in Form von *wesentlichen Informationen* über die Welt der Anderen – Sitten und Gebräuche, Sprache und Kommunikation, Erwartungen, menschliche Grundbedürfnisse und neurotypische Funktionsweisen, insbesondere des Sozialen Autopiloten

- Ausstattung für die Expedition mit individuell *wirksamen Skills* zu Selbstwahrnehmung und Selbstregulation, zu Schutz und Beruhigung in anspruchsvollen oder überfordernden Situationen
- *Erarbeitung angemessener* und situationsangepasster *sozialer Rollen* und dazugehöriger Verhaltensweisen
- *Bewusste Entscheidung* darüber, was in die Welt der Anderen mitgenommen und eingebracht werden möchte und was sicher in der eigenen Welt »verwahrt« wird.
- Wenn sinnvoll und erwünscht: *aktive Vorbereitung* durch Rollenspiele zur Erarbeitung passender Verhaltensweisen in zu erwartenden Situationen
- *Bei Bedarf:* Organisation eines »*Reisebegleiters*« in Form einer ambulanten Assistenz, die zumindest beim ersten Besuch in die neue Subwelt begleitet, dabei Sicherheit und Schutz bietet, bei Bedarf den Betroffenen und womöglich auch andere Beteiligte coacht und später zur Auswertung der neuen Eindrücke zur Verfügung steht.
- *Nach jeder Expedition* sollte genügend Zeit und Gelegenheit zum »Ankommen«, d.h. auch zur Verarbeitung des Wechsels zwischen den Welten, und sodann zur *Regeneration* – auf jeweils ganz individuelle Weise – eingeplant werden.
- Schließlich sollte jemand – Therapeut, Assistenzperson o. a. – zur *gemeinsamen Auswertung* bereitstehen. So können Eindrücke, Beobachtungen und Erfahrungen gemeinsam betrachtet, Deutungen überprüft und weitere Informationen und Perspektiven mit einbezogen werden. Dies kann sehr hilfreich sein, um sich ein eigenes Bild von der Welt der Anderen zu machen, in das jedoch wesentliche Informationen miteinfließen.
- Auf Basis der neuen Erkenntnisse kann sodann die *nächste Expedition* unternommen werden. Diese erfolgt bereits *auf einem anderen Niveau* von Erfahrungen und Kenntnissen, so dass neue Eindrücke besser eingeordnet und Missverständnisse eher vermieden oder aufgelöst werden können.
- Auch über eigene Verhaltensweisen und letztlich die Gestaltung der eigenen Rollen kann auf einer solchen Basis besser entschieden werden.

Ergebnisse einer gelungenen therapeutischen Zusammenarbeit

Woran merken nun Klient und Therapeutin, dass sich etwas hin zum erwünschten Besseren bewegt? Dies lässt sich immer wieder neu an verschiedenen Aspekten beobachten:

- Besseres Verständnis für sich selbst und bessere Selbstkenntnis
- Verbesserung von Selbstwert, Selbstvertrauen und Selbstsicherheit
- Angemessene Auswahl geeigneter »Subwelten« für Expeditionen in »die Welt der Anderen«
- Neue, konstruktive, lehrreiche und stärkende Erfahrungen in der Begegnung mit anderen Menschen

- Chancen zum Aufbau von nährenden, tragenden Kontakten und Zugehörigkeit – und damit Erfahrungen von Sicherheit in Verbundenheit
- Realitätsprüfung und Erfahrungen der eigenen Grenzen und Möglichkeiten
- Verbesserte Selbstfürsorge
- Entwicklung einer neuen, stimmigen Identität
- Gestaltung angemessener sozialer Rollen
- Heilsame Erfahrung einer grundlegenden, gemeinsamen Schnittmenge zwischen der eigenen Welt und der Welt der anderen, bei aller Vielfalt und Unterschiedlichkeit

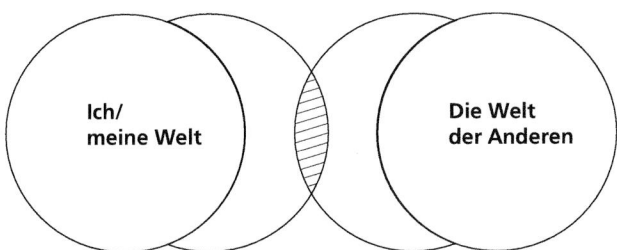

Abb. 4.2: Lösung (die Schnittmenge grundlegender, menschlicher Gemeinsamkeit)

Spätestens, wenn sich die Erfahrung einer grundlegenden Gemeinsamkeit im Mensch-Sein einstellt, werden Klientinnen von einer Entlastung, Stärkung, Ermutigung und mitunter sogar Befreiung berichten.

Eine solche Entwicklung führt nicht nur aus dem fatalen Dilemma, im Konflikt zwischen Rückzug bis zur Isolation und Anpassung bis zum Selbstverlust gefangen zu sein. Sie bietet auch die Basis für neue, funktionale Bewältigungsstrategien, eine nachhaltige, weil dynamische Stabilisierung sowie tragfähige Selbstsicherheit und Resilienz.

Die gemeinsame Freude daran wirkt wiederum verbindend – und eröffnet neue, stimmige Perspektiven, die z. T. noch in Begleitung der Therapeutin angestrebt, z. T. aber auch schon alleine und eigenständig gestaltet werden.

4.3.9 Fazit: Alles dreht sich um Sicherheit

Die entscheidende Voraussetzung für die Bewältigung traumatischer Erfahrungen, für psychische und physische Heilung und die Entwicklung einer stimmigen Identität samt angemessener Lebensperspektiven ist: das Erleben von Sicherheit.

Um eine potentiell traumatische Situation überstehen zu können, brauche ich ein grundlegendes Gefühl der Sicherheit, das ich bewahren, auf das ich mich beziehen oder spätestens nach einem erschütternden Erlebnis baldmöglichst wiedererlangen kann.

Resilienz bedeutet, dass mir das auch in und nach sehr bedrohlichen Situationen gelingt; dass ich sogar ein einschneidendes Erlebnis tatsächlich bewältigen kann und wieder ins Leben finde – auch wenn das Leben nicht mehr das gleiche ist, ich vielleicht nicht mehr »dieselbe Person« bin, weil das Erlebnis Spuren hinterlassen hat.

Entscheidend für Resilienz und gelingende Traumabewältigung ist, dass mein ANS wieder Situationen *als sicher wahrnehmen* und ich so in einen Zustand zurückfinden kann, in dem ich Sicherheit erlebe.

Unter diesem Aspekt der Sicherheit möchte ich zum Abschluss schauen, welche Beiträge wir im therapeutischen Kontext zu einer (Wieder-)Herstellung des Sicherheitserlebens unserer Klientinnen und Klienten leisten können, um sie auf dieser Basis, in sicherer Verbundenheit, auf ihrem jeweils ganz individuellen Weg zu begleiten, zu unterstützen – und sie schließlich auch voller Zutrauen in Autonomie gehen zu lassen.

Dafür hat es sich bewährt, zwei grundlegende Quellen von Sicherheit zu unterscheiden und die dazugehörigen Aspekte zu berücksichtigen: zum einen die Aspekte *äußerer Sicherheit* – sowohl des äußeren Rahmens als auch des Kontaktangebotes – und zum anderen die *innere Sicherheit* des Klienten, die es zu generieren und zu unterstützen gilt.

Äußere Sicherheit

Um einen Raum zu schaffen, in dem sich der Klient mit Autismus sicher fühlen kann, sollte bei der Gestaltung der Rahmenbedingungen auf folgende Punkte geachtet werden:

- **Reizarmut**
  Der Raum sollte möglichst ruhig sowie, wenn möglich, auch visuell nicht zu unruhig sein. Starke Gerüche (Duftkerzen, Parfum, stark duftende Kosmetika o. ä.) sollten nach Möglichkeit vermieden werden.
  Hinweise der Klienten hinsichtlich möglicher Störquellen (tickende Uhr, rauschende Heizung) sollten ernst genommen, wenn möglich abgestellt oder verhandelt werden.
- **Überschaubarkeit**
  Sicherheit kann schneller erfasst werden in einer Umgebung, die gut überschaubar ist. So hilft ein gut strukturierter, überschaubarer Raum der Klientin, sich eher der Person des Therapeuten und auch den Inhalten der Sitzung zuzuwenden.
- **Vorhersehbarkeit und Verlässlichkeit**
  Porges postuliert: »Ja, Vorhersehbarkeit ist wichtig. Unser Nervensystem hält viel von Vorhersehbarkeit.« (Porges 2017)
  Dies gilt ganz generell. Für Menschen, die große Schwierigkeiten haben, sich neue, unbekannte Situationen vorzustellen und die darüber hinaus stets mit unmittelbaren Bedrohungen rechnen, spielen die Faktoren Vorhersehbarkeit und Verlässlichkeit jedoch eine entscheidende Rolle, um sich in der Situation sicher fühlen zu können.

Neben den Rahmenbedingungen ist die zweite, noch wesentlich entscheidendere Komponente für eine sichere Situation das Kontaktangebot des Therapeuten. Hier haben sich folgende Aspekte als wirksam und gerade in der Arbeit mit Menschen im AS als besonders wesentlich erwiesen:

- **Präsenz**
  Zur Bedeutung der Präsenz im therapeutischen Kontakt formulieren Porges und Geller: »Ein Gefühl der Sicherheit entsteht beim Klienten häufig, weil sein Therapeut völlig präsent und engagiert ist, eine für die Entwicklung einer guten therapeutischen Beziehung zentrale Voraussetzung.« (Porges 2017, S. 190; Bezug auf: Geller & Greenberg 2012; Hayes & Vinca 2011; Lambert & Simon 2008; Mearns 1997; Rogers 1957, 1980; Siegel 2007, 2010)
  Meiner Erfahrung nach erfassen gerade Menschen im AS ganz unmittelbar, ob eine anwesende Person präsent ist oder nicht – und reagieren spontan darauf. Bin ich in der Situation präsent, sind sie oft spontan oder bereits nach einer kurzen Aufwärmzeit erreichbar. Bin ich abgelenkt, z. B. durch eigene Erwartungen, durch Fragen, einen »Plan« für die Sitzung oder äußere Einflüsse, ziehen sie sich spontan in ihre eigene, sichere Welt zurück.
  Eine Klientin brachte es einmal so auf den Punkt: »Präsenz ist ja wohl das Mindeste.«
- **Sicherheit der Therapeutin**
  Um in Präsenz zu gehen, braucht die Therapeutin selbst ein Erleben von Sicherheit. Daher ist es wichtig, hier ein gutes Gespür für sich selbst zu bekommen und auf das eigene Gefühl von Sicherheit Einfluss nehmen zu können:
  »Therapeutische Präsenz wird möglich, wenn der Therapeut vor Beginn der Therapiesitzung an der Entwicklung seiner Präsenz arbeitet und dem Klienten dann aus dem Zustand der Präsenz heraus begegnet.« (ebd.)
  Hierzu gehört, dass die Person, die ein therapeutisches Angebot machen möchte, »geerdet« und selbst in einem Zustand der Sicherheit ist. Was dafür hilfreich oder notwendig ist, wird jede für sich selbst herausfinden und bei Bedarf entsprechend für sich sorgen können.
- **Offenheit und Authentizität**
  Diese Form der Präsenz lässt es zu, für die Person der Klientin ganz, d. h. in beide Richtungen, offen zu sein: sie wertfrei wahrzunehmen und sich für das zu öffnen, was sie mit- und einbringt – und zugleich sich selbst nicht zu verbergen, sondern authentisch und für die Klientin spürbar und erfassbar zu sein.
  Auch das Maß meiner Offenheit wird von meinen Klienten unmittelbar erfasst und entscheidet mit über ihr Gefühl der Sicherheit und ihre Bereitschaft, sich auf die Situation einzulassen. Ihre Erfahrung lehrt sie, dass eine Person, die uneindeutig ist und etwas verbirgt, nicht verlässlich ist und schnell zur Gefahr werden kann. Zudem verfügen Menschen im Autismus-Spektrum über ein feines Gespür für jede Form der Diskrepanz, hier zwischen dem, was sie seismographisch bei ihrem Gegenüber empfinden und dem, was nach außen hin gezeigt wird. Diese Diskrepanz kann schon für sich genommen zu Verunsicherung und hoher Anspannung führen. Umso wichtiger ist ein Gleichklang zwischen innerem Erleben und dem Selbstausdruck der Therapeutin.

- **Akzeptanz und Würdigung**
  Bedingungslose Akzeptanz der Person gehört ebenfalls zu den therapeutischen Grundtugenden. Wir sollten uns jedoch bewusst machen, dass es nicht einfach ist, diese Akzeptanz aufrechtzuerhalten, wenn unser Sozialer Autopilot zu starken Einfluss auf unsere Wahrnehmung und unser Befinden übernimmt. Eine Person, die den Therapeuten nicht oder nur flüchtig anschaut, ihm vermeintlich nicht zuhört, da sie den Blick abgewendet hält, während er spricht, deren mimischer Ausdruck nicht vorhanden oder nicht einzuordnen ist und die mit ihrem ganzen, sehr präsenten Sein erst einmal selbst Unsicherheit und Spannung ausstrahlt, die sich an vermeintlichen Kleinigkeiten »aufhängt« – »Hier ist es aber hell!«, »Könnten Sie bitte die Uhr abstellen?« – kann es einem nicht vorbereiteten Therapeuten schwer machen, in einem sicheren Zustand einschließlich achtungsvoller Akzeptanz zu bleiben. Gelingt es ihm jedoch, eröffnet er der Klientin vielleicht zum ersten Mal einen Kontakt, in dem sie sich respektiert und bedingungslos angenommen fühlt. Erst auf dieser Basis kann sie es wagen, aus ihrer eigenen Erfahrungswelt zu berichten, ihre eigenen Wahrnehmungen zuzulassen und zu einer neuen, wertschätzenden Perspektive auf sich selbst und ihre Geschichte zu finden.
- **Verlässlichkeit**
  Menschen, die die Welt als bedrohliches Chaos wahrnehmen und für die jede Veränderung ihre mühsam entwickelte Struktur grundsätzlich infrage stellt, brauchen mehr als andere die Erfahrung von Verlässlichkeit. Dies bezieht sich sowohl auf die Einhaltung der Rahmenbedingungen als auch insbesondere auf das Kontaktangebot der Therapeutin.
- **Demut**
  Schließlich möchte ich noch auf die Bedeutung der Demut seitens der Therapeutin hinweisen. Angesichts der oft kaum fassbaren Herausforderungen, denen sich Menschen im AS von Geburt an gegenübersehen, und all den leidvollen Erfahrungen, die sie im sicheren therapeutischen Rahmen mit uns teilen, kann es leicht geschehen, mit ihnen in Schmerz und Verzweiflung zu verfallen. Dies ganz besonders angesichts der Tatsache, dass wir auf die Welt, in der sie leben und in der sie sich weiterhin zurechtfinden müssen, nur wenig Einfluss haben.
  Es ist jedoch von entscheidender Bedeutung für uns selbst und für unsere Klientinnen, nicht in diese Falle zu tappen, die eine gewisse Hybris in sich birgt. Natürlich wünschen wir als »Helferpersonen«, möglichst grundsätzlich und umfassend zu einer Heilung und Stärkung des Klienten beitragen zu können und künftiges Leid von ihm fernzuhalten. Dieser Wunsch ist verständlich und zeugt von Empathie – er führt jedoch schnell ins Uferlose. Kommen wir in diesen Sog, wird unsere Anspannung oder gar Verzweiflung »an der Welt« auch für den Klienten in einer Weise spürbar, die sich ungünstig auswirkt: Wir sind in so einem Moment nicht mehr in unserer Sicherheit und Präsenz, die er so sehr benötigt. Wir nehmen ihm seine Würde, indem wir seine Eigenverantwortung und Selbstwirksamkeit in Frage stellen. Und: Es kann schnell geschehen, dass sich der Klient für »unser« Elend verantwortlich und schuldig fühlt. Dies sollte auf keinen Fall geschehen. Umso wichtiger ist es, dass es uns gelingt, mit unseren Klientinnen zusammen die Grenzen des Möglichen zu akzeptieren. Und damit auch

unsere eigenen.
Dabei kann es uns und ihnen helfen, uns mit ihrem Humor zu verbinden und auf diese Weise wieder Leichtigkeit und auch Zuversicht in die Situation zu bringen.

- **Humor**

  »Humor ist die Begabung eines Menschen, der Unzulänglichkeit der Welt und der Menschen, den alltäglichen Schwierigkeiten und Missgeschicken mit heiterer Gelassenheit zu begegnen.« (Duden 2007)

  Diese Definition aus dem Duden mag deutlich machen, weshalb eine gute Portion Humor als Grundhaltung nicht nur für unsere Klienten, sondern auch für ihre Therapeutinnen und Helfer sowie für die Zusammenarbeit und den Austausch untereinander wesentlich ist. Er wirkt gleichsam wie ein Gegengift gegen den Schmerz, die Dunkelheit und Beklemmung, welche tiefgreifende Probleme und traumatische Erfahrungen mit sich bringen.
  Zugleich bewahrt Humor uns gerade in der Rolle der Helfer vor Hybris und Selbstüberforderung. Pater Anselm Grün formuliert das so:

  »Humor hängt ... auch mit »humus = Erde« zusammen. Humor kann nur der entwickeln, der bereit ist, vom hohen Thron seines Idealbildes herabzusteigen und seine eigene Erdhaftigkeit anzunehmen, sich damit auszusöhnen ...« (Grün 2001)

  Für die Therapeutin liegt darin die Einsicht, dass ihre Möglichkeiten begrenzt sind und dass sie gut daran tut – auch wenn sie manchmal so gerne ganz viel in der Welt ändern würde – mit dem Frieden zu schließen, was sie selbst zu bewirken und zu bewegen vermag. Dies gelingt wesentlich leichter, wenn sie hin und wieder über ihre vermessenen Wünsche nach Weltverbesserung lachen und ihre menschliche Begrenztheit mit einem Lächeln annehmen kann. Der klare Spiegel, den mir meine Klienten im Autismus-Spektrum durch ihre ganz eigene Perspektive auf mich und die Welt sowie mittels ihrer Direktheit vorhalten, ist dabei enorm unterstützend.
  Sind alle Beteiligten in der Lage, sich in diesem Sinne auf die Dritte Ebene zu begeben, damit Abstand von sich selbst und von der Welt zu nehmen, können Momente der Leichtigkeit entstehen und miteinander geteilt werden. Meiner Erfahrung nach sind es gerade solche Momente, die sich sowohl auf die therapeutische Beziehung als auch auf die Selbstsicherheit des Klienten stärkend auswirken.

Innere Sicherheit des Klienten

Wie wir gesehen haben, bringen unsere Klienten ihre ganz eigenen Ressourcen und Strategien zur Erlangung von Sicherheit mit. Diese wahrzunehmen, zu respektieren und zu stärken wirkt sowohl unmittelbar hilfreich beim Aufbau einer vertrauensvollen und tragenden therapeutischen Beziehung als auch nachhaltig unterstützend bei der Entwicklung einer stimmigen und tragenden Identität.

- **Wahr- und Annehmen der Präsenz des Klienten im Hier und Jetzt**
  Der therapeutische Rahmen sollte ein geschützter Raum sein, in dem die Präsenz

des Klienten im Hier und Jetzt möglich und willkommen ist. Ich selbst erlebe meine Klientinnen als sehr präsent – auch dann, wenn sie sich noch aus Nervosität und Angst vor Missverständnissen, Konflikten und Zurückweisung sehr zurückhalten. Diese Präsenz wahr- und anzunehmen ist eine wesentliche Bedingung dafür, dass die Person sich sicher fühlen, sich nach und nach zeigen und öffnen kann. Es ist auch eine Voraussetzung dafür, die Person in ihren Facetten kennenzulernen. Was für den Klienten bedeutsam ist, was für ihn zu einer offenen Begegnung dazugehört, welche Ressourcen er für sich entwickelt hat, um sicher im Hier und Jetzt zu ankern, können wir vorab nicht wissen. Wird die Situation jedoch als sicher und unser Kontaktangebot als verlässlich erlebt, kommen diese Ressourcen und hilfreichen Erfahrungen nach und nach zum Vorschein und können so gemeinsame betrachtet und in Resonanz gestärkt werden.

- **Stärkung der Resilienz durch Würdigung**
  Mit der Anerkennung und Würdigung der Ressourcen der Klientin stärken wir ihre individuellen Fähigkeiten der Resilienz. Zugleich ändert sich dabei ihre Sicht auf sich selbst. Es wächst eine Wertschätzung ihrer Selbst und eine Würdigung der eigenen Geschichte, der eigenen Ressourcen. Dies ist die Basis für die Entwicklung von Selbstvertrauen und Zuversicht.
- **Neue Ansätze zur Selbstwahrnehmung und Selbstregulation**
  Auf dieser Basis können auch neue Möglichkeiten der Selbstwahrnehmung, zur Selbstregulation und Selbstfürsorge entwickelt werden. Auf diese Weise wird auch das Erleben von Selbstwirksamkeit ermöglicht und zunehmend gestärkt – die Basis für ein Gefühl der »inneren Sicherheit«.

Beachten wir in unserer Arbeit die grundlegende Notwendigkeit der Erfahrung von innerer und äußerer Sicherheit und ermöglichen wir unseren Klienten im AS und mit Traumaerfahrungen auf diese Weise neue Erfahrungen mit sich selbst und mit der Welt der anderen zu machen, so können wir Zeugen ganz unerwarteter und wunderbarer Entwicklungen werden. Wie zum Beispiel …

Der junge Mann, der gleich nach der Schule so schnell wie möglich beruflich durchstarten und Geld verdienen wollte, um den prekären Verhältnissen zu Hause zu entfliehen – und auch, um seine Eltern zu unterstützen. Der nach 10 Jahren und 22 hoffnungsvollen, zunächst erfolgreichen Anläufen in verschiedenen Jobs sowie jeweils darauf folgenden unzähligen, dramatischen, mentalen und körperlichen Zusammenbrüchen und dann intensiver therapeutischer Zusammenarbeit schließlich feststellt, dass er ja gar nicht zu dem kommt, wofür er eigentlich auf dieser Welt und in diesem Leben ist: anderen Menschen helfen, mit tatkräftigem Zupacken, mit verständnisvoll und wohlwollend vorgetragenen Hinweisen von der Dritten Ebene, mit seiner Freundlichkeit und seinem Humor. Er wünscht sich, all dies endlich umsetzen zu dürfen, positive Resonanz und Verbundenheit zu erleben. Er möchte, wie er es formuliert, »ein richtiger Mensch sein«. Seit er – mit 26 Jahren – schließlich berentet ist, setzt er all dies um – in seiner Gemeinde, in seiner Familie und auch an seinem nun sehr reduzierten Arbeitsplatz. Es gibt keine Zusammenbrüche mehr. Er spürt Sinn in seinem Leben, fühlt sich verbunden und getragen und leistet mehr Beiträge zur Gemeinschaft als die meisten Menschen in regulären Arbeitsbiographien es wohl je schaffen werden.

Nachwort und Ausblick

»Das Wunderbare an der Wissenschaft ist nicht, was wir Menschen durch sie herausfinden, sondern dass wir mit ihrer Hilfe erkennen, was wir nicht wissen.« Stephen Porges

Ein Buch wie dieses ist nie zu Ende.

Es kann einführen in Themen, Theorien und Erlebenswelten, diese jedoch niemals vollständig und umfassend abbilden.

Es kann Zusammenhänge aufzeigen, aber niemals alle. So bleibt es auch über das Ende hinaus spannend: Welche Aspekte und Zusammenhänge werden in Zukunft noch entdeckt, welche Erklärungsmodelle bestätigen sich, welche werden von neuen überholt?

Stephen Porges bringt es mit seiner oben zitierten Aussage über die Wissenschaft für mich auf den Punkt: Es kann nicht darum gehen, zu wissen und zu vermitteln, wie die Dinge »tatsächlich« *sind*, sondern den sich ergebenden Fragen weiter nachzugehen, offen zu bleiben für neue Perspektiven und Entdeckungen, Bilder und Konzepte – und auch wiederum für immer neue Fragen.

Wenn Leserinnen oder Leser aus dem Bereich der Psychotherapie, der Beratung und des Coachings in diesem Buch neue Perspektiven und Anregungen für ihre Arbeit entdecken können und vielleicht auch immer wieder einmal neu hineinschauen mögen auf der Suche nach neuen Ideen für ihre Arbeit, dann hat es seinen wesentlichen Zweck erfüllt.

Weitere Veröffentlichungen sind in Planung, in denen ich mich stärker auf die Psychotherapie für Menschen im Autismus-Spektrum konzentrieren, bewährten therapeutischen Angeboten, notwendigen Modifikationen und Schwerpunkten in der Gestaltung der Therapie mehr Raum geben möchte. Ein solcher Ausflug in die konkrete therapeutische Arbeit hätte hier den Rahmen gesprengt und wäre weder dem Kernthema noch den Beispielen aus der Praxis gerecht geworden.

In meinen Seminaren und in der Supervision bringen Kolleginnen und Kollegen ihre Erfahrungen mit ein, so dass ich noch weiter sammeln werde, um einen möglichst breiten, reichen, fundierten und bewährten Erfahrungsschatz zusammenstellen und weitergeben zu können.

Bis dahin hoffe ich, dass die hier enthaltenen Anregungen bereits zur Entwicklung jeweils ganz eigener Ideen oder auch zur Bestärkung auf bereits eingeschlagenen Wegen in der therapeutischen Begleitung Betroffener – sowie auch in der Beratung und der Pädagogik – beitragen.

Für Betroffene und Angehörige, die dieses Buch bis zu seinem jetzigen Ende durchgelesen haben, wünsche ich sehr, dass sie für sich die eine oder andere nützliche Erklärung für eigene Erfahrungen finden konnten. Dass sie sich ermutigt fühlen, weiter ihren Weg zu gehen. Und dass sie sich zugestehen, auch in Kontexten der Therapie, der Beratung oder anderer Formen der Unterstützung, gut auf sich selbst und ihre Bedürfnisse, ihre Ressourcen und ihre Würde zu achten.

Wie jeder andere Mensch braucht eine Person im Autismus-Spektrum Sicherheit – innere wie äußere – sowie Verbundenheit und Erfahrungen der Zugehörigkeit. Zu all dem kann ein Verständnis sowie eine Würdigung ihrer selbst einen wesentlichen Grundstein legen.

Ich freue mich auf Feedback, konstruktive Kritik und einen weiteren Austausch.

Literatur

Attwood, T. (2008). *Ein ganzes Leben mit dem Asperger-Syndrom.* Stuttgart: Trias
Birkenbihl, V. (2012). *Humor in unserem Leben.* Vortrag DVD. München
Cyrulnik, B. (2023) in: sternstundephilosophie_20230519_172321_18915787_v_webcast_h264_q60.mp4
Ebert, D., Fangmeier, T., Lichtblau, A., Peters, J., Biscaldi-Schäfer, M., Tebartz van Elst, L. (2012). *Asperger-Autismus und hochfunktionaler Autismus bei Erwachsenen – Das Therapiemanual der Freiburger Studiengruppe.* Göttingen: Hogrefe
Fangmeier, T., Lichtblau, A., Tebartz van Elst, L., Peters, J., Biscaldi, M. & Ebert, D.: *FASTER – Freiburger Asperger-Spezifische Therapie für Erwachsene.* Vortrag. Dortmund 2017
Frith, U. (1992). *Autismus: Ein kognitionspsychologisches Puzzle.* Heidelberg, Berlin, New York: Spektrum Akademischer Verlag
Gawronski, A., Pfeiffer, K. & Vogeley, K. (2012). *Hochfunktionaler Autismus im Erwachsenenalter: Verhaltenstherapeutisches Gruppenmanual.* Weinheim: Beltz
Grawe, K., Donati, R. & Bernauer, F. (1994). *Psychotherapie im Wandel – Von der Konfession zur Profession.* Göttingen: Hogrefe
Grün, A. (2001). *Engel für das Leben.* Freiburg, Basel, Wien: Herder
Gysi, J. (2021). *Diagnostik von Traumafolgestörungen – Mulitaxiales Trauma-Dissoziations-Modell nach IDC-11.* Bern: Hogrefe
Hecker, T. & Marker, A. (2015). Komplexe posttraumatische Belastungsstörungen nach ICD-11. *Die Psychotherapie 6/2015*
Higashida, N. (2014). *Warum ich nicht in die Augen schauen kann. Ein autistischer Junge erklärt die Welt.* Hamburg: Rowohlt
Hüther, G. (2001). *Bedienungsanleitung für ein menschliches Gehirn.* Göttingen: Vandenhoeck & Ruprecht
Hüther, G. & Krens, I. (2012). *Das Geheimnis der ersten neun Monate – Unsere frühesten Prägungen.* Düsseldorf u. Zürich: Walter
Hüther, G. (2012). *Und nichts wird fortan so sein wie es war...* Vortrag auf der Interdisziplinären Trauma-Fachtagung in Mainz, März 2012. Müllheim-Baden. DVD. Auditorium Netzwerk
Jenny, B., Goetschel, P., Schneebeli, M., Rossinelli-Isenschmid, M. & Steinhausen, H.-C. (2021). *KOMPASS – Zürcher Kompetenztraining für Jugendliche mit Autismus-Spektrum-Störungen. Ein Praxishandbuch für Gruppen- und Einzelinterventionen.* Stuttgart: Kohlhammer
Kross, E., Berman M. G., Mischel, W. & Wagner, T. D. (2011). *Social rejection shares somatosensory representations with physical pain.* Proceedings of the National Academy of Sciences (PNAS) 108 (15) 6270–6275
Levine, P. & Frederick, A. (1998). *Trauma-Heilung – Das Erwachen des Tigers – Unsere Fähigkeit, traumatische Erfahrungen zu transformieren.* Essen: Synthesis
Lipinski, S., Blanke, E. S., Suenkel, U. & Dziobek, I. (2019). Outpatient psychotherapy for adults with high-functioning autism spectrum condition: utilization, treatment satisfaction, and preferred modifications. *Journal of Autism and Developmental Disorders, 49*(3), 1154–1168
Lipinski, S., Boegl, K., Blanke, E. S., Suenkel, U., & Dziobek, I. (2022). A blind spot in mental healthcare? Psychotherapists lack education and expertise for the support of adults on the autism spectrum. *Autism: the international journal of research and practice, 26*(6), 1509–1521. https://doi.org/10.1177/13623613211057973

Markram, H., Rinaldi, T. & Markram, K. (2007). The Intense World Syndrome – an alternative hypothesis for autism. *Frontiers in Neuroscience 1(1)*, 7–96

Porges, S. (2017). *Die Polyvagaltheorie und die Suche nach Sicherheit.* Lichtenau: Probst

Preißmann, C. (2022). *Asperger – Leben in zwei Welten.* Stuttgart: Trias

Preißmann, C. (2013). *Überraschend anders: Mädchen und Frauen mit Asperger.* Stuttgart: Trias

Preißmann, C. (2009). *Psychotherapie und Beratung für Menschen mit Autismus.* Stuttgart: Kohlhammer

Reddemann, L., Wöller, W. (2019). *Komplexe Posttraumatische Belastungsstörung.* Göttingen: Hogrefe

Reddemann, L., Hofmann, A. & Gast, U. (Hrsg.) (2004). *Psychotherapie der dissoziativen Störungen.* Stuttgart: Thieme

Riedel, A., Tebartz van Elst, L., Clausen, J.J. (2020). Autismus-Spektrum-Störungen in der Psychotherapie Erwachsener. *PiD – Psychotherapie im Dialog, 21*(03), 28–35

Schulz von Thun, F. (1998). *Miteinander reden 3: Das »Innere Team« und situationsgerechte Kommunikation.* Hamburg: Rowohlt

Schulz von Thun, F. & Stegemann, W. (Hrsg.) (2004). *Das Innere Team in Aktion – Praktische Arbeit mit dem Modell.* Hamburg: Rowohlt

Sellin, B. (1993). *Ich will kein inmich mehr sein – Botschaften aus einem autistischen Kerker.* Hrsg. von M. Klonovsky. Köln: Kiepenheuer & Witsch

Simone, R. (2012). *Aspergirls – Die Welt der Frauen und Mädchen mit Asperger.* Weinheim u. Basel: Beltz

Tebartz van Elst, L. (Hrsg.) (2013). *Autismus-Spektrum-Störungen im Erwachsenenalter.* Berlin: Medizinisch Wissenschaftliche Verlagsgesellschaft

Tebartz van Elst, L. (2022). *Der Mensch und seine Eigenschaften – Ein heuristisches Modell.* Vortragsreihe 2022; abrufbar unter: www.oberbergkliniken.de/fileadmin/Veranstaltungen/Aktuelle_Trends_nicht-pharmakologischer_Ansaetze_in_der_Behandlung_psychischer_Stoerungen/2022-09-14_OBG_Vortragsreihe_Tebartz_van_Elst_Vortragsfolien.pdf

Trenkle, B. (2016). *3 Bonbons für 5 Jungs. Strategische Hypnotherapie in Fallbeispielen und Geschichten.* Heidelberg: Carl Auer

Treue, S. (2012). *Das Gehirn bei der Arbeit.* Bursfelder Universitätsreden, 29

Van der Kolk, B. (2015). *Verkörperter Schrecken.* Lichtenau: Probst

Vero, G.: (2020). Autismus – (m)eine andere Wahrnehmung. *PiD – Psychotherapie im Dialog, 21*(03), 81–85

Vogeley, K. (2016). *Anders-Sein. Asperger-Syndrom und hochfunktionaler Autismus im Erwachsenenalter.* Weinheim u. Basel: Beltz

Wilczek, B. (2023). *Wer ist hier eigentlich autistisch? Ein Perspektivwechsel* (2., aktual. Aufl.). Stuttgart: Kohlhammer

Wilczek, B. (2020). Wirksame Psychotherapie für Menschen im Autismus-Spektrum. *PiD – Psychotherapie im Dialog, 21*(3), 65–70

Wiley, L. H. (2003). *Ich bin Autistin, aber ich zeige es nicht. Leben mit dem Asperger-Syndrom.* Freiburg/Basel/Wien: Neue Impulse Verlag

Zöller, D. (2001). *Autismus und Körpersprache: Störungen der Signalverarbeitung zwischen Kopf und Körper.* Berlin: Weidler

Zöller, D. (1989). *Wenn ich mit euch reden könnte.* Bern, München, Wien: Scherz Verlag